AF252864

MANUEL

DE

SYNONYMIE LATINE

MÊME LIBRAIRIE

Manuel d'analyse littéraire, comprenant des leçons et modèles de critique sur les textes des prosateurs français regardés
comme classiques, et précédés d'un Essai sur la composition littéraire. Ouvrage destiné aux colléges et aux écoles primaires supérieures, et pouvant servir aux études pour le baccalauréat, en ce
qui regarde l'examen sur les auteurs français. 1 beau volume
in-12, cartonné.. 2 fr.

Rhétorique nouvelle, par M. A. MAZURE, ancien sous-recteur
d'Académie ; comprenant les règles de style, l'art oratoire et les
autres genres en prose, les genres en vers, l'histoire littéraire,
sacrée et profane, ancienne et moderne, et suivie de notions sur
les beaux-arts. Ouvrage destiné aux colléges et aux écoles primaires
supérieures. 2 vol. in-12........................... 2 fr.

Cet ouvrage correspond à ce qu'on appelle dans les écoles primaires supérieures, l'année de rhétorique. Il renferme non-seulement ce qui est, à proprement parler, la rhétorique, mais encore tout ce qui peut être regardé comme le
complément des études littéraires dans un bon système d'éducation.

Fables de La Fontaine. Édition nouvelle, avec des notes expli-
catives à l'usage de la jeunesse, par M. A. MAZURE, ancien inspec-
teur d'Académie. 3ᵉ édition. In-18, cartonné.............. 1 fr.

Le recueil que nous publions n'est pas simplement un choix des fables de
La Fontaine ; ce sont les douze livres de fables, avec quelques retranchements,
et sauf un petit nombre de pièces, qui, par la nature des sujets et par les détails
qu'elles contiennent, doivent être écartées d'une édition classique faite avec
scrupule.

CORBEIL, typ. et stér. de CRÉTÉ FILS.

MANUEL

DE

SYNONYMIE LATINE

DE LOUIS DŒDERLEIN

PROFESSEUR DE PHILOLOGIE ET D'ÉLOQUENCE A LA FACULTÉ D'ERLANGEN,
MEMBRE DE PLUSIEURS ACADÉMIES ET SOCIÉTÉS SAVANTES.

ÉDITION FRANÇAISE

Publiée avec l'autorisation spéciale de l'auteur

PAR TH. LECLAIRE

Ancien élève de l'école normale, agrégé de l'Université,
Breveté pour l'enseignement de la langue allemande,
professeur au lycée impérial de Colmar.

2e Édition.

LIBRAIRIE RÉGIS RUFFET

NOUVELLE MAISON PÉRISSE FRÈRES DE PARIS

BOURGUET, CALAS et Cie, SUCCESSEURS

PARIS

38, rue Saint-Sulpice, 38

1873

A

MONSIEUR ADLER-MESNARD

MAITRE DE CONFÉRENCES A L'ÉCOLE NORMALE SUPÉRIEURE

MEMBRE DE L'ACADÉMIE ALLEMANDE DE BERLIN,

CHEVALIER DE LA LÉGION D'HONNEUR.

MON CHER MAITRE,

L'ancienne Université de Paris, parlant par la bouche de Rollin, recommandait à ses maîtres un *petit livre* de l'Allemand Steuvéchius, sur les particules de la langue latine, et Rollin se plaisait à reconnaître que cet Allemand fort habile avait traité son sujet avec beaucoup d'ordre et de précision. L'étude des langues classiques n'a point dégénéré en Allemagne depuis le temps de Rollin, et notre Université impériale est aussi capable que son aînée d'apprécier le mérite d'un savant étranger. Louis Dœderlein recevra donc un accueil favorable s'il a réussi, au terme d'une longue carrière cónsacrée à l'étude des langues anciennes, à composer un de ces bons livres élémentaires qui sont et seront toujours rares.

C'est ce qu'il semble permis d'affirmer quand on lit son Manuel dans le texte allemand. C'est votre avis, mon cher maître. Vous ne craignez pas de le faire connaître en permettant qu'on vous dédie une version française du Manuel. Vous répondez du mérite de votre illustre compatriote, et peut-être donnez-vous encore à entendre que son œuvre n'est pas trop défigurée dans le travail d'un de vos élèves. Double et précieuse recommandation que je suis heureux de vous devoir et qui m'autorise à vous donner ici un témoignage public d'affection et de reconnaissance.

TH. LECLAIRE.

AVANT-PROPOS

Différentes personnes, entre autres des maîtres que j'estime, m'ont engagé à résumer dans un manuel les principaux résultats de mon ouvrage en six volumes sur les synonymes et les étymologies de la langue latine. Voici douze ans que j'ai commencé à m'occuper de la synonymie latine trop longtemps négligée, et depuis, les travaux analogues de Habicht, deRa mshorn, de Jentzen, de Schmalfeld ont pour ainsi dire encombré la librairie de manuels de synonymes; je n'hésite cependant pas à satisfaire par le présent extrait au vœu qu'on m'adresse, et en affirmant que ma méthode, ma façon d'établir les rapprochements est essentiellement distincte de celle de ces hommes éminents, je ne crois par là ni rehausser mon mérite ni rabaisser le leur. L'extrait que je publie aujourd'hui contient, je l'espère, tout ce qu'il y a d'important dans mes six volumes en fait de synonymie ; j'ai dû omettre par contre certains points accessoires dont voici le détail

Premièrement. — Toutes les déductions étymologiques.

Deuxièmement. — Tous les passages comparés ou citations à l'appui qui n'ont pas une évidence démonstrative. En revanche, je communique tout au long les endroits classiques dans lesquels les anciens opposent des synonymes les uns aux autres, et les distinguent de la sorte dans le courant du discours et non par voie de réflexions grammaticales ; quand ces endroits me font défaut, je place souvent en regard divers passages d'un seul et même écrivain dans lesquels il paraît qu'il a observé la propriété des termes.

Troisièmement. — Toutes les discussions de critique et d'interprétation.

Quatrièmement. — L'explication détaillée des synonymes grecs. Je n'ai pas laissé pour cela de rechercher avec un soin scrupuleux et de placer en regard du synonyme latin l'expression correspondante la plus exacte que puisse fournir ou la langue grecque ou la nôtre, et je me suis en outre efforcé de déterminer et de rendre palpable dans tous les cas possibles, avec la précision dont j'étais capable, la valeur et la portée de l'idée exprimée par le mot latin en indiquant le vrai terme contraire.

Cinquièmement. — Les vues particulières des auteurs qui ont composé des traités de synonymes.

Sixièmement. — Les synonymes très-rares et ceux qui ne prêtent qu'à des différences subtiles.

J'ajoute une remarque de pratique. Au point de vue de l'enseignement on peut diviser les synonymes en trois classes ; la première comprend ceux que l'élève ne peut jamais apprendre à distinguer trop tôt parce que leur parenté purement apparente n'est fondée que sur la tentation de les traduire par un même mot dans notre langue maternelle, par exemple *liberi* et *infantes*, *animal* et *bestia*, *hœrere* et *pendere*, *sumere* et *adimere*, *hostis* et *inimicus*. La confusion de ces synonymes est une bévue qu'il faut ranger sur la même ligne qu'un solécisme proprement dit. A la seconde classe appartiennent les synonymes entre lesquels on peut établir une distinction aisée et sûre, mais qui expriment des idées si rapprochées, que les anciens mêmes n'hésitaient pas à les prendre les uns pour les autres, par exemple *lascivus* et *petulans*, *parere* et *obedire*, *ater* et *niger*, *incipere* et *inchoare*, *mederi* et *sanare*, *vacuus* et *inanis*, *spernere* et *contemnere*, *tranquillus* et *quietus*. Tant que l'élève est encore aux prises avec les éléments de la grammaire, le maître est autorisé à lui laisser croire que ces expressions ont tout à fait le même sens ; mais il convient d'y rendre attentifs les élèves plus avancés, soit pour les habituer, quand l'occasion se présente, à la propriété des termes, soit pour leur faire

faire un excellent exercice d'esprit. Je range dans une troisième classe les synonymes dont la différence ne saurait être établie ni sans peine, ni avec pleine évidence à l'aide des textes classiques, et que les anciens, selon toute probabilité, ne distinguaient que très-confusément, par exemple *lira* et *sulcus*, *remus* et *tonsa*, *pæne* et *prope*, *etiam* et *quoque*, *recordari* et *reminisci*, *lævus* et *sinister*, *velox* et *pernix*, *vesanus* et *vecors*, *fatigatus* et *fessus*, *collis* et *clivus*. De pareilles distinctions n'ont que peu ou point d'importance dans la composition, à moins qu'une antithèse en forme, par exemple celle de *mare*, *lacus*, par rapport à *amnis*, *fluvius;* de *metus*, *spes*, par rapport à *timor*, *fiducia*, n'impose par occasion la nécessité de recourir aux richesses de la langue en synonymes de ce genre. Une sévérité excessive en cette matière ne serait à mes yeux qu'un pédantisme fâcheux qui ne manquerait pas d'entraver toute liberté d'esprit chez l'élève occupé à composer. Comme professeur, je demande que les synonymes de la première classe deviennent familiers aux élèves dès les cours élémentaires ; je n'introduis que dans les cours supérieurs l'étude des synonymes de la seconde catégorie ; c'est vers l'âge de quatorze ans à peu près que j'engage les élèves à s'en occuper dans le travail de la composition à propos du choix des expressions ; c'est alors que je commence à en tenir compte dans l'explication des textes, avec mesure s'entend, pour aiguillonner l'esprit et non pour embarrasser la lecture.

Quant à ceux de la troisième catégorie, je me fais une loi de n'en parler qu'en expliquant des passages à propos desquels il est impossible de l'éviter, par exemple, quand l'auteur associe *flumina* et *amnes* et qu'il faut le défendre contre une accusation de pléonasme.

J'ai cru rendre mon manuel d'un usage plus commode en fondant la table dans le texte. On a ainsi la chance de tomber du premier coup sur l'article qu'on cherche, ce qui serait impossible avec un index à part.

L'AUTEUR.

ERLANGEN, décembre 1880.

AVIS

POUR LA SECONDE ÉDITION

Il y a neuf ans que ce manuel a vu le jour; il reparait plutôt remanié que transformé. Outre que je l'ai revu plusieurs fois, j'ai profité de nombreuses observations que je dois à de savants amis, soit pour améliorer le fond, soit pour perfectionner l'expression, et j'ai inséré quelques articles nouveaux. J'ai en revanche supprimé les étymologies, tantôt parce que je m'étais trompé en les croyant justes, tantôt (et le plus souvent) parce qu'elles n'ont aucun sens pour l'élève et qu'elles peuvent même occasionner des méprises quand elles ne sont pas approfondies.

L'AUTEUR.

ERLANGEN, décembre 1848.

MANUEL

DE

SYNONYMIE LATINE

A

ABDERE, v. *Celare.*

ABESSE. DEESSE. DEFICERE. 1. *Abesse* marque une absence qui se réduit à une relation de lieu, ne pas être quelque part, par opposition à *adesse; deesse* marque une absence qui rend un tout incomplet, comme manquer, faire défaut, par opposition à *esse* et *superesse.* CIC. Brut. 80. Calidio hoc unum, si nihil utilitatis habebat, *abfuit,* si opus erat, *defuit.* Si vous jugez cette qualité inutile, j'avouerai qu'elle n'existait pas chez Calidius; si vous la jugez nécessaire, je conviendrai qu'elle lui faisait défaut.

2. *Deesse* s'applique à ce qui nous fait complétement défaut, *deficere,* à ce qui commence à nous faire défaut. CIC. Verr. I, 11. Vererer ne oratio *deesset,* ne vox viresque *deficerent.* Je craindrais que la parole ne me manque, que ma voix et mes forces ne faiblissent.

ABNUERE, v. *Negare.*

ABOLERE. DELERE. *Abolere,* anéantir, faire disparaître et plonger dans l'oubli par tous les moyens possibles; *delere,* détruire, mettre en mauvais état, hors de service. *Abolere* se dit plutôt des œuvres de l'esprit; *delere,* des objets matériels. Leges *abolentur,* urbes *delentur.* On annule les lois, on détruit les villes.

ABOMINARI. EXSECRARI. DETESTARI. *Abominari,* repousser un présage qui fait horreur, chercher à détourner par une pratique religieuse un malheur qui nous menace, par opposition à *omen accipere; exsecrari,* maudire en excluant un coupable de la société des hommes, en le déclarant *sacer,* en le dévouant aux dieux des enfers, par opposition à bénir; enfin *detestari,* chercher à éloigner de nous, en invoquant les dieux, un danger dont nous menace une personne ou une chose; il a pour opposé appeler par ses prières.

ABSCONDERE, v. *Celare.*   **ABSOLVERE,** v. *Finire.*
ABSTINENTIA, v. *Modus.*

ABUNDARE. REDUNDARE. *Abundare,* abonder, sert, comme περιεῖναι, à parler avec éloge de l'abondance prise comme un symbole de plénitude et de richesse; *redundare,* surabonder, se prend en mauvaise part, comme περισσεύειν; la surabondance est prise comme le symbole de l'excès et du luxe. L'*abundans* existe en grande quantité, le *redundans* est superflu et inutile.

ABUNDE, v. *Satis.*   **AC,** v. *Et.*

ACCENDERE. INCENDERE. INFLAMMARE. COMBURERE. CREMARE. *Accendere, incendere* et *inflammare,* mettre le feu : *accendere,* par dehors et par un seul point, comme allumer, ἀνάπτειν; *incendere,* par le dedans, comme ἐνδαίειν; *inflammare,* enflammer par le dehors ou le dedans, comme ἀναφλογίζειν. *Comburere* et *cremare*, consumer et brûler : *comburere*, comme κατακαίειν, sur des charbons ardents (c'est le causatif d'*ardere*); *cremare*, comme πιμπράναι, par flammes vives (c'est le causatif de *flagrare*). On brûle les morts, mortui *cremantur*, sur un bûcher flamboyant; on brûle les vivants à petit feu, vivi *comburuntur*, et cette manière de parler rend plus frappante l'horreur de la mort par ce genre de supplice.

ACCEPTUS, v. *Gratus.*

ACCIDERE. ÉVENIRE. CONTINGERE. OBVENIRE. OBTINGERE. *Accidere, evenire* et *contingere* marquent des événements favorables ou défavorables, le premier, lorsqu'ils sont inattendus, qu'ils surprennent; le second, lorsqu'ils sont attendus, pressentis; le troisième, lorsqu'on les a préparés, amenés; *obvenire* et *obtingere* ne se disent que d'événements heureux. Les *accidentia* sont l'œuvre du hasard, les *evenientia* sont des conséquences de nos actions ou des circonstances; les *contingentia*, des effets de nos efforts, de nos vœux, de nos fautes; les *obtingentia* et les *obvenientia*, des faveurs du sort. CIC. Fam. VI, 21. Timebam ne *evenirent* quæ *acciderunt.* Je craignais de voir ces hasards se réaliser. Le premier des deux verbes, *evenirent*, se rapporte à Cicéron lui-même, à ses pressentiments; le second, *acciderunt*, regarde les personnes qui se montrent surprises à l'heure de l'événement. SÉN. Ep. 110. Scies plura mala *contingere* nobis quam *accidere*, c'est-à-dire que nos souffrances sont plus souvent les suites de nos propres vœux que l'effet d'un hasard aveugle.

ACCIPERE, v. *Sumere.*   ACCIRE, v. *Arcessere.*
ACCUSARE, v. *Arguere.*

ACER. VEHEMENS. *Acer* présente la vivacité sous son

aspect louable de feu, d'énergie, par opposition à *frigidus*, comme ὀξύς; *vehemens*, sous son aspect blâmable de chaleur et de passion, par opposition à *lenis*, comme σφοδρός.

Acerbus. Amarus. *Acerbus* marque une amertume qui emporte la bouche, par opposition à *mitis*, comme ὀξύς; *amarus*, une amertume qui dégoûte, par opposition à *dulcis*, comme πικρός.

Acervus. Congeries. Strues. Cumulus. 1. *Acervus* et *congeries*, monceau d'objets de même espèce auparavant dispersés qu'on réunit et qu'on entasse en un lieu : *acervus* indique, comme σωρὸς, un certain ordre et suppose d'habitude une forme conique; *congeries* admet tout le désordre de la négligence. *Strues* s'emploie, comme θημών, pour marquer que la mise en tas a produit un arrangement nouveau, donné aux objets rassemblés une forme déterminée, utile, artificielle. Curt. VIII, 7, 11. Passim *acervos strues*que accendebant. Ils allumaient çà et là des tas et des piles de bois.

2. *Cumulus* ne signifie point le tas lui-même, mais seulement la pointe qui le termine, la dernière pierre qui donne seule à une construction son élévation régulière et parfaite, à peu près comme κορυφή; *cumulare*, en particulier, se rapproche tout à fait de κορυφοῦν. Comparez Liv. XXII, 59. Superstantes *cumulis* cæsorum corporum : juchés sur des monceaux de victimes, avec la fin du même chapitre : Cannenses campos *acervi* Romanorum corporum tegunt. Des tas de cadavres romains couvrent la plaine de Cannes. Et XXIII, 5. Molibus ex humanorum corporum *struc* faciendis. Faire des digues en empilant des cadavres.

Achivi. Achæi. Achaius. Achaicus. Troius. Troicus. 1. *Achivi*, les Grecs d'Homère, Ἀχαιοί; *Achæi* se dit soit des habitants de l'Achaïe proprement dite, soit chez les poëtes de tous les Grecs considérés en général comme les contemporains des Romains. Cic. Divin. I, 16. Cum *Achivi* cœpissent inter se strepere. Quand eurent commencé les querelles bruyantes des anciens Grecs. Comparez avec Cæcil. 20. Quod eum sibi *Achæi* patronum adoptarant. Parce que les Grecs de l'Achaïe l'avaient souhaité et choisi pour protecteur.

2. *Achaius* est l'adjectif d'*Achivus*; *Achaicus* celui d'*Achæus*.

3. *Troius*, adjectif réservé à l'ancienne Troie héroïque et homérique; *Troicus*, adjectif usuel pour le pays de Troie, pour la Troade, sans allusion à la guerre de Troie.

ACIES. ACUMEN. CACUMEN. MUCRO. CUSPIS. 1. *Acies*, tranchant propre à couper; *acumen*, pointe propre à piquer. Au figuré, l'*acies mentis* débrouille ce qui était confus, le fait connaître clairement : on met de l'ordre dans ses idées; l'*acumen mentis* approfondit ce qui était caché, aboutit à des découvertes ingénieuses : on acquiert des idées nouvelles.

2. *Acumen* et *cacumen*, pointes naturelles : *acumen*, pointe du cône, du bec, etc.; *cacumen*, terme spécial, pointe d'une montagne. *Mucro* et *cuspis*, pointes artificielles destinées à pénétrer et à blesser : *mucro*, pointe de l'épée, du poignard, etc. ; *cuspis*, de la lance, de la flèche, comme αἰχμή.

ACIES, v. *Pugna.*   ACTA, v. *Ripa.*

ACTOR. COMŒDUS. LUDIO. HISTRIO. 1. *Actor* et les termes spéciaux de *comœdus* et *tragœdus*, l'acteur considéré comme un artiste estimable; *ludio, ludius*, le comédien considéré comme un artisan vulgaire avec une idée accessoire de trivialité; enfin *histrio* se dit tantôt de l'un, tantôt de l'autre, mais avec une idée accessoire de fanfaronnade et de bouffonnerie. Cic. Sext. 54. Ipse ille maxime *ludius* non solum spectator, sed *actor* et acroama. Ce baladin lui-même, car il n'est pas un simple spectateur, il est, vous le savez, tour à tour acteur et bouffon [1]. Rosc. com. 10. Nemo ex pessimo *histrione* bonum *comœdum* fieri posse existimaret. Personne n'imaginerait qu'un misérable farceur pût devenir un bon comédien. Ep. ad. Qu. fr. I, a. E. Hortor ut tanquam poetæ boni et *actores* industrii solent in extrema parte diligentissimus sis. Je t'engage à soigner extrêmement la fin à l'exemple des grands poëtes et des acteurs consciencieux.

ACUMEN, v. *Acies.* ADAMARE, v. *Diligere.*

ADESSE. INTERESSE. PRÆSENTEM ESSE. 1. *Adesse*, être près d'une personne ou d'une chose ; *interesse*, prendre part à une action. Cic. Verr. I, 40. Crimina ea quæ notiora sunt his qui *adsunt* quam nobis... De illo nihil dixit in quo *interfuit.* Ces accusations plus familières aux assistants qu'à nous-mêmes... Il n'a rien dit du fait auquel il a pris part.

2. *Adesse* marque, en général, notre présence dans un cercle dont nous faisons partie ; *præsentem esse*, la présence immédiate, sensible, visible. D'un hôte qu'on attend on dit *adest* quand il se trouve dans nos murs ; on dit *præsens est* quand il est dans la même pièce que nous. Ter. Ad. III, 3, 29. Non quia *ades præsens* dico hoc. Je ne dis pas cela parce que tu es près de moi, devant moi.

ADHUC. HACTENUS. HUCUSQUE. *Adhuc* est adverbe de temps : jusqu'à ce moment ; *hactenus* et *hucusque* sont adverbes de lieu : jusqu'à cet endroit ou jusqu'à ce point.

---

1 Traduction Guéroult. Dans la collection Panckoucke. Cicéron, t. XIII, p. 375.

ADIGERE, v. *Cogere.*   ADIMERE, v. *Demere.*
ADIPISCI, v. *Invenire.*   ADMIRARI, v. *Vereri.*
ADMODUM, v. *Perquam.*
ADOLESCENS, v. *Puer.*   ADORARE, v. *Vereri.*
ADSCENDERE, v. *Scandere.*   ADSEQUI, v. *Invenire.*
ADSOLERE, v. *Solere.*   ADSPECTUS, ADSPICERE, v. *Videre.*
ADULARI, v. *Assentiri.*   ADUNCUS, v. *Curvus.*
ADVENA, v. *Externus.*   ADVENTOR, v. *Hospes.*

ADVERSARIUS. HOSTIS. INIMICUS. 1. *Adversarius*, terme général pour tout adversaire : à la guerre, dans la politique, en justice, comme ἀντιστάτης; *hostis*, ennemi à la guerre, en campagne, par opposition à *pacatus*, comme πολέμιος; *inimicus*, ennemi du fond du cœur, par opposition à *amicus*, comme ἐχθρός. Cic. Man. 10. Pompeius sæpius cum *hoste* conflixit quam quisquam cum *inimico* concertavit. Pompée compte plus de combats contre des armées ennemies, que qui que ce soit au monde ne compte de luttes contre un ennemi particulier. Liv. XXII, 39. Nescio an infestior hic *adversarius*, quam ille *hostis* maneat. J'appréhende que ton adversaire ne reste plus dangereux que ton ennemi.

2. *Hostilis* et *inimicus* indiquent une disposition permanente, *infestus* et *infensus*, un état passager : *infestus* ne suppose qu'une attitude hostile, et peut se dire même des objets inanimés qui nous menacent d'un danger; *infensus* suppose des mouvements passionnés et ne se dit que des personnes. Tac. Ann. XV, 28. Non *infensum*, nedum *hostili* odio Corbulonis nomen habebatur. Le nom de Corbulon n'avait jamais excité de ressentiment, loin d'être l'objet d'une haine nationale. Sen. N. Q. III, pr. Animus luxuriæ non *adversus* tantum, sed et *infestus*. Ame non-seulement contraire, mais rebelle aux plaisirs. Liv. II, 20. Tarquinium *infesto* spiculo petit; Tarquinius

infenso cessit hosti. Il lance à Tarquin un trait dangereux ; Tarquin se retira devant cet ennemi furieux.

3. *Hosticus* marque un rapport de convenance : ennemi, qui appartient à l'ennemi ; *hostilis*, une disposition, comme hostile.

ADVOCATUS. CAUSIDICUS. Dans l'âge d'argent de la langue latine, *advocatus* désigne un procureur par rapport aux services qu'il rend, et à son client dont il est l'ami et l'appui ; *causidicus*, par rapport à sa condition et à son métier, souvent avec une idée de mépris, comme un mercenaire.

ÆDES, v. *Templum.*

ÆDIFICIUM. DOMUS. ÆDES. FAMILIA. 1. *Ædificium*, terme général pour toute espèce de bâtiment, comme οἰκοδόμημα ; *domus* et *œdes*, *œdium*, maison d'habitation : *domus*, demeure, siége héréditaire d'une famille, comme οἶκος ; *œdes*, assemblage d'appartements, comme δόμοι, δώματα. VIRG. G. II, 461. Ingentem foribus *domus* alta superbis mane salutantum totis vomit *œdibus* undam. La fière demeure par ses portes orgueilleuses rejette, dès le matin, de ses appartements encombrés un long flot de courtisans.

2. *Domus*, la famille au sens patriarcal, comme une société close et intime ; *familia*, au sens politique, comme une partie de la noblesse, *gens*, de la cité, *civitas*, du peuple, *populus.*

ÆGER. ÆGROTUS. MORBIDUS. MORBUS. VALETUDO. 1. *Æger*, terme général qui s'applique à toute espèce d'incommodité et de malaise, au trouble d'esprit comme au mal physique ; *œgrotus* et *morbidus* supposent une maladie du corps ; *œgrotus*, chez l'homme, *morbidus*, chez un animal. L'*œger* se sent malade, l'*œgrotus* et le *morbidus* sont malades.

2. *Morbus* et *valetudo* désignent une maladie actuelle : *morbus*, comme un accident auquel l'homme est sujet; *valetudo*, comme un état dont le malade a conscience.

ÆGRE, v. *Vix*.
ÆGROTUS, v. *Æger*.
ÆQUALIS, v. *Æquus*.

ÆGRITUDO, v. *Cura*.
ÆMULATIO, v. *Imitatio*.
ÆQUOR, v. *Mare*.

ÆQUUS. PAR. ÆQUALIS. PARILIS. COMPAR. IMPAR. DISPAR.
1. *Æquum*, égal en soi, uniforme, composé de parties similaires, par opposition à *varius; par*, égal à quelque chose d'autre, et placé au même degré par opposition à *superior* et *inferior*. *Æquo Marte* présente dans son ensemble le combat des deux partis; *pari Marte* oppose la fortune de l'un à celle de l'autre.

2. *Par*, marque une égalité de grandeur, de puissance, d'influence ou encore de nombre, d'équilibre, de proportions, comme ἴσος; *æqualis*, une égalité de nature, comme ὅμοιος. *Par*, présente à l'esprit l'idée d'un homme d'action qui est pour le moins prêt et résolu à entrer en lutte avec ses pairs; *æqualis*, l'idée d'un personnage inactif, et le mot ne se prête qu'à des comparaisons et à des parallèles. *Paria*, choses ou personnes opposées, hostiles, jalouses, qui se disputent la prééminence; *æqualia*, choses ou personnes distinctes, mais unies, comme des parents qui ont des qualités et des sympathies communes. *Pariter*, au même degré, ἴσα; *æqualiter*, de la même façon, ὁμοίως, ὁμῶς.

3. *Par*, tout à fait égal; *parilis*, à peu près égal, c'est un intermédiaire entre *par* et *similis*.

4. *Par*, égal à quelque chose ou à quelqu'un, exprime un rapport simple; *compar*, qui se dit de plusieurs choses ou de plusieurs personnes égales entre elles, un rapport réciproque, sans renchérir d'ailleurs sur le degré de ressemblance. Cette distinction se retrouve dans *finitimi* et *confines*, dans ἐγγύς et ξυνεγγύς.

5. *Impar* marque une inégalité, soit comme en arithmétique celle des nombres impairs qui ne sont point exactement divisibles par deux, soit une inégalité de force qui implique une infériorité relative; *dispar* exprime une dissemblance et ne précise point de quel côté penche la balance dans un parallèle.

ÆQUUS. PLANUS. CAMPUS. 1. *Æquum*, terrain plat, surface horizontale, par opposition à ce qui monte ou descend, à *superior*, *inferior* et *acclivis;* *planum*, la plaine unie, par opposition à un sol inégal, à *montosus*, *saxosus*. *Æquum*, signifie au figuré l'équité, parce que l'injustice commence dès que l'un se met au-dessus de l'autre; *planum*, la clarté et la netteté, parce qu'on ne peut embrasser d'un seul regard qu'une plaine, où aucune hauteur n'arrête la vue.

2. *Æquor* et *planities*, la plaine par rapport à sa forme; *campus*, par rapport à sa position, comme pays bas par opposition aux hauteurs.

ÆQUUS ANIMUS, v. *Satis habere.*   AER, v. *Anima.*

ÆRARIUM. FISCUS. *Ærarium*, la caisse de l'état; *fiscus*, la cassette de l'empereur. TAC. Ann. VI, 2. Bona Sejani ablata *œrario*, ut in *fiscum* cogerentur; tanquam referret. Les richesses de Séjan retirées du trésor public entrèrent dans la cassette impériale, comme si cela eût tiré à conséquence.

ÆRUMNA, v. *Labor.*   ÆSTIMARE, v. *Censere*
ÆSTUARE, v. *Calere.*   ÆTERNUS, v. *Continuus.*
AFFARI, v. *Alloqui.*   AFFATIM, v. *Satis.*
AFFINIS, v. *Necessarius.*   AFFIRMARE, v. *Dicere.*
AGER, v. *Rus* et *Villa.*

AGERE. FACERE. GERERE. OPUS. FACTUM. AGE. I NUNC.
DEGERE. 1. *Agere*, marque un effet qui n'a lieu que dans
le temps, comme agir ; *facere*, un effet qui se développe
dans l'espace, comme faire. Les *acta* sont passés aussitôt
que l'*agens* s'arrête, deviennent dès lors invisibles, et ne
subsistent plus que par le souvenir ; les *facta* ne sont com-
plets que quand le *faciens* s'arrête, et ne prennent qu'à
partir de ce moment une existence propre. Cela doit s'entendre d'ailleurs d'*acta* et de *facta* considérés exclusivement comme participes, non comme substantifs. *Agens*
donne l'idée de l'activité en général, *faciens* l'idée d'une
activité pratique.

2. *Agere*, agir dans son propre intérêt ; *gerere*, dans
l'intérêt d'un autre et par commission. CIC. Verr. I, 38.
Quæ etiamsi voluntate Dolabellæ *fiebant*, per istum tamen
omnia *gerebantur*. Tout se faisait par la volonté de Dolabella, mais par l'entremise de Verrès.

3. *Opus*, œuvre, ἔργον, est le substantif qui répond à
facere ; factum (pris comme substantif), action, celui d'*a-
gere ; res gestæ*, actes importants, hauts faits, πράξεις ; *acta*,
mesures politiques. CIC. Att. XIV, 17. Multa de *facto* ac
de *re gesta*, de nombreux détails, tant sur cette entreprise
que sur ce grand acte : le premier, *facto*, s'appliquant à
la tentative d'Amatius, le second, *re gesta*, au châtiment
que lui a infligé Dolabella avec autant de sagesse que de
courage.

4. *Age, agedum*, encouragement donné sérieusement ;
i nunc, encouragement ironique.

5. *Agere*, mener une vie active et affairée ; *degere*, vivre
dans l'oisiveté, soit parce que l'aisance nous dispense de
travailler, soit parce que nous sommes réduits à l'inaction. TAC. Ann. XV, 74. Deùm honor principi non ante
habetur quam *agere* inter homines desierit. Avant de ren

dre à un prince les honneurs divins, on attend qu'il ne soit plus mêlé aux affaires de la vie. Comparez avec IV, 41. *Ut Tiberium ad vitam procul Roma amœnis locis degendam impelleret.* Afin de pousser Tibère à vivre loin de Rome dans le repos d'un agréable séjour.

AGERE FERRE, v. *Vastare.*

AGGER. VALLUM. *Agger*, simple levée, comme une digue; *vallum*, levée qui sert à clore un espace. L'*agger* peut tenir lieu d'une courtine de redoute dans des fortifications de campagne; le *vallum* ou rempart fait toujours partie d'une forteresse, d'un camp, d'une place forte.

AGMEN, v. *Caterva.*   AGRESTIS, v. *Rus.*
AIO, v. *Dicere.*

ALA. PENNA. PLUMA. PINNA. 1. *Ala*, la charpente, les muscles de l'aile, πτέρυξ; *penna*, l'aile restreinte aux plumes qui concourent au vol, πτερόν. PLAUT. Pœn. IV, 2, 48. Meæ *alæ pennas* non habent. Je n'ai pas de plumes à mes ailes.

2. *Penna*, plumes grandes et dures qui servent à voler; *pluma*, duvet, petites plumes moelleuses qui servent à vêtir le corps de l'oiseau, comme πτίλον. SEN. Ep. 42. Meministi, quum quemdam affirmares esse in tua potestate, dixisse me volaticum esse ac levem, et te non pedem ejus tenere, sed *pennam;* mentitus sum, *pluma* tenebatur quam remisit et fugit. Un jour, tu dois t'en souvenir, tu prétendais avoir une personne en ton pouvoir, et je te répondais qu'elle était volage et légère, que tu ne la tenais point par le pied, mais par une plume. Eh bien, ce n'était pas vrai : tu ne la retenais que par une petite plume de duvet qu'elle t'a laissée, et la voilà partie.

3. *Penna*, la plume entière, tuyau et barbes; *pinna*, les barbes seules par opposition au tuyau.

ALACER, v. *Gaudere*.

ALAPA. COLAPHUS. *Alapa*, soufflet, coup appliqué sur la figure avec le plat de la main, c'est une punition, mais infligée avec modération; *colaphus*, coup assené sur la tête avec le poing fermé et avec des marques de colère et de fureur.

ALBUS. CANDIDUS. ALBIDUS. 1. *Albus*, le blanc considéré en général comme l'absence de toute couleur, ce qui n'a pas de couleur; *candidus*, le blanc pris comme une couleur positive, la plus pure, la plus claire, en comparaison de laquelle toutes les autres paraissent sombres ou même sales; c'est un beau blanc éclatant. L'*album*, qui a pour opposé *ater*, tire, comme le λευχὸν, sur le jaune pâle; le *candidum*, qui a pour opposé *niger*, tire, comme l'ἀργὸν, sur le bleu pâle. *Alba* cutis, peau d'un malade, d'un hydropique; *candida*, d'une personne qui est dans la fleur de la jeunesse. Au figuré, *albor* est le symbole du bonheur et de la joie; *candor*, de la pureté et de l'innocence.

2. *Albus*, blanc; *albidus*, blanchâtre.

ALERE. NUTRIRE. NUTRICARE. *Alere*, nourrir de manière à pousser au développement et à la croissance; *nutrire* et *nutricare*, nourrir pour prolonger et assurer l'existence. En d'autres termes : *alimenta* adjuvant, *nutrimenta* sustentant. Les aliments profitent, la nourriture soutient. CIC. N. D. II, 63. Neque *ali*, neque *sustentari*. N'être ni grassement, ni même pauvrement nourri. *Nutrire*, terme général; *nutricare*, terme particulier usité de préférence en parlant des animaux.

ALGERE, ALGIDUS, v. *Frigere*.   ALIENIGENA, v. *Externus*.

ALIMENTA. PENUS. CIBUS. ESCA. EDULIA. CIBARE. PASCERE. 1. *Alimenta* et *penus*, vivres quelconques, solides ou liquides : *alimenta*, en général, par rapport à l'homme pris individuellement; *penus*, par rapport à l'économie domestique de toute une famille. *Cibus* et *esca* ne se disent que des aliments solides par opposition à *potio*. *Cibus*, aliment fourni par la nature, ressource alimentaire; *esca*, mets qui a subi une préparation artificielle, plat apprêté. *Cibus* est le seul de ces deux mots qui se dise aussi de la nourriture des animaux; *esca*, le seul qui convienne à l'appât qu'on leur prépare et qu'on leur présente. Cic. N. D. II, 47. Animalia *cibum* partim dentibus capessunt. Un certain nombre d'animaux saisissent leur nourriture avec les dents. Comparez avec II, 23. Dii nec *escis* nec potionibus vescuntur. Les dieux se passent pour vivre de cuisine et de cave.

2. *Cibaria*, denrées alimentaires ordinaires et usuelles; *edulia*, morceaux friands et recherchés. Suet. Tib. 46. Comites nunquam salario, *cibariis* tantum sustentavit. Les gens de sa suite ne tiraient de lui que des vivres, jamais de salaire. Comparez avec Cal. 40. Pro *eduliis* certum statumque exigebatur. Il avait mis un droit sur les comestibles.

3. *Cibare*, nourrir de sa propre main comme une mère ou une bonne d'enfants; *pascere*, fournir seulement la nourriture en qualité de tuteur ou de maître. Suet. Tib. 72. Draconem manu sua *cibaturus*. Comparez avec Vesp. 18. Sineret se plebeculam *pascere*. Un dragon auquel il allait donner à manger de sa main. Il lui demanda la permission de laisser au petit peuple sa subsistance.

Aliquando, v. *Nonnunquam.*   Alites, v. *Volucres.*

Alloqui. Appellare. Affari. *Alloqui*, adresser la parole à quelqu'un, lui faire l'honneur de le saluer et de le reconnaître; *appellare*, prendre les devants pour engager une personne dans une conversation, lui adresser des paroles sérieuses, sortir des phrases banales; *affari*, apostropher d'un ton pathétique plein d'amitié ou de solennité. Cic. Cluent. 61. *Quum nemo recipere tecto, nemo alloqui, nemo respicere vellet.* Lorsque personne ne voulait ni le recueillir sous son toit, ni l'entendre, ni lui adresser la parole, ni le regarder. Comparez avec Phil. XIII, 2. *Salutabunt benigne, comiter appellabunt unumquemque nostrum.* Ils auront pour chacun de nous un abord bienveillant, des paroles aimables et prévenantes. Et Brut. 3. *Salutatio libri quo me hic affatus quasi jacentem excitavit.* La dédicace du livre dans lequel il m'apostrophe et qui m'a retiré d'une sorte d'abattement.

Alsus, v. *Frigere.*   Altercatio, v. *Disceptatio.*

Altus. Editus. Procerus. Arduus. Celsus. Excelsus. Sublimis. 1. *Altus*, terme général; il se dit de la hauteur ou de la profondeur considérée comme une des trois dimensions de la géométrie, et doit s'entendre de la hauteur par opposition à *humilis*, à ce qui reste attaché terre à terre, au niveau du sol, comme ὑψηλός; *editus*, élevé par opposition à *planus*, à ce qui n'offre aux yeux qu'une surface plate; enfin *procerus*, ce qui a poussé en hauteur ou en longueur. L'*altitudo* n'a ni mesure ni limite; l'*editum* est de la taille d'une colline; la *proceritas*, de celle d'un arbre ou d'un corps humain.

2. *Altus, editus* et *procerus* réduisent la hauteur à un simple rapport de lieu et d'espace; *arduus* se dit de ce qui est d'abord haut, puis escarpé et inaccessible, au figuré : difficile, impossible; *celsus*, haut par l'effet d'une tendance à s'étendre et à s'élancer, au figuré : fier; *excelsus* et *præcelsus*, ce qui dépasse encore d'autres points culminants, au figuré : éminent; *sublimis*, ce qui se soutient en l'air sans toucher à terre, ce qui plane, comme μετέωρος, au figuré : sublime.

AMANS, AMATOR, v. *Amicus.*   AMARE, v. *Diligere.*
AMBIGUUS, v. *Dubius.*

AMBIRE. CIRCUMIRE. *Circumire* se dit d'un mouvement sinon exactement circulaire, du moins tenu de suivre tous les contours d'un espace, faire le tour; *ambire* ne désigne qu'un mouvement de va-et-vient, en zigzag, aller çà et là, parcourir. PLIN. Ep. II, 9. *Ambio* domos stationesque *circumeo.* Je vais d'une maison à l'autre, je fais le tour des lieux de réunion. Et CIC. Att. XIV, 21. Antonium *circumire* veteranos ut acta Cæsaris sancirent, c'est-à-dire qu'il les sollicite tous à la ronde depuis le premier jusqu'au dernier. *Circumire* est plus fort ici qu'*ambire,* lequel exprimerait en gros les sollicitations et les manœuvres d'Antoine.

AMBO, v. *Uterque.*

AMBULARE. SPATIARI. DEAMBULARE. INAMBULARE. OBAMBULARE. 1. *Ambulare* présente la promenade comme un exercice fait à loisir, c'est un mouvement de va-et-vient par opposition d'une part à *stare* et *cubare,* d'autre part à *currere* et *salire; spatiari* donne l'idée d'un exercice au grand air, par opposition à l'espace restreint d'une chambre ou d'un lieu fermé.

2. *Deambulare,* aller et venir jusqu'à ce qu'on soit fatigué; *inambulare,* se promener dans un espace limité; *obambulare,* se promener le long d'un mur, d'une allée, ou à côté d'un compagnon de promenade.

AMENS. DEMENS. INSANUS. VESANUS. EXCORS. VECORS. FUROR. DELIRIUM. RABIES. CERRITUS. LYMPHATUS. 1. L'*amentia* a un caractère négatif et passif; la *dementia,* une influence positive et violente. L'*amens* manque de raison : ou bien il n'agit pas du tout, ou il agit sans raison, comme un idiot, ἄφρων; le *demens,* tout en croyant bien faire, rompt en visière à la raison, comme l'insensé, παράφρων. On dit *amens metu*, *terrore*, hébété par la peur, par l'épouvante ; mais *demens scelere*, *discordia*, devenu fou à la suite d'un crime, d'une querelle.

2. *Insanus* a un sens privatif ; *vesanus*, un sens dépravatif. L'*insanus* n'a plus d'empire sur les sens, la raison le fuit, il dépasse dans un accès de passion la mesure et le but et nous paraît coupable. C'est un homme en démence. Le *vesanus*, aveuglé par des illusions, sort de la bonne voie, poursuit un but trompeur et nous paraît malheureux. C'est un visionnaire.

3. *Excors*, stupide, tout à fait incapable de réflexion et d'examen, par opposition à *cordatus* ; *vecors*, extravagant, incapable de réfléchir avec calme, parce que l'âme est possédée par une idée fixe.

4. *Furor*, surexcitation de l'esprit, extase, transport, μανικός ; *delirium*, affaissement des facultés de l'esprit par des causes physiques, comme chez une personne qui tombe en enfance ; *rabies*, accès de fureur méchante qui étouffe le sens moral, λύσσα. Le *furibundus* oublie les lois de la matière ; le *delirus* radote ; le *rabidus* veut mordre et nuire à toute force.

5. *Cerritus* et *lymphatus* représentent l'emportement comme un état de possession : *cerritus* ou *ceritus*, possédé de Cérès ; *lymphatus*, possédé des nymphes.

Amictus, Amiculum, v. *Vestis*.

Amicus. Amans. Amator. *Amicus* suppose une affection mutuelle, cordiale et paisible, ami, φίλος ; *amans* et *amator*, un amour qui peut fort bien ne pas être partagé et qui n'en est que plus ardent : *amans*, un amour de passage ; *amator*, une passion durable, comme ἐραστής. Cic. Alba tunc antiquissimus non solum *amicus*, verum etiam *ama-*

tor. Alba dont l'amitié parfaite s'élevait alors jusqu'à la constance de l'amour. Tusc. IV, 12. Inter ebriositatem et ebrietatem interest, aliudque est *amatorem* esse, aliud *amantem*. Je fais une différence entre l'ivrognerie et l'ivresse, je distingue l'amant de l'amoureux.

Amicus, v. *Socius*

Amittere. Perdere. Jactura. 1. *Amittere*, perdre en ce sens que l'objet perdu cesse d'être en notre pouvoir, comme ἀποβαλεῖν, par opposition à *retinere; perdere*, en ce sens que l'objet est détruit et ne peut plus servir à personne, comme διολέσαι, par opposition à *servare*. Tac. Ann. II, 25. *Perdita* classe, *amissis* armis. Malgré la ruine de leur flotte et la perte de leurs armes.

2. *Amissio*, perte involontaire; *jactura*, perte volontaire à laquelle on se soumet, sacrifice qu'on fait pour éviter une plus grande perte, à l'exemple du marin qui jette la cargaison par-dessus bord pour sauver son vaisseau et sa vie. Plin. Ep. I, 12. *Jacturam* gravissimam feci, si *jactura* dicenda est tanti viri *amissio*. Je suis accablé par un malheur auquel ma volonté devrait souscrire, si je puis parler ainsi de la perte qui me prive d'un si grand homme. (Il s'agit de Corellius Rufus qui a cherché dans le suicide la fin de ses souffrances.)

Amittere, v. *Mittere*.   Amnis, v. *Fluvius.*
Amor, v. *Diligere* et *Studium*,
   n° 2.

Amplecti. Complecti. *Amplecti* se dit d'un geste auquel on n'emploie souvent qu'un seul bras, et qui témoigne d'une inclination et d'une sympathie paisible; *complecti*, c'est entourer, serrer avec les deux bras en signe d'amour et de passion ou d'abandon familier. De même au figuré :

amplecti, c'est prendre quelque chose en main par opposition à négliger et à dédaigner; *complecti*, c'est s'emparer tout à fait d'une chose par opposition à posséder à demi, à peu près.

AMPLUS, v. *Magnus.*   ANCEPS, v. *Dubius.*
ANCILLA, v. *Servus.*   ANGOR, v. *Cura.*
ANGUIS, v. *Repere.*

ANGUSTUS. ARCTUS. DENSUS. SPISSUS. 1. *Angustus* et *arctus* ont trait à l'espace même et à la proximité des limites qui le restreignent; *densus* et *spissus*, aux objets que l'espace contient et à leur voisinage entre eux.

2. L'*angustum* a pour limites de simples lignes, et offre la plupart du temps une figure oblongue, étroite, il a pour opposé *latus*, comme στενός; l'*arctum* est clos par des barrières, des murailles, des montagnes, et offre une surface carrée ou circulaire, resserrée, par opposition à *laxus*, comme στενωπός. On ne peut jamais appeler *arctus* le *clavus angustus.* Mela. III, 2, 8. Rhenus ad dextram primo *angustus* et sui similis, post ingens lacus Flevo dicitur... fitque iterum *arctior*, iterumque fluvius emittitur. A droite le Rhin est d'abord étroit et conserve quelque temps ce caractère, puis il se transforme en un lac considérable appelé le Flévon, après quoi il rentre dans une gorge d'où il ressort sous la forme d'un simple cours d'eau : selon que l'on se représente les bords du Rhin comme de simples lignes ou comme des murailles.

3. *Densus* présente simplement les objets comme très-rapprochés les uns des autres, sans lacune apparente, par opposition à *rarus*, comme δασὺς et θαμειός ; *spissus* les représente comme entassés les uns sur les autres sans aucun intervalle, par opposition à *solutus*, comme πυκνὸς et συχνός. L'idée qui domine dans *densus* est celle d'une sur-

abondance d'objets qu'il n'est pas nécessaire d'écarter les uns des autres pour couvrir un vaste espace; dans *spissus*, c'est l'absence de vides : les objets sont tellement pressés qu'ils remplissent tous les intervalles.

ANIMA. AER. AURA. SPIRITUS. SUBLIME. *Anima* et *aer*, l'air pris comme élément, ἀήρ : *anima*, par opposition aux trois autres éléments, à *terra, mare, ignis;* mais *aer*, terme étranger et savant, par opposition à l'air épuré des célestes demeures, à *œther; aura* et *spiritus*, l'air en mouvement : *aura*, l'air doucement agité, le souffle léger qui évente, αὖρα; *spiritus*, l'air qui se précipite, qui entraîne, tout courant d'air analogue à une inspiration ou à une expiration, πνεῦμα; enfin *sublime*, l'air suspendu au-dessus de nous : ce dernier marque un simple rapport de lieu par opposition à *humus,* comme μετάρσιον, μετέωρον.

ANIMA. ANIMUS. MENS. 1. *Anima*, l'âme de la physiologie, le principe de la vie animale chez les hommes et les bêtes, vie qui cesse avec la respiration, ψυχή; *animus*, l'âme de la psychologie et de la morale, le principe de la personnalité qui cesse avec la volonté, θυμός. Au sens mythologique les âmes des morts s'appellent *animœ*, ce sont des ombres; au sens métaphysique *animi*, ce sont des esprits. L'*anima* est un des éléments de l'existence du corps; le même corps n'a pas d'opposé plus tranché qu'*animus*. SEN. Ep. 4. Difficile est *animum* perducere ad contemptionem *animœ*. Il est difficile d'amener l'âme raisonnable jusqu'au mépris de l'âme sensitive. JUVEN. XV, 148. Principio indulsit communis conditor illis tantum *animas*, nobis *animum* quoque. Au commencement le créateur commun n'accorda aux animaux que des âmes sensitives, il nous accorda en outre une âme raisonnable.

2. *Animus*, l'âme humaine prise comme le réceptacle commun de toutes les facultés spirituelles; il est alors,

avec *mens*, la faculté pensante, dans le rapport du tout à une de ses parties. Cic. Rep. II, 40. Ea quæ latet in animis hominum quæque pars *animi mens* vocatur. L'intelligence enfouie dans nos âmes et qu'on peut appeler une partie de l'âme. Mais comme dans la vie l'âme vaut surtout par la volonté, *animus* devient à son tour une faculté de l'âme, celle du sentiment et de la volonté qui prend place à côté de l'intelligence, de la conscience, *mens*. Tac. H. I, 84. Quem nobis *animum*, quas *mentes* imprecentur? Quels sentiments, quelles dispositions d'esprit nous souhaiteraient-ils? Ter. Andr. I, 1, 137. Mala *mens*, malus *animus*. Mauvaise tête, mauvais cœur. Et enfin, comme la pensée précède la volonté, que la volonté sert d'intermédiaire entre la pensée et l'action, qu'elle peut être considérée comme la servante de la pensée, tout comme le corps est le serviteur de la volonté, réciproquement *mens* se trouvera avec *animus* dans le rapport d'un tout à sa partie. Cic. Tusc. III, 5. *Mens* cui regnum totius *animi* a natura tributum est. La raison qui exerce une autorité naturelle sur tous les sentiments.

Animadvertere. Notare. *Animadvertere* se dit de l'esprit qui remarque et observe; *notare*, d'une marque à laquelle on a recours pour attirer l'attention.

Animal. Animans. Bellua. Bestia. Pecus. Fera. 1. *Animal* et *animans*, les animaux considérés comme des êtres doués de vie, l'homme compris : *animal* caractérise la nature de l'être; quel que soit son aspect, il appartient à la classe des êtres animés; l'opposé est *inanimus*, l'équivalent grec ζῶον. *Animans* précise l'état dans lequel se trouve l'être : il vit, il respire; l'opposé est *exanimus*. On dit *animalium* cadavera; *animantium* cadavera ferait un non-sens. *Bellua*, *bestia* et *pecus* ont trait à l'intelligence; c'est l'animal déraisonnable par contraste direct avec *homo; bestia* et *fera* expriment une sorte de rapport moral, c'est la brute hostile à l'homme.

2. *Bellua* désigne particulièrement un animal grand et lourd, par exemple un éléphant, une baleine, par préférence les monstres marins; *pecus*, un animal domestique, par préférence des moins intelligents, par exemple un taureau, un mouton, par opposition à l'animal en liberté : c'est le bétail; *bestia*, bête nuisible, surtout dévorante, par exemple un tigre, un loup, par opposition aux oiseaux, comme θηρίον; *fera*, bête farouche, hôte des forêts, par exemple un cerf, un loup, un tigre, par opposition aux animaux domestiques, comme le gibier et les bêtes sauvages, θήρ. CURT. IX, 10, 10. Indi maritimi *ferarum* pellibus tecti piscibus sole duratis et majorum quoque *belluarum*, quas fluctus ejecit, carne vescuntur. Les Indiens des provinces maritimes, couverts de la dépouille des bêtes sauvages, se nourrissent de poisson séché au soleil et même de la chair des monstres marins que les flots ont rejetés.

ANNALES. HISTORIÆ. *Annales*, traité général d'histoire et en particulier histoire du passé composée sur les sources, Tite-Live et Tacite; *historiæ*, étude d'histoire contemporaine, d'événements auxquels l'auteur a assisté, Salluste et Tacite. L'auteur des *annales* se propose de faire, année par année, une énumération aussi variée que complète de toutes les particularités mémorables; celui des *historiæ* traite un point d'histoire et laisse de côté les événements les plus remarquables quand ils ne s'y rattachent pas.

ANTIQUUS. PRISCUS. VETUS. VETUSTUS. VETERNUS. PRISTINUS. 1. *Antiquum* et *priscum*, ce qui a existé autrefois et qui n'est plus, par opposition à *novum*, comme παλαιός; *vetus* et *vetustum*, ce qui existe depuis longtemps et n'a plus de part ni aux inconvénients ni aux priviléges de la jeunesse, par opposition à *recens*, comme γέρων, γεραιός, γερούσιος. *Antiquus homo,* homme du bon vieux temps ; *vetus,* vieillard. Les classiques s'appellent *antiqui scriptores,* en ce sens que leur siècle est depuis longtemps passé ; *veteres,* en ce sens qu'ils subsistent et servent de modèles depuis deux mille ans. Cic. Verr. II, 21. Vereor ne hæc nimis *antiqua* et jam *obsoleta* videantur. J'ai peur que ces exemples de modération n'aient vieilli et ne paraissent hors d'usage. Comparez avec Orat. I, 37. Ut illi *vetus* atque *usitata* exceptio daretur. Pour lui donner le bénéfice de ce privilége ancien et souvent appliqué.

2. *Vetus* se rapporte exclusivement à la durée et présente l'âge soit comme un avantage, soit comme un désavantage ; *vetustus* a trait aux priviléges de l'âge : ce qui subsiste de vieille date est plus solide, plus respectable, plus à l'épreuve que les nouveautés ; il a pour opposé *novicius.* Enfin *veternus* fait allusion aux infirmités du grand âge usé par les années, affaibli, épuisé pour avoir duré trop longtemps. Mais comme dans le beau siècle de la langue on ne rencontre *veternus* que sous la forme de substantif, *veternum,* dans le sens de somnolence, *vetus* le supplée régulièrement et désigne plus souvent la décadence que la vigueur de l'âge. Tac. Ann. XI, 14 et 15. *Veterrimis* Græcorum. Les caractères de l'alphabet latin sont empruntés aux plus vieilles formes des lettres grecques. Et *vetustissima* Italiæ disciplina. La science des aruspices, la plus auguste par son antiquité de toutes les sciences que l'Italie cultive.

3. *Antiquus* se dit simplement des choses du vieux temps, du temps passé, par opposition au présent ; *priscus* est un terme pompeux qui ajoute à l'idée principale d'antiquité une idée accessoire de respect et de sainteté, comme ἀρχαῖος, par opposition à la mode du jour.

4. *Antiquus* et *priscus* se disent d'une époque écoulée

depuis très-longtemps; *pristinus*, d'un temps passé quelconque, comme πρότερος, antérieur.

ANTRUM, v. *Specus*.

ANUS. VETULA. *Anus*, servant de féminin à *senex*, femme âgée, avec une idée de respect, ou encore vieille femme, avec une idée de défaveur, par allusion à sa faiblesse, à sa crédulité, à son bavardage; *vetula*, vieille laide et qui n'a rien d'aimable.

APERIRE. PATEFACERE. APERTE. PALAM. MANIFESTO. PROPALAM. 1. *Aperire*, découvrir un espace fermé par le haut, c'est-à-dire horizontalement, par exemple une fosse, une source, et par cette opération rendre visible; *patefacere*, ouvrir un espace fermé par le côté, c'est-à-dire verticalement, par des portes, des barrières, des clôtures, et par cette opération rendre accessible.

2. *Returare*, donner accès par une ouverture qui était bouchée; *recludere*, par une ouverture fermée à clef; *reserare*, par une ouverture fermée au verrou.

3. *Aperte*, ouvertement et sans se cacher, en sorte que tout le monde puisse apprendre et savoir les choses, par opposition à *occulte*, comme φανερῶς; *palam*, publiquement et sans secret, en sorte que tout le monde puisse voir et entendre, comme ἀναφανδόν; *manifesto*, manifestement, de manière à rendre superflues les recherches, les conjectures, le secours et l'effort des sens et de l'esprit, comme δῆλον.

4. *Palam* marque qu'on expose les choses à la vue du public par effronterie; *propalam*, par dessein prémédité. CIC. Orat. I, 35. Neque proposito argento neque tabulis et signis *propalam* collocatis, c'est-à-dire à l'admiration de tout le monde. Comparez avec Pis. 36. Mensis *palam* propositis, c'est-à-dire effrontément et sans gêne.

APPARET. EMINET. *Apparet* se dit de ce qui est visible à l'observation; *eminet*, de ce qui se fait remarquer de soi-même et saute aux yeux. SEN. Ir. I, 1. *Apparent* alii affectus, hic (scil. iræ) *eminet*. Les signes des autres passions sont visibles, ceux de la colère sont frappants.

APPARET, v. *Constat.*
APTUS, v. *Idoneus.*

APPELLARE, v. *Alloqui* et *Nominare.*

AQUA. UNDA. FLUCTUS. FLUENTUM. 1. *Aqua*, l'eau prise comme matière élémentaire, par opposition à *terra;* *unda*, l'élément liquide toujours en mouvement, par opposition à *solum;* *lympha*, simple synonyme poétique d'*aqua*, avec l'idée accessoire d'une belle eau claire, sens fondé sur une ressemblance fortuite de son avec la première syllabe de l'adjectif *limpidus*, qui n'a point la même racine.

2. *Unda* est un intermédiaire entre *aqua* et *fluctus*, comme *aura* entre *aer* et *ventus*. Car *unda* désigne comme onde l'eau qui semble se mouvoir d'elle-même, mais *fluctus* et *fluenta*, le flot, l'eau agitée par quelque cause extérieure, comme une tempête : *fluctus*, en général, c'est la mer avec ses flots; *fluentum*, la vague isolée. La mer orageuse, le torrent impétueux, roulent seuls des *fluctus*, mais toute eau qui n'est pas stagnante a des *undas*. Aussi y a-t-il une grande différence entre ces deux images dans CIC. Mil. 2, 5. Tempestates et procellas in illis duntaxat *fluctibus* concionum semper putavi Miloni esse subeundas, c'est-à-dire dans les assemblées orageuses et agitées du peuple; et PLANC. 6, 15. Si campus atque illæ *undæ* comitiorum, ut mare profundum et immensum, sic effervescunt quodam quasi æstu, c'est-à-dire les réunions populaires faciles à émouvoir. SEN. N. Q. III, 10. Quid si ullam *undam* superesse mireris tot *fluctibus* fractis? Étonnez-vous

plutôt qu'il reste des ondes à la mer pour venir remplacer au rivage tant de flots qui s'y sont brisés. Et IV, 2. Nec mergit cadens *unda*, sed planis aquis tradit. Et l'onde ne les submerge pas dans sa chute, elle les lance sur des eaux immobiles.

Aquosus, v. *Udus.*   Arbitrari, v. *Censere.*

Arcana. Secreta. Mysteria. *Arcana* et *mysteria*, les secrets envisagés par leur côté honorable, ceux qui tirent d'eux-mêmes leur raison d'être, qui tiennent à la nature des choses et qui méritent à ce titre d'inspirer un saint respect; *arcana* est d'ailleurs un terme populaire pour toute sorte de secrets; *mysteria*, un terme savant pour les secrets religieux comparables aux mystères d'Éleusis; enfin, *secreta*, les secrets, au sens le plus vulgaire, ceux qui ont une origine purement humaine, en parlant des choses qu'on tient cachées par crainte. Tac. I, 6. Sallustius Crispus particeps *secretorum*... monuit Liviam ne *arcana* domus vulgarentur. Sallustius Crispus, pour qui Tibère et Livie n'avaient rien de caché, engagea Livie à ne plus livrer au public les augustes secrets de la famille impériale.

Arcere. Prohibere. *Arcere*, repousser et empêcher d'entrer, par opposition à *admittere; prohibere*, tenir éloigné et empêcher d'approcher, par opposition à *adhibere.* L'*arcens* se tient sur la défensive, comme le *resistens*, et agit par sollicitude pour la personne menacée; le *prohibens* prend l'offensive, comme le *propulsans*, et agit par inimitié contre l'agresseur.

Arcessere. Accire. Evocare. Accersere. 1. *Arcessere* et *accersere*, termes généraux, signifient simplement faire venir; *accire*, inviter, suppose qu'on s'adresse à un égal; *evocare*, mander, à un inférieur. L'*arcessens* pousse à se présenter, l'*acciens* engage, l'*evocans* ordonne. Cic. Att. V, 1.

Tu invita mulieres, ego *accivero* pueros. Chargeons-nous, toi de prier les femmes, moi d'inviter les jeunes gens. Comparez avec Dej. 5. Venit vel rogatus ut amicus, vel *arcessitus* ut socius, vel *evocatus* ut qui senatui parere didicisset. Il s'est présenté ou en ami dont on souhaitait l'arrivée, ou en allié qu'on faisait venir, ou en sujet mandé par le sénat et dressé à lui obéir. Liv. X, 19. *Collegæ* auxilium quod *acciendum* ultro fuerit. Le secours de son collègue qu'il aurait dû demander sans façon. Comparez avec XLIV, 31. *Evocati* litteris imperatoris. Mandés par un ordre écrit du général. Et XXXIX, 11. Æbutia *accita* ad Sulpiciam venit. Ebutia vint trouver Sulpicie comme elle l'en avait priée. Mais 12. Ut Hispalam *libertinam arcesseret* ad sese. Afin de faire venir l'affranchie Hispala.

2. *Arcessere* signifiait primitivement pousser à venir; *accersere*, à accourir en toute hâte; mais la ressemblance de son a fait confondre les deux mots.

Arctus, v. *Angustus.*

Ardere. Flagrare. *Ardere*, brûler comme un brasier, αἴθειν; *flagrare*, être en flammes, comme φλέγεσθαι. Au figuré, *ardere* marque une passion qui couve; *flagrare*, une passion qui éclate. Cic. Or. III, 2, 8. Non vidit Crassus *flagrantem* bello Italiam, non *ardentem* invidia senatum. Crassus n'a vu ni l'Italie dévorée par les flammes de la guerre, ni le sénat consumé par le feu de la jalousie.

Arduus. Difficilis. *Arduus*, difficile à atteindre, par opposition à *pronus; difficilis*, à exécuter, par opposition à *facilis. Arduus* est d'ailleurs le terme le plus fort et marque une difficulté voisine de l'impossibilité. Plin. Ep. VI, 17. Est enim res *difficilis, ardua.* La chose est pleine de difficultés et d'obstacles. Tac. H. II, 76. Æstimare debent an quod inchoatur, reipublicæ utile, ipsis gloriosum aut *promptum effectu*, aut certe non *arduum* sit. Tous ceux qui osent former de grands desseins sont tenus d'examiner si leur entreprise est utile à la république, si elle paraît d'une exécution facile, ou du moins si elle ne présente pas trop d'obstacles. Cic. Verr. I, 51. Cum sibi omnes ad illum allegationes *difficiles*, omnes aditus *arduos* ac pæne *interclusos* viderent. Voyant les difficultés qu'il y avait pour eux à faire parvenir une députation jusqu'à lui, toutes les voies hérissées d'obstacles et pour ainsi dire barrées.

Arduus, v. *Altus*.   Arena, v. *Sabulum.*

Arguere. Incusare. Culpare. Criminari. Insimulare. Deferre. Accusare. *Arguere*, terme général pour toutes les manières de mettre au jour une faute supposée ou réelle par devant la justice ou ailleurs, incriminer; *incusare* et le terme rare de *culpare* ne marquent qu'une accusation extrajudiciaire; *criminari*, accuser avec des sentiments d'hostilité ou de méchanceté, en noircissant; *insimulare*, accuser faussement, sans reculer devant la calomnie, rendre suspect; *deferre*, dénoncer au juge; *accusare*, accuser au criminel. Cic. Lig. IV, 10. *Arguis* fatentem. Non est satis. *Accusas* eum. Il avoue, et tu l'incrimines. Tu ne t'en tiens pas là. Tu le poursuis devant les juges criminels.

Aridus. Torridus. Siccus. *Aridus* et *torridus* marquent une privation de sucs : les *arida* ont perdu leur humidité naturelle par l'effet d'un feu qui agit à l'intérieur; l'équivalent grec est αὖος, l'opposé *humidus;* les *torrida*, par l'effet d'une chaleur qui agit du dehors au dedans; ils ont pour opposé *uvidus*, comme σκληρός; *siccus* ne marque qu'une sécheresse extérieure, limitée à la surface, par opposition à *madidus*, comme ξηρός. Plin. H. N. XII, 12.

Ne sint fragilia et *arida* potius quam *sicca* folia. De peur que les feuilles ne soient cassantes et tout à fait desséchées, au lieu d'être simplement sèches. Et XV, 29 : Cato docuit vinum fieri ex nigra myrta *siccata* usque in *ariditatem* in umbra. Caton a enseigné qu'on peut fabriquer du vin avec les baies de myrte noir qu'on fait sécher à l'ombre jusqu'à ce que la dessiccation soit parfaite.

ARISTA, v. *Culmus.*   ARMENTUM, v. *Pecus.*

ARMUS. HUMERUS. ALA. AXILLA. *Armus*, le sommet du bras chez l'homme, de la jambe de devant chez les animaux, mais partie du corps entier à la différence de *scapula*, l'omoplate, qui n'est qu'une partie du squelette, ὦμος; *humerus*, la surface plane qui existe chez l'homme au-dessus du bras, l'épaule, ἐπωμίς; *ala* et *axilla*, le creux qui se forme sous le bras, l'aisselle, μασχάλη. OVID. Met. XII, 396. Ex *humeris* medios coma dependebat in *armos.* Des épaules, sa chevelure descendait jusqu'au-dessous de la naissance des jambes. (Il s'agit du centaure Cyllarus.)

ARROGANTIA, v. *Superbia.*   ARTES, v. *Litteræ.*
ARTIFEX, v. *Faber.*   ARTUS, v. *Membrum.*
ARUNDO, v. *Culmus.*   ARVUM, v. *Villa.*

ASCIA, SECURIS. *Ascia*, la hache du charpentier pour débiter le bois; *securis*, le couperet du boucher pour dépecer la viande.

ASPER, v. *Horridus.*   ASPERNARI, v. *Spernere.*

ASSENTIRI. ASSENTARI. BLANDIRI. ADULARI. 1. *Assentiri*, donner son assentiment par conviction; l'opposé est *dissentire; assentari*, exprimer son assentiment, que ce soit par conviction ou par hypocrisie, l'opposé est *adversari.*

2. *Assentari* désigne la flatterie qui a horreur de contredire, comme θωπεύειν; *blandiri*, celle qui fait dire des

choses agréables, comme ἀρεσκεύειν; *adulari*, celle qui cherche à plaire en s'abaissant, comme κολακεύειν. Entre flatteurs, l'*assentans* recherche la faveur d'autrui en résignant son droit à toute opinion indépendante; le *blandiens*, par des complaisances et des marques visibles d'affection; l'*adulans*, en s'abaissant et en donnant des marques d'un indigne respect. L'*assentatio*, ou l'art de celui qui dit toujours oui, procède de lâcheté ou de sottise; les *blanditiæ* ou cajoleries procèdent avant tout de l'envie de paraître aimable, et au pis aller de l'égoïsme; l'*adulatio* où la flatterie, la flagornerie, κολακεία, de sentiments bas, bons pour des esclaves ou des chiens. Sen. Ir. III, 8. Magis adhuc proderunt submissi et humani et dulces, non tamen usque in *adulationem*, nam iracundos nimia *assentatio* offendit. Erat certe amicus... cui non magis tutum erat *blandiri* quam maledicere. Un commerce plus profitable pour vous, tant que vous en serez là, c'est celui des personnes respectueuses, polies, douces, sans descendre jusqu'à l'adulation, car une complaisance excessive choque les tempéraments colériques. Je possédais en ce genre un ami qu'il n'y avait pas plus de sûreté à choyer qu'à rudoyer. Et II, 28. Sæpe *adulatio* dum *blanditur* offendit. L'adulation, en voulant complaire, s'expose à choquer.

ASSEVERARE, v. *Dicere.*   ASSIDUITAS, v. *Opera.*
ASTRUM, v. *Sidus.*

ASTUTUS. CALLIDUS. VAFER. VERSUTUS. *Astutus*, en vieux latin *astus*, et *callidus* s'entendent de la finesse au sens intellectuel; c'est une variété de la prudence : *astutus* se dit de la sagacité qui invente et dirige des menées secrètes; il est synonyme de *solers*, rusé; *callidus* se dit de la pénétration qui débrouille les affaires embarrassées, de la prudence pratique qui provient de la connaissance des hommes et de l'expérience du monde; il est synonyme de *rerum peritus* et signifie, par corruption, délié, comme κερδαλέος. *Vafer* et *versutus* désignent la finesse par son côté immoral, comme un effet de l'improbité : *vafer* caractérise l'adresse à créer des difficultés, surtout en justice, en fait de chicanes d'avocat, comme madré, πανοῦργος; *versutus*, la prestesse dans l'art de se déguiser, de se tirer d'embarras par tous les moyens, retors, comme στροφαῖος; il a pour opposé *simplex*. PLIN. Ep. VII, 6. Juvenis ingeniosus sed parum *callidus*. Jeune homme qui a de l'esprit naturel, mais qui n'est guère avisé. CIC. Brut. 48. *Callidus* et in capiendo adversario *versutus*. Avisé et même retors quand il s'agit d'embarrasser un adversaire.

ATER. NIGER. PULLUS. 1. *Ater*, le noir considéré comme une négation de la couleur, par opposition à *albus; niger*, le noir comme étant une couleur par lui-même et la plus foncée de toutes, par opposition à *candidus*. L'*atrum* ne cause qu'une impression triste et sombre; le *nigrum* produit une impression sévère et imposante qui se concilie avec la beauté, comme dans HOR. Carm. I, 32, 11. Lycum *nigris* oculis *nigroque* crine decorum. Lycus paré de ses yeux noirs et de ses cheveux noirs. TAC. G. 43. *Nigra* scuta, tincta corpora, *atras* ad prælia noctes legunt. Ils ont des boucliers noirs, ils se peignent le corps, ils choisissent pour leurs attaques des nuits sombres.

2. *Ater* et *niger*, le noir parfait, foncé, *pullus*, le brun qui tire sur le noir; ce dernier rappelle la parenté qui existe entre une couleur sombre et la malpropreté.

ATQUE, v. *Et*.

ATROX. TRUX. TRUCULENTUS. DIRUS. SÆVUS. TORVUS. 1. *Atrox, trux* et *truculentus* se disent de ce qui a un extérieur effrayant, de ce qui fait sur l'imagination, sur les

yeux et les oreilles une impression terrible, comme épouvantable : *atrox* marque une qualité des choses ; *trux* et
truculentus, des qualités personnelles. ***Dirus*** et *sævus* se
disent de ce qui est vraiment terrible et dangereux : *dirus*,
par essence, par une propriété des choses, effroyable,
δεινός, mais *sævus*, par caractère, par une qualité propre
à des êtres animés, sanguinaire, cruel, αἰνός. PLIN. Pan. 53.
Atrocissima effigies *sævissimi* domini. L'image effroyable
du plus cruel des maîtres. MELA. II, 7. Ionium pelagus...
atrox, sævum, c'est-à-dire qui a un aspect menaçant et ne
cause d'ailleurs que trop de malheurs.

2. *Trux* désigne un regard, une voix épouvantable par
leur côté héroïque ou tragique, comme autant de signes
d'un courage barbare ou de quelque sentiment cruel ;
truculentus, par leur côté trivial ou comique, comme des
signes de mauvaise humeur ou d'une passion basse. L'esclave de la comédie de Plaute est *truculentus*, Achille
courroucé est *trux*. Mais *truculentior, truculentissimus*
servent de comparatif et de superlatif à *trux*.

3. *Trux* et *truculentus* vultus regard courroucé qui
inspire la crainte, comme τραχύς ; *torvus* (regard pénétrant, etc.) regard pénétrant, perçant, toujours farouche,
comme τορὸν ou ταυρηδὸν βλέπων. PLIN. H. N. XI, 54. Contuitu quoque multiformes, *truces, torvi*, flagrantes. Le
regard varie à l'infini l'aspect que prennent les yeux ; ils
paraissent courroucés et effrayants, perçants et farouches,
étincelants, etc.

ATTONITUS. STUPENS. *Attonitus*, comme frappé de la foudre, c'est un état passager ; *stupens*, pétrifié, c'est un état
durable. CURT. VIII, 2, 3. *Attoniti* et *stupentibus* similes.
Comme frappés de la foudre et pour ainsi dire pétrifiés.

AUDERE. CONARI. MOLIRI. *Audere* se dit d'une entreprise
considérée sous le rapport du danger de l'action et du

courage de la personne, comme oser; *conari*, sous le rapport de l'importance de l'action et de l'énergie de la personne, comme tenter; enfin *moliri*, sous le rapport de la difficulté de l'action et des efforts qu'elle exige de la part de la personne, comme entreprendre.

AUDACIA, AUDENTIA, v. *Fides.*

AUDIRE. AUSCULTARE. *Audire*, entendre, ἀκούειν, c'est un terme purement passif, comme *olfacere; auscultare*, écouter, ἀκροᾶσθαι; c'est vouloir entendre, écouter avec attention, soit en cachette, soit au grand jour, par un acte de volonté, comme *odorari.* TER. Ad. IV, 5, 45. Æsch. Pater, obsecro, *ausculta.* Mic. Æschine, *audivi* omnia. Esch. Père, je t'en supplie, écoute-moi. Mic. Eschine, j'ai tout entendu.

AUFERRE, v. *Demere.*

AUGURIA. AUSPICIA. PRODIGIA. OSTENTA. PORTENTA. MONSTRA. OMINA. *Auguria* et *auspicia*, apparitions naturelles qui n'ont de sens que pour les personnes versées dans l'art d'interpréter les signes : *auguria*, pour les membres savants du collége des augures; *auspicia*, pour les magistrats qui avaient le droit de prendre les auspices. *Prodigia, ostenta, portenta, monstra*, apparitions surnaturelles qui frappent aussi le vulgaire et qu'un devin ne peut qu'expliquer avec plus d'exactitude; enfin *omina*, signes que toute personne à qui ils apparaissent s'explique elle-même sans intermédiaire. L'idée qui domine dans *prodigium* est celle de la portée et des conséquences du phénomène; dans *ostentum*, c'est le merveilleux et le grandiose; dans *portentum*, le côté effrayant, l'annonce du danger; dans *monstrum*, le côté contre nature et hideux.

AURA, v. *Anima.* AUSCULTARE, v. *Audire.*

AUSPICIA, v. *Auguria.*

AUSTERUS. SEVERUS. DIFFICILIS. MOROSUS. TETRICUS. 1. *Austerus* présente la sévérité comme une tournure d'esprit ; *severus*, comme une qualité morale. L'*austerus*, dont l'opposé est *jucundus*, répugne à la plaisanterie et aux futilités ; il demande du sérieux et du positif dans l'art, dans la science, dans le commerce de la société, au risque de passer pour un esprit sec ; le *severus*, dont l'opposé est *luxuriosus*, est rigoureux ; il hait tout libertinage, tout relâchement ; il exige des autres et de lui de l'empire sur soi-même et de l'énergie, au risque de passer pour un cœur dur. Le stoïcien est *austerus* comme philosophe, *severus* comme homme.

2. *Austerus* et *severus* n'impliquent point de blâme ; mais *difficilis, morosus* et *tetricus* désignent l'abus de la rigueur. Le *difficilis* ignore l'art d'un commerce facile et agréable, à cause de son tempérament hypocondriaque ; le *morosus* est scrupuleux ; il veut tout redresser par excès de conscience et défaut de tolérance ; le *tetricus* est roide et gênant par pédantisme et défaut de bonne humeur.

AUTUMARE, v. *Censere.*

AUXILIUM. OPEM FERRE. OPITULARI. JUVARE. ADJUVARE. 1. *Auxilium, opem ferre* et *opitulari*, secourir, supposent un opprimé qu'il s'agit de tirer d'embarras et de danger en venant à son secours, par opposition à *deserere, destituere :* il faut se représenter l'*auxilium ferens* comme un allié qui se met au service de la personne ou des intérêts de l'opprimé ; l'*opem ferens*, comme un bienfaiteur qui fait profiter le faible de sa puissance et de sa force. *Juvare* et *adjuvare* ne supposent, comme soutenir, qu'une personne qui réussira mieux et plus vite dans ce qu'elle entreprend, si on l'assiste, par opposition à *impedire*. TER. Heaut. V, 2, 39. Matres solent esse filiis in peccato *adju-*

trices, auxilio in paterna injuria. Les mères ne manquent jamais de se prêter aux sottises de leurs fils et de les secourir contre l'oppression d'un père. Quand Tarquin, dans Liv. II, 6, prie les Véiens : *ferrent opem, adjuvarent*, il faut se le représenter d'abord comme exilé, *exulans*, ensuite comme prétendant, *regnum repetiturus*.

2. *Opem* et *auxilium ferre* ont l'accent sur le substantif ; c'est du secours qu'on porte, non autre chose ; *opitulari* et le terme poétique *auxiliari* ont l'accent sur leur racine verbale ; c'est secourir sans hésiter.

AVE. SALVE. VALE. *Ave*, formule de salutation qui s'emploie également à l'arrivée et au départ, comme χαῖρε ; *salve*, formule d'usage à l'arrivée ; *vale*, au départ, comme ἔῤῥωσο. SUET. Galb. 4. Ut liberti mane *salvere*, vespere *valere* sibi singuli dicerent. Il maintint l'usage qui obligeait ses affranchis à venir lui souhaiter chacun le bonjour le matin, et le soir une bonne nuit.

AVES, v. *Volucres.*   AVIDUS, v. *Velle.*

AXES. PLANCÆ. TABULÆ. *Axes* ou *asses* et *plancæ*, planches brutes qu'on emploie telles qu'elles sortent de la scie : *asses*, terme usuel ; *plancæ*, terme technique, comme ais. *Tabulæ*, planches travaillées avec plus de fini à l'aide du rabot, pour servir à des meubles de luxe.

AXILLA, v. *Armus.*

B

BALBUS. BLÆSUS. *Balbus*, bègue, c'est un défaut habituel ; *blæsus*, qui bégaye, c'est un accident temporaire.

BACULUS, v. *Fustis.*   BAJULARE, v. *Ferre.*
BARDUS, v. *Stupidus.*

Baubari, v. *Latrare.*
Bellua, v. *Animal.*
Benevolentia, v. *Studium.*
Bestia, v. *Animal.*

Beatus, v. *Felix.*
Bene moratus, v. *Bonus.*
Benignus, v. *Largus.*

BIBERE. POTARE. *Bibere,* boire à la façon des hommes, πίνειν ; *potare,* à la façon des bêtes et en prendre plus qu'on n'en peut porter. Sen. Ep. 122. Inter nudos *bibunt,* imo *potant.* Ils boivent, ils se soûlent de vin au milieu des baigneurs nus. Plaut. Curc. I, 1, 88. Agite, *bibite,* festivæ fores, *potate,* fite mihi volentes propitiæ. Bois, bois, charmante porte, soûle-toi, sois-moi bienveillante et favorable.

Bifariam, v. *Duplex.*
Blæsus, v. *Balbus.*
Blatire, Blaterare, v. *Garrire.*
Boni consulere, v. *Satis habere.*

Bilis, v. *Fel.*
Blandiri, v. *Assentiri.*

BONUS. BENE MORATUS. PROBUS. FRUGI. HONESTUS. SANCTUS. 1. *Bonus, bene moratus, probus* et *frugi* marquent un degré inférieur de moralité qui consiste à éviter le blâme et le châtiment, la haine et le mépris. *Bonus* se prend au sens populaire selon lequel la bienveillance et la bonté de cœur constituent un des principaux éléments de la moralité, comme bon, ἀγαθὸς, par opposition à *malus.* *Bene moratus* se dit, dans un sens plus philosophique, d'un caractère formé par l'éducation dont les traits indispensables sont de l'empire sur soi-même, de la droiture, un certain détachement de l'égoïsme vulgaire, moral, qui a des mœurs, εὔτροπος. *Probus* s'entend de celui qui ne fait de tort ou d'injustice à personne, le brave homme, l'honnête homme, l'homme juste. *Frugi,* c'est celui que son rencontre à la place de *serius* le positif *severus* et surtout le comparatif *severior*, le superlatif *severissimus*, le substantif *severitas*, parce que la langue latine n'a point tiré de *serius* des formes correspondantes.

SERMO. COLLOQUIUM. ORATIO. *Sermo*, conversation qui a lieu par hasard ou du moins sans but déterminé et sérieux; *colloquium*, entretien prémédité qui roule sur un point convenu.

2. *Sermo*, discours familier; *oratio*, discours travaillé et conforme aux règles de l'art. Qu'une personne prenne et conserve un certain temps la parole dans une compagnie, c'est un *sermo;* on ne doit guère qu'au hasard de ne pas être interrompu; mais l'*oratio* a une étendue déterminée, un commencement, un milieu et une fin; on compte qu'on ne sera pas interrompu. Le langage de la vie commune est celui qui règne dans le *sermo*, soit en prose, soit en vers, comme chez les comiques et dans les *Sermonibus* d'Horace; dans l'*oratio*, c'est une langue choisie et savante. CIC. Orat. 19. Mollis est *oratio* philosophorum et umbratilis... Itaque *sermo* potius quam *oratio* dicitur. Les discours des philosophes ont un fond de douceur et un goût de retraite. Ils méritent plutôt le nom de causeries que celui de discours. TAC. H. I, 19. Apud senatum non comptior Galbæ, non longior... *sermo,* Pisonis comis *oratio.* Qu'il fût au sénat ou à l'armée, Galba ne mettait ni plus de façon ni plus de temps à ses discours; Pison soignait fort les siens.

SERMO, v. *Lingua.* **SERPENS, SERPERE,** v. *Repere.*
SERVILIS, v. *Vernalis.*

SERVUS. FAMULUS. MANCIPIUM. MINISTER. ANCILLA. SERVITUS. SERVITIUM. 1. *Servus, ancilla, famulus* et *mancipium*, personne qui n'est point libre, esclave; *minister,* corps inanimé désigné par *cadaver* n'est qu'un objet matériel ; désigné par *corpus*, c'est la dépouille mortelle d'une personne, et on emploie toujours ce dernier mot quand on s'intéresse au mort.

Cadere, v. *Labi.* Cædere, v. *Verberare.*
Cærimonia, v. *Consuetudo.* Cæsar, v. *Primus.*
Cæsaries, v. *Crinis.*

Cæteri. Reliqui. *Cœteri*, les autres, par opposition aux premiers nommés, comme οἱ ἄλλοι ; l'opposition est fortement marquée ; *reliqui*, le reste, comme simple complément du tout, οἱ λοιποί. Cic. Brut. 2, 6. Si viveret Hortensius, *cœtera* fortasse desideraret una cum *reliquis* bonis civibus ; hunc aut præter *cœteros* aut cum paucis sustineret dolorem. Si Hortensius vivait, il partagerait sans doute les autres privations avec le reste des bons citoyens ; mais une douleur qu'il aurait de plus que les autres citoyens ou qu'on n'aurait guère avec lui serait...

Calamitas, v. *Infortunium.* Calculus, v. *Saxum.*
Calamus, v. *Culmus.*

Calere. Fervere. Æstuare. Calefacere. Fovere. 1. *Calere* et *fervere*, il fait chaud, il fait très-chaud, désignent la chaleur même : *calidus*, dont l'opposé est *frigidus*, un degré de chaleur modéré ; *fervidus*, dont l'opposé est *gelidus*, le degré du point d'ébullition. *Æstuare*, dont l'opposé est *algere*, désigne la sensation que la chaleur fait éprouver, comme avoir chaud.

2. *Calefacere*, chauffer, au sens purement physique, sans idée accessoire ; *fovere*, chauffer, avec allusion à la sensation agréable ou à l'effet bienfaisant de la chaleur.

Caligo, v. *Obscurum.* Calix, v. *Poculum.*
Callidus, v. *Astutus* et *Sapiens.* Callis, v. *Iter.*

Campus, v. *Æquus* et *Villa*.

Candela. Lucerna. *Candela*, chandelle que l'on peut porter comme une torche, λαμπάς; *lucerna*, lumière qui brûle sur une table et qu'on ne saurait se représenter autrement.

Candidus, v. *Albus*.

Canere. Cantare. Psallere. Canticum. Cantilena. Carmen. Poema. Poeta. Vates. 1. *Canere*, terme général, faire de la musique, *canere voce*, *tibiis*, *fidibus*, μέλπειν; *cantare* se dit de la musique vocale, ἀείδειν; *psallere*, de la musique instrumentale exécutée avec des instruments à cordes.

2. *Cantica* et *cantilenæ*, compositions exclusivement destinées à être chantées, dans lesquelles les paroles et la mélodie sont inséparables, comme dans les chants populaires, et qui servent d'expression à la joie et aux plaisirs de la vie, par opposition au discours, au langage parlé : *canticum*, chanson favorite qui égaye; *cantilena*, chanson rebattue qui a perdu le charme de la nouveauté et n'est plus qu'une vieillerie. *Carmina* et *poemata*, poésies susceptibles d'être chantées, mais dont les paroles sont une œuvre d'art, ayant une valeur propre, et qui sont consacrées à la religion ou au dieu des vers, par opposition à la prose et à la vérité pratique. *Carmina*, dans sa signification primitive, désigne des chants religieux, ἐπῳδαί, et par extension d'autres poésies, surtout de petites pièces et des morceaux lyriques, comme ᾠδαί; *poemata*, des productions d'un art avancé, de longs poëmes, la plupart du temps épiques ou tragiques, comme ποιήματα. Le *carmen* est le fruit d'une inspiration naïve; le *poema*, d'une inspiration qui se connaît et se maîtrise.

3. *Poeta*, terme savant, technique, ne fait voir dans le

poëte que l'artiste ; *vates*, terme religieux qui appartient à la vieille langue latine, le présente comme une personne sainte.

CANNA, v. *Culmus.*   CANTARE, v. *Canere*
CANTERIUS, v. *Equus.*   CANTICUM, CANTILENA, v. *Canere.*

CAPER. HIRCUS. HÆDUS. *Caper*, terme général, nom du bouc en histoire naturelle, τράγος; *hircus*, vieux bouc qui a toute sa croissance; *hœdus*, *hœdus*, jeune bouc, ἔριφος.

CAPERE, v. *Sumere.*   CAPILLUS, v. *Crinis.*
CARCER, v. *Custodia.*

CARERE. EGERE. INDIGERE. 1. *Carere* se rapporte à ce qu'on souhaite de posséder, c'est être privé de quelque chose, s'en passer, par opposition à *habere; egere* et *indigere* se rapportent à ce qu'il nous faut absolument et dont nous ne pouvons pas nous passer, comme avoir besoin, par opposition à *abundare*. SEN. V. B. 7. Voluptate virtus sæpe *caret*, nunquam *indiget*. Le plaisir a beau fuir la vertu, elle n'en est jamais en peine. Ep. 9. Sapiens *eget* nulla re ; *egere* enim *necessitatis* est. Le sage n'a aucun besoin, car qui dit besoin dit nécessité. CIC. Ep. ad Qu. Fr. I, 3, 2. Nunc commisi ut me vivo *careres*, vivo me aliis *indigeres*. Je t'ai donc imposé de mon vivant des privations, réduit de mon vivant à dépendre des autres.

2. *Egere* marque le besoin même, par opposition à *uti; indigere*, le sentiment pressant du besoin et le vif désir de le voir satisfait.

CARITAS, v. *Diligere.*   CARMEN, v. *Canere.*
CARNIFEX, v. *Homicida.*

CARO. PULPA. VISCERA. EXTA. INTESTINA. ILIA. 1. *Caro*, la chair en général, comme substance, par opposition à

la graisse, aux nerfs, aux muscles ; *pulpa,* terme particulier pour la chair qui se mange et qui a du goût, par opposition aux os ; *viscera,* toutes les chairs et parties char-
nues comprises entre la peau et les os.

2. *Viscera,* au sens restreint, désigne toutes les parties
internes du corps ; *exta,* les parties molles de la poitrine,
comme le cœur, les poumons ; *intestina, interanea* et *ilia,*
les parties molles du ventre, surtout les intestins : *intestina,* et après le siècle d'Auguste, *interanea,* les intestins
considérés comme organes de la digestion ; *ilia,* tout ce
qui se trouve dans l'abdomen, et particulièrement les parties mangeables.

Cassis. Galea. Cudo. *Cassis, cassida,* casque de métal ;
galea, casque de peau et à proprement parler de peau de
belette ; *cudo,* casque de forme inconnue. Tac. G. 6. Paucis loricæ ; vix uni alterive *cassis* aut *galea.* Un petit nombre de cuirasses ; à peine un ou deux casques de métal ou
de peau.

Cassis, v. *Rete.*   Castigatio, v. *Vindicta.*

Castus. Pudicus. Pudens. Pudibundus. 1. *Castus* représente la chasteté comme une vertu innée, pur, innocent ;
pudicus, comme une vertu morale, pudique, modeste.

2. *Pudicus, pudicitia,* la modestie naturelle, la peur de
paraître nu aux yeux des autres, et l'esprit de chasteté
qui en est la suite au point de vue exclusif des rapports
des deux sexes, la pudicité ; *pudens, pudor,* la modestie
en général, la peur de se faire voir sous un jour fâcheux
et de s'exposer au mépris, le sens de l'honneur. Cic.
Catil. II, 11, 25. Ex hac parte *pudor* pugnat, illinc petulantia ; hinc *pudicitia,* illinc stuprum. La modestie est aux
prises avec l'effronterie, la pudeur avec la débauche.

3. *Pudicus* et *pudens* s'entendent de la modestie à l'état

de qualité permanente; *pudibundus*, d'un accès de modestie.

4. La modestie, *pudor*, procède de l'estime de soi-même, on ne veut point se compromettre aux yeux des autres; la délicatesse, *verecundia*, procède de l'estime qu'on a pour les autres, on ne veut donner aucun sujet de scandale à ceux qu'on estime.

Casu. Forte. Fortuito. Fortasse. Forsitan. Haud scio an. *Casu, forte* et *fortuito*, marquent les chances diverses: *casu*, la chance inattendue, par accident, par concours de circonstances, il est opposé à *consulto*, συμβεβηκότως; *forte*, la chance ordinaire, par hasard, τυχόν; *fortuito, fortuitu*, qui sont emphatiques, la chance extraordinaire, par pur hasard, ἀπὸ τύχης; ils ont pour opposé *causa*. *Fortasse, forsitan* et *haud scio an* marquent une éventualité: *fortasse* et *fortassis*, quand on reconnaît et qu'on affirme la possibilité : peut-être et même vraisemblablement : ils se construisent avec l'indicatif, ἴσως; *forsitan, forsan*, quand on admet simplement la possibilité : après tout, il est possible : ils se joignent au subjonctif, τάχ' ἄν; *haud scio an*, quand on feint par modestie de ne pas être sûr de son fait, qu'on restreint l'affirmation par euphémisme. *Fortasse verum est* et *forsitan verum sit* veulent dire : la chose est vraie peut-être, peut-être aussi ne l'est-elle pas; mais *haud scio an verum sit* : je la tiens pour vraie, mais sans vouloir la donner pour certaine.

Casus. Fors. Fortuna. Fors fortuna. Fatum. 1. *Casus* présente le hasard comme un fait brutal qui ne se rattache ni aux calculs de l'homme, ni à des causes connues, συμφορά; *fors*, comme une sorte d'être fabuleux qui influe sur les choses humaines sans dessein et sans but, sans autre fin, pour ainsi dire, que de taquiner les mortels et de confondre leurs calculs, τύχη.

2. *Fors*, pris comme un vrai personnage mythologique, c'est le même hasard sous les traits d'un bonheur aveugle; *fortuna*, c'est le bonheur qui n'est ni aveugle ni étourdi, qui intervient dans la marche des affaires humaines pour accorder ou refuser sa faveur ; enfin, *fors fortuna* est une chance heureuse, ἀγαθὴ τύχη.

3. Tous ces êtres sont en opposition avec les *dii* et le *fatum* qui amènent ou détournent un événement non par humeur et caprice, mais par des motifs plus élevés, les *dii*, selon les lois appréciables de la morale, selon le mérite et la dignité, selon le droit et l'équité ; le *fatum*, selon les lois mystérieuses de l'ordre éternel qui préside à l'univers, comme l'εἱμαρμένη, la μοῖρα. TAC. Hist. IV, 26. Quod in pace *fors* seu natura, tunc *fatum* et ira *deorum* vocabatur. En temps de paix, on aurait appliqué à ces faits les noms de hasard et d'accidents naturels ; on n'avait plus maintenant à la bouche que les mots de fatalité et de colère divine.

Catenæ, v. *Vincula.*

Caterva. Cohors. Agmen. Grex. Globus. Turba. *Caterva, cohors* et *agmen*, multitude assemblée en bon ordre : *caterva*, en masse qui constitue un tout, comme par exemple un bataillon ; *cohors*, sous forme d'escorte et de cortége autour d'un chef ; *agmen*, en procession solennelle. *Turba, grex* et *globus*, multitude réunie sans ordre : *grex*, sans aucun arrangement ; *turba*, avec une idée accessoire de désordre et d'embarras ; *globus*, en foule qui se presse, se gêne et aboutit à former le cercle, chacun cherchant à gagner le centre.

Catus, v. *Sapiens.*
Causidicus, v. *Advocatus.*
Caverna, v. *Specus.*
Caupona, v. *Deversorium.*
Cautes, v. *Saxum.*
Cavillator, v. *Lepidus.*

CELARE. OCCULERE. OCCULTARE. CLAM. ABDERE. CONDERE. ABSCONDERE. RECONDERE. 1. *Celare*, verbe abstrait, comme céler, tenir secret, κεύθειν, par opposition à *fateri*, il est synonyme de *reticere; occulere, occultare*, verbes concrets, comme cacher, κρύπτειν, par opposition à *aperire*, ils sont synonymes d'*obtegere*. Les *celanda* restent inconnus hors le cas de trahison ; les *occultanda* seraient exposés à tous les regards si l'on manquait de prévoyance et de précaution.

2. *Clam* et *clanculum* signifient de même secrètement, par opposition à *palam; occulte*, en cachette, par opposition à *aperte*.

3. *Occulere* se dit de toutes les manières de cacher, mais *occultare*, c'est cacher avec soin ou même avec sollicitude, et ce dernier verbe ne peut pas plus trouver place dans les propositions négatives que *redolere* et autres, aussi forts de sens.

4. *Occultare* couvrir d'un voile quelconque pour soustraire à la vue; *abdere, condere* et *abscondere*, dérober les choses à la vue en les éloignant : *abdere*, en les mettant simplement de côté, hors du chemin, comme ἀποκρύπτειν; *condere*, en les rangeant à leur place et en les serrant, comme κατακρύπτειν; *recondere*, en les gardant avec un soin extrême; *abscondere*, en les gardant après les avoir mises à l'écart.

CELEBER. INCLYTUS. CLARUS. ILLUSTRIS. NOBILIS. *Celeber* et *inclytus*, termes généraux pour signifier la célébrité, surtout en parlant des choses, et qui ne s'appliquent guère aux personnes que chez les poëtes ; *clarus, illustris* et *nobilis* ont particulièrement rapport à la politique : *clarus*, célèbre par des services éminents rendus à la patrie; *illustris*, considéré à cause de son rang et de sa fortune; *nobilis*, qui appartient à une famille dont les membres ont déjà occupé de hautes positions dans l'État.

CELEBRARE, v. *Sæpe.* CELER, v. *Citus.*
CELOX, v. *Navigium.* CELSUS, v. *Altus.*

CENSERE. JUDICARE. ARBITRARI. ÆSTIMARE. OPINARI. PUTARE. RERI. AUTUMARE. EXISTIMARE. CREDERE. 1. *Censere, judicare, arbitrari, æstimare,* émettre un avis à titre d'autorité compétente et commise à cet effet : *censere,* comme censeur ou comme sénateur votant; *judicare,* comme juge qui rend un arrêt; *arbitrari,* comme arbitre; *æstimare,* comme taxateur ou commissaire-priseur. *Opinari, putare, reri* et *existimare,* émettre une opinion comme simple particulier, en son propre et privé nom : *opinari* exprime un simple sentiment ou un pressentiment, par opposition à la conviction claire et nette et à la certitude, comme croire; *putare,* le résultat d'un calcul; *reri* est une expression poétique; *autumare,* un mot vieilli.

2. *Æstimare* présente l'avis à donner sous l'aspect d'un devoir de police rempli par un véritable taxateur, estimer quelque chose, au propre ou au figuré, d'après son prix et sa valeur en argent; *existimare,* sous l'aspect d'un devoir de morale, estimer une chose par sa valeur intrinsèque ou par ce qu'elle a de vrai. Cicéron n'oppose comme opinion particulière au jugement de l'autorité compétente, *judicio,* que l'*existimatio,* jamais l'*æstimatio.*

3. *Censere,* etc., présentent l'opinion et la croyance comme basées sur des réflexions et sur une conviction personnelles; *credere,* comme basées sur la confiance qu'on accorde au témoignage d'autrui. SEN. Tranq. 11. Non *putavi* hoc futurum, nunquam hoc eventurum *credidissem,* à savoir : si quis mihi prædixisset. Cela n'entrait pas dans mes prévisions; je n'aurais jamais cru que cela pût arriver (même si on me l'avait prédit).

4. *Opinor*, employé sous forme de parenthèse est une formule de modestie, comme οἶμαι, à ce que je crois; *credo* est une formule d'ironie, comme ὡς ἔοιχεν. Ce dernier peut signifier : 1° je l'imagine bien, j'imagine, dans des affirmations qui vont d'elles-mêmes, et l'ironie tombe alors soit sur celui auquel il faut dire ou répéter les choses, soit sur celui qui paraîtrait tenté d'avoir quelque doute; 2° oui, je le crois, ou : ne devrait-on pas croire? à propos d'affirmations absurdes qu'on se juge autorisé à prêter aux autres et à placer dans leur bouche; 3° je le crois, naturellement, cela se conçoit, à propos de propositions évidentes, quand on demande pour ainsi dire la permission de ne pas les commenter.

CERNERE, v. *Videre.*
CERTARE, v. *Imitatio.*
CESSARE, v. *Vacare* et *Cunc-tari.*

CERRITUS, v. *Amens.*

CHORDA. FIDES. *Chorda*, la corde isolée; *fides* exprime toujours au singulier comme au pluriel une idée collective, c'est la garniture entière ou l'instrument même.

CIBARE, CIBUS, v. *Alimenta.*
CICATRIX, v. *Vulnus.*

CICUR. MANSUETUS. *Cicur*, apprivoisé au sens purement physique, terme de classification en histoire naturelle, par opposition à *ferus; mansuetus*, apprivoisé au sens moral, lequel suppose un adoucissement de caractère, par opposition à *sœvus.*

CINCINNUS, v. *Crinis.*
CIRCUMIRE, v. *Ambire.*
CIRRUS, v. *Crinis.*

CIRCULUS, v. *Orbis.*
CIRCUMVENIRE, v. *Fallere.*

CITUS. CELER. VELOX. PERNIX. PROPERUS. FESTINUS. 1. *Ci-*

tus et *celer* s'entendent d'un mouvement rapide, par opposition à *tardus*, il s'agit simplement de vitesse ; *velox* et *pernix*, opposés à *lentus*, se disent de l'agilité due à la force du corps et développée par l'exercice, par l'art ; *properus* et *festinus*, de la hâte, de la volonté d'atteindre un but dans le moins de temps possible, par opposition à *segnis*.

2. *Citus* marque un mouvement prompt et vif, il se rapproche de *vegetus ; celer*, un mouvement violent et entraînant, il se rapproche de *rapidus*.

3. *Pernicitas*, c'est en général l'agilité et la prestesse dans tous les exercices du corps, saut, escalade, voltige ; *velocitas*, c'est par préférence la vitesse à la course, au vol, à la nage. PLAUT. Mil. III, 1, 36. Clare oculis video, *pernix* sum manibus, pedibus mobilis. J'ai des yeux qui voient clair, des mains lestes, des pieds qui ne tiennent pas en place. VIRG. Æn. IV, 180. Famam pedibus *celerem* et *pernicibus* alis. La Renommée dont la course est rapide et le vol agile. CURT. VII, 7, 53. Equorum *velocitati* par est hominum *pernicitas*. L'agilité des hommes égale la vitesse des chevaux.

4. *Properus, properare* marquent la hâte d'aller droit au but à force d'énergie, elle est opposée au laisser-aller, à *cessare ; festinus, festinare*, la hâte qui provient d'impatience et qui est voisine de la précipitation.

CIVILITAS, v. *Humanitas.*	CIVITAS, v. *Gens.*
CLAM, v. *Celare.*	CLARITAS, v. *Gloria.*
CLARUS, v. *Celeber.*	CLAUSTRUM, v. *Sera.*
CLEMENTIA, v. *Mansuetudo.*	CLIVUS, v. *Collis.*
CODICILLI, v. *Litteræ.*	CLYPEUS, v. *Scutum.*

CLANGERE. CLAMARE. VOCIFERARI. *Clangere* se dit du cri des animaux et du son des instruments, comme κλάγγειν; *clamare* et *vociferari*, du cri de l'homme : *clamare* est l'expression de la volonté ; *vociferari*, celle de la passion dans la colère, la douleur, l'ivresse. RHET. ad Her. III, 12. Acuta *exclamatio* habet quiddam illiberale et ad muliebrem potius *vociferationem*, quam ad virilem dignitatem in dicendo accommodatum. Des éclats de voix aigus ont quelque chose de bas ; cela est bon pour des femmes qui criaillent, mais indigne d'un orateur. VIRG. Æn. II, 310. Exoritur *clamor*que virûm *clangor*que tubarum. Les cris des hommes, le son des trompettes s'élèvent jusqu'à moi.

CŒNUM, v. *Lutum.*   CŒPISSE, v. *Incipere.*

COERCERE. COMPESCERE. *Coercere* se dit d'un acte de compression par force et abus de pouvoir ; *compescere*, d'un acte de répression par autorité et sagesse.

CŒTUS, v. *Concilium.*

COGERE. ADIGERE. *Cogere*, obliger à quelque chose par contrainte et par force ; *adigere*, déterminer à quelque chose par des motifs qui donnent à réfléchir. TAC. Ann. VI, 27. Se ea necessitate ad preces *cogi*, per quas consularium aliqui capessere provincias *adigerentur*. Dans cette extrémité il se voyait contraint de recourir aux prières pour engager des consulaires à se charger du gouvernement des provinces.

COGITARE. MEDITARI. COMMENTARI. 1. *Cogitare* se dit de l'activité habituelle de l'esprit qui est toujours occupé d'une chose ou d'une autre ; *meditari*, de l'activité d'esprit surexcitée, de l'effort qui tend vers un résultat déterminé. Le premier équivaut à penser, le second à penser à quelque chose. TER. Heaut. III, 3, 46. Quid nunc facere *cogitas?* C'est-à-dire : qu'as-tu en tête à présent? Comparez avec Adelp. V, 6, 8. *Meditor* esse affabilis, c'est-à-dire : je songe aux moyens d'être aimable. Dans les Tusculanes (III, 6,) *cogitatio* ne désigne guère que la pensée qui a conscience d'elle-même ; *meditatio* désigne la réflexion, la spéculation.

2. *Meditari* s'emploie pour marquer l'intensité, c'est méditer sérieusement, avec effort, avec ardeur ; *commentari* (dans Cicéron seulement), pour marquer la durée, méditer à loisir, avec calme, à fond.

Cognatus, v. *Necessarius*.

Cognitio. Notitia. Scientia. Ignarus. Inscius. Nescius.
1. *Cognitio*, acte par lequel l'esprit acquiert une connaissance ; *notitia* et *scientia*, état de l'esprit : *notitia* et *nosse* se disent d'un état dans lequel l'âme est passive et ne fait que recevoir des impressions, quand elle a conscience d'un phénomène extérieur et en conserve le souvenir ; *scientia* et *scire* impliquent, comme le savoir, une certaine spontanéité et la conviction de la réalité des choses. La *notitia* peut se borner à des notions de rencontre ; la *scientia* doit s'être rendu l'objet familier, l'avoir approfondi à force de travail. Cic. Sen. 4, 12. Quanta *notitia* antiquitatis ! quanta *scientia* juris romani ! Quelle pratique de l'antiquité ! quelle science du droit romain !

2. L'*ignarus* ne possède pas cette *notitia*, l'*inscius* cette *scientia*. Tac. Hist. I, 11. Ægyptum provinciam *insciam* legum, *ignaram* magistratuum. La province d'Égypte qui n'est ni initiée à nos lois, ni façonnée à nos habitudes de gouvernement. La législation exige une étude en règle, tandis qu'on peut apprendre l'administration par la pratique.

3. *Inscius*, celui qui n'a rien appris ou qui n'a pas appris quelque chose, il y a lieu de blâmer ; *nescius*, celui

qui par hasard n'a pas entendu parler de quelque chose, n'en a pas fait l'expérience ; le mot se prend indifféremment en bonne ou en mauvaise part. Cic. Brut. 83. *Inscium omnium rerum et rudem.* Ignare et brut. Comparez avec Plin. Ep. VIII, 23. *Absens et impendentis mali. nescius.* J'étais absent, je ne me doutais pas du malheur suspendu sur ma tête.

Cognoscere, v. *Intelligere.*   Cohors, v. *Caterva.*
Colaphus, v. *Alapa.*   Colere, v. *Vereri.*

Collis. Clivus. Tumulus. Grumus. *Collis* et *clivus*, grande colline qui est une petite montagne : *collis*, κολωνὸς, hauteur, par opposition à la plaine qui est au-dessous, et, par suite colline assez raide ; *clivus*, κλιτὸς, plan incliné, par opposition à la plaine horizontale, et, par suite, colline en pente douce. *Tumulus* et *grumus*, petite colline qui n'est qu'un gros tertre : *tumulus*, comme ὄχθος, tertre naturel ou artificiel, par exemple un tumulus ; *grumus*, élévation exclusivement artificielle, faite de main d'homme, χῶμα. Colum. Arbor. vers la fin. *Collem* autem et *clivum* modum jugeri continentem repastinabis operis sexaginta. Vous emploierez soixante manœuvres à défricher sur une colline une pente de la contenance d'un arpent. Liv. XXI, 32. Erigentibus in primos agmen *clivos* apparuerunt imminentes *tumulos* insidentes montani. Quand les têtes de colonne de l'armée d'Annibal s'élevèrent sur les premières pentes des Alpes, elles découvrirent les montagnards établis sur les mamelons qui dominaient la route. Hirt. B. Hisp. Ex *grumo* excelsum *tumulum* capiebat. Il voulut quitter son tertre pour gagner une éminence qui commandait les environs.

Colloquium, v. *Sermo.*   Colonus, v. *Incolere.*
Coluber, v. *Repere.*   Coma, v. *Crinis.*
Comburere, v. *Accendere.*

Comere. Decorare. Ornare. 1. *Comere* et *decorare*, parer, pour embellir et pour flatter la vue ; *ornare*, orner en joignant l'utile à l'agréable.

2. *Comere* présente la parure comme une recherche minutieuse et efféminée, souvent avec une idée de blâme, comme *nitere;* il s'oppose à la nature, à une simplicité noble, à une négligence gracieuse, parer, κομμοῦν ; *decorare* et *ornare* la présentent toujours sous un jour favorable, comme *splendere*, comme un signe d'aisance et de richesse : *decorare*, par opposition à ce qui est commun et n'a point d'apparence, embellir, κοσμεῖν ; *ornare*, par opposition à ce qui est pauvre et incomplet, orner, ἀσκεῖν.

3. L'idée contenue dans *comere* ne va pas au delà d'une question d'arrangement : on ajuste, on polit pour donner bonne mine, par exemple en peignant et tressant les cheveux ; *decorare* et *ornare* supposent une addition matérielle ; on emprunte des ornements extérieurs, par exemple, un diadème. Quintil. XII, 10, 47. *Comere* caput in gradus et annulos. Parer une tête de boucles disposées par étages. Et Virg. Ecl. VI, 69. Apio crines *ornatus* amaro. Linus, qui orne ses cheveux de fleurs et d'ache amère. Tib. II, 2, 6. Sertis *decorare* comas. Relever de guirlandes la beauté des cheveux.

Comissatio, v. *Epulæ.*

Comitari. Deducere. Prosequi. *Comitari*, accompagner, dans tous les sens, ἀκολουθεῖν ; *prosequi* et *deducere*, avec l'idée accessoire d'un témoignage d'estime ou d'amitié : le *prosequens* reconduit les gens comme le προπέμπων, soit jusqu'au bout, soit pendant une partie du chemin ; le *deducens* les ramène chez eux ou les mène du moins au terme de leur voyage, comme le κατάγων, soit qu'il se mette à leur suite dès le départ ou seulement en route.

Comitas, v. *Humanitas.*
Commenta.., v. *Cogitare.*

Comitia, v. *Concilium.*
Committere, v. *Fidere.*

Commodare. Mutuum dare. *Commodare,* prêter sans formalités ni stipulations, à charge de restituer l'objet tel quel, fût-il usé; *mutuum dare,* faire un prêt avec ou sans intérêt, à charge de rendre au bout d'un certain temps l'équivalent du prêt. La *commodatio* est un service rendu par affection, la *mutuum datio* est une affaire.

Communicare, v. *Impertire.*
Comœdus, v. *Actor.*
Compedes, v. *Vincula.*
Compescere, v. *Coercere.*
Conari, v. *Audere.*

Compar, v. *Æquus.*
Compendium, v. *Lucrum.*
Complecti, v. *Amplecti.*

Complementum. Supplementum. *Complementum,* ce qui sert, comme une clef de voûte, à compléter, à parfaire; *supplementum,* ce qui sert à remplacer après coup, à remplir des lacunes.

Concedere. Permittere. Indulgere. Connivere. *Concedere* et *permittere,* accorder quelque chose dont on dispose en vertu d'un droit personnel illimité : *concedere,* à la suite d'une prière ou d'une insinuation, par opposition à refuser, concéder, συγχωρῆσαι; *permittere,* par confiance et générosité, par opposition à défendre, permettre, ἐφεῖναι: *Indulgere* et *connivere,* souffrir une chose qui est officiellement défendue : l'*indulgens,* par longanimité patente, comme condescendre; le *connivens,* en feignant de fermer les yeux.

Concessum est. Licet. Fas est. *Concessum est,* ἔξεστι, ce qui est permis en général; ce terme est dans le rapport du genre à l'espèce avec *licet, licitum est,* ce qui est permis aux yeux des hommes en vertu de maximes consacrées soit par des lois positives, soit par les mœurs et la coutume, comme θέμις ἐστὶ, et avec *fas est*, ce qui est permis aux yeux des dieux en vertu de maximes révélées soit par la religion, soit par le sentiment moral, comme ὅσιόν ἐστι.

CONCILIUM. CONCIO. COMITIA. CŒTUS. CONVENTUS. 1. *Concilium, concio* et *comitia*, assemblées convoquées pour affaires : *concilium*, assemblée de nobles et de notables, de l'aristocratie, du sénat, dont les membres sont invités individuellement au conseil, συνέδριον ; *concio* et *comitia*, réunion de la commune convoquée par publication pour prendre une résolution ou pour en entendre communiquer une : *concio, contio*, se dit de toute assemblée régulière de la commune, soit peuple, soit armée, dans le premier pays ou le premier camp venu, σύλλογος ; *comitia* est le terme historique réservé pour l'assemblée du peuple romain, comme ἐκκλησία pour l'assemblée d'Athènes, et ἁλία pour celle de Sparte.

2. *Cœtus* et *conventus*, assemblées volontaires qui se réunissent librement : *cœtus,* dans un but quelconque, par exemple, pour les plaisirs de la société, pour des conspirations, σύνοδος ; *conventus,* dans un but sérieux, par exemple, pour célébrer une fête, pour écouter une proposition, ὁμήγυρις, πανήγυρις.

CONCLAVE. CUBICULUM. *Conclave,* terme général pour toute pièce qui ferme et par préférence pièce de parade ; *cubiculum,* terme particulier pour la pièce où l'on se tient d'habitude.

CONCORDIA, v. *Otium.*   CONDERE, v. *Celare* et *Sepelire.*

CONDITIO. STATUS. *Conditio,* état réglé par la volonté ; *status,* état créé par les circonstances. CIC. Fam. XII, 23. Omnem *conditionem* imperii tui *statum*que provinciæ demonstravit mihi Tratorius. Tratorius m'a rendu compte des conditions auxquelles tu as pris le commandement et de l'état de ta province.

CONFESTIM, v. *Repente.*

CONFIDERE, v. *Fidere.*

CONFIDENTIA, v. *Fides.*

CONFINIS, v. *Vicinus.*

CONFISUS. FRETUS. *Confisus*, plein de confiance et d'abandon, comme *securus* et πεποιθώς; *fretus*, protégé, comme *tutus* et ἐῤῥωμένος.

CONFITERI, v. *Fateri.*

CONFUTARE, v. *Refutare.*

CONJUX, v. *Femina.*

CONSANGUINEUS, v. *Necessarius.*

CONSECRARE, v. *Sacrare.*

CONFLIGERE, v. *Pugnare.*

CONGERIES, v. *Acervus.*

CONNIVERE, v. *Concedere.*

CONSCENDERE, v. *Scandere.*

CONSEQUI, v. *Invenire.*

CONJUGIUM. MATRIMONIUM. CONTUBERNIUM. NUPTIÆ. *Conjugium* et *matrimonium*, union durable de l'homme et de la femme en vue d'une communauté d'existence et de la reproduction : *conjugium*, terme général marquant une simple liaison naturelle qui existe même chez les animaux; *contubernium*, union par mariage entre esclaves; *matrimonium*, mariage véritable et légal entre personnes libres et citoyens, institution civile et politique; *nuptiæ* ne désigne que le point de départ du *matrimonii*, les noces ou la fête qui accompagne l'union.

CONSIDERARE. CONTEMPLARI. *Considerare* présente la contemplation comme un acte de l'intelligence qui cherche à former un jugement; *contemplari*, comme un acte du sentiment qui s'abîme dans son objet, qui s'abandonne entièrement aux impressions agréables ou désagréables que l'objet éveille.

CONSORS, v. *Socius.*

CONSPECTUS, CONSPICERE, v. *Videre.*

CONSTAT. APPARET. ELUCET. LIQUET. *Constat* veut dire :

c'est une vérité démontrée et établie, par opposition à un songe creux, à un bruit incertain ; *apparet, elucet* et *liquet* signifient : c'est une chose claire et évidente. *Apparet* associe à cette idée l'image d'une apparition qui se détache sur un fond ; *elucet,* celle de la lumière qui jaillit de l'obscurité ; *liquet,* celle d'une eau qui dégèle et redevient limpide.

CONSTITUERE, v. *Destinare.*

CONSUETUDO. MOS. RITUS. CÆRIMONIA. 1. Les trois premiers marquent l'observation régulière d'une pratique. *Consuetudo* est l'habitude qui se forme d'elle-même, qui a sa raison d'être dans les penchants de l'individu ou du peuple, dans ce qui leur est commode, ἔθος ; *mos,* les mœurs procédant de la raison et de la volonté qui a conscience d'elle-même, ayant leur raison d'être dans les idées morales ou esthétiques du droit, de la vertu et de la décence, ἦθος ; *ritus,* enfin, usage sacré ou implanté par l'instinct de la nature ou introduit par les dieux à titre de cérémonie, n'ayant en aucun cas une origine purement humaine. Les *consuetudines* n'existent qu'à l'état de simples faits et n'ont point de valeur morale ; les *mores* ont reçu une sanction morale par un consentement tacite, de même que les *jura legesque* par une convention formelle ; les *ritus* existent naturellement et sont consacrés par leur haute antiquité. C'est ce dernier mot que les bons auteurs en prose emploient par préférence en parlant de l'instinct des animaux à cause de la force avec laquelle il marque que l'habitude est primitive, naturelle, inséparable de l'être même.

2. *Ritus,* usage sacré établi et enseigné par les dieux ou par la nature ; *cærimonia,* même usage considéré dans ses applications au culte.

Consuevisse, v. *Solere.* Consummare, v. *Finire.*

Contagium, v. *Lues.*

Contaminare. Inquinare. Polluere. *Contaminare* désigne la souillure par son côté nuisible comme venant gâter ce qui était sain et utile; *inquinare*, par son côté dégoûtant, elle défigure la beauté; *polluere*, par son côté moral, elle viole la sainteté et la pureté. Le second de ces trois verbes répond à μορύσσειν; le troisième à μιαίνειν. Cic. Cæcil. 21, 70. Judiciis corruptis et *contaminatis*. Les arrêts de la justice brisés et flétris. Comparez avec Cœl. 6. Libidinibus *inquinari*. Porter les marques affreuses de la débauche. Et Rosc. Am. 26, 71. Noluerunt in:mare deferri ne ipsum *pollueret*, quo cætera quæ violata sunt expiari putantur. On ne voulut pas souffrir qu'il fût jeté à la mer, de peur de profaner la mer même, qui passe pour purifier toutes les souillures.

Contemnere, v. *Spernere.* Contemplari, v. *Considerare.*

Contendere, v. *Dicere.* Contentio, v. *Disceptatio.*

Contentum esse, v. *Satis habere.*

Continentia, v. *Modus.* Contingere, v. *Accidere.*

Continuo, v. *Repente.*

Continuus. Perpetuus. Sempiternus. Æternus. 1. *Continuum*, ce qui tient ensemble sans interruption, sans lacune; *perpetuum*, ce qui va jusqu'à la fin et ne cesse pas avant la fin. Suet. Cæs. 76. *Continuos* consulatus, *perpetuam* dictaturam. Des consulats qui se succèdent coup sur coup, une dictature perpétuelle.

2. *Perpetuus, sempiternus* et *æternus* marquent la continuité dans la durée : *perpetuus*, au sens relatif, par rapport à ≀ terme arbitraire, par exemple à celui de la vie, ce qui dure autant que la vie; *sempiternus* et *æternus*, au sens absolu, par rapport au terme du temps en général.

Sempiternum veut dire, comme ἀίδιον, ce qui dure toujours, ce qui a une existence égale à la durée du temps, ce qui marche de pair avec le temps ; *æternum* signifie, comme αἰώνιον, ce qui est éternel, ce qui est au-dessus du temps et ne se peut mesurer que par grandes périodes, car le temps n'est qu'une faible partie de l'éternité, tempus est pars quædam *æternitatis*. Cic. Inv. I, 27. L'idée sublime d'une durée qui ne commence ni ne finit, contenue dans *æternus*, ne l'est pas dans *sempiternus*, qui fait plutôt songer à la longueur de la durée comprise entre le commencement et la fin, sans indiquer que l'éternité n'a ni commencement ni fin. *Sempiternus* renferme l'expression mathématique ; *æternus*, l'expression métaphysique de l'éternité. Cic. Orat. II, 40, 69. Barbarorum est in *diem* vivere, nostra consilia *sempiternum* tempus spectare debent. C'est affaire aux barbares de vivre au jour le jour ; nos plans doivent embrasser un temps indéfini. Finn. I, 6, 17. Motum atomorum *nullo* a principio sed ex *æterno* tempore intelligi convenire. Il va sans dire qu'il faut concevoir le mouvement des atomes comme n'ayant jamais eu de commencement, comme existant depuis un temps infini.

CONTRARIUS, v. *Varius.*   CONTROVERSIA, v. *Disceptatio.*
CONTUBERNIUM, v. *Conjugium.*   CONTUMACIA, v. *Pervicacia.*
CONTUERI, v. *Videre.*

CONTUMELIA. INJURIA. OFFENSIO. 1. *Contumelia*, atteinte portée à l'honneur d'autrui, comme l'affront ; *injuria*, atteinte au droit d'autrui, comme l'injustice. Un coup est une *injuria* en tant que je porte la main sur quelqu'un, et une *contumelia* en tant que je lui attire par une pareille action la réputation fâcheuse d'être un lâche ou un valet. SEN. Clem. I, 10. *Contumelias* quæ acerbiores principibus solent esse quam *injuriæ*. Les affronts qui paraissent d'habitude plus amers aux princes que les injustices. Pacuv. dans Non. Patior facile *injuriam* si vacua est *contumelia*. Je supporte aisément une injustice pourvu qu'il n'y ait pas d'affront.

2. *Contumelia* et *injuria* sont des actions; *offensio* et *offensa* marquent un état, à savoir : le chagrin de l'offensé, le ressentiment par opposition à *gratia* ou à *delectatio*. Cic. Att. III, 23. Mihi majori *offensioni* sunt quam delectationi possessiunculæ meæ. Mes pauvres petites propriétés me donnent plus de peine que de plaisir. Plin. Ep. II, 18. Oportet me non solum *offensas*, verum etiam simultates æquo animo subire. C'est un devoir pour moi de m'exposer sans me laisser émouvoir et aux mécontentements et aux rancunes jalouses.

Conventus, v. *Concilium*.	Convertere, v. *Vertere*.
Convivium, v. *Epulæ*.	Convicium, v. *Maledictum*.
Copia, v. *Occasio*.	Copiæ, v. *Exercitus*.
Copiosus, v. *Divitiæ*.	Cordatus, v. *Sapiens*.
Corpulentus, v. *Pinguis*.	Corpus, v. *Cadaver*.

Corrigere. Emendare. *Corrigere*, corriger à la façon du pédagogue ou du censeur qui veut redresser ou rajuster; *emendare*, à la façon du maître expérimenté et de l'ami bienveillant qui veut amender. Plin. Pan. 6, 2. Corrupta est disciplina castrorum, ut tu *corrector emendator*que contingeres (le premier par sévérité, le second par sagesse). La discipline avait péri dans les camps, mais tu devais paraître pour la restaurer et la rétablir. Cic. Mur. 29. Verissime dixerim nulla in re te (Catonem) esse hujusmodi, ut *corrigendus* potius quam leviter *inflectendus* viderere. Je puis dire en toute vérité que tu n'as montré nulle part un caractère qui voulût être tout à fait redressé plutôt que légèrement dirigé. Comparez avec Plin.

Ep. I, 10. Non *castigat* errantes, sed *emendat*. Il ne réprimande pas ceux qui s'égarent, il les rend meilleurs.

CORRUMPERE, v. *Depravare*.   CORUSCARE, v. *Lucere*.

COXA. LATUS. FEMUR. *Coxa* et *coxendix*, la hanche; *latus*, la partie comprise entre la hanche et l'aisselle ou le flanc; *femur* et *femen*, la partie située immédiatement au-dessus de la hanche ou partie supérieure de la cuisse.

CRAPULA, v. *Ebrietas*.   CRATER, v. *Poculum*.

CREARE. GIGNERE. PARERE. GENERARE. 1. *Creare*, faire passer une chose du néant à l'existence par sa volonté et sa puissance créatrice; *gignere*, donner le jour, c'est le terme générique par rapport à *generare* qui ne se dit que du père, et à *parere* qui ne se dit que de la mère.

2. *Gignere* appartient au langage usuel; *generare*, au style élevé. Aussi dit-on pour l'ordinaire : homines et belluæ *gignunt;* natura et dii *generant*, et : corpora *gignuntur;* poemata *generantur*. Dans CIC. N. D. III, 16, Herculem Jupiter *genuit* est un simple renseignement mythologique; mais Legg. I, 9, Deus hominem *generavit*, c'est une haute vérité métaphysique.

CREBRO, v. *Sæpe*.   CREDERE, v. *Censere* et *Fidere*.
CREMARE, v. *Accendere*.   CREPITUS, v. *Fragor*.
CREPUSCULUM, v. *Mane*.   CRIMINARI, v. *Arguere*.

CRINIS. CAPILLUS. COMA. CÆSARIES. PILUS. CIRRUS. CINCINNUS. 1. *Crinis* et *capillus*, les poils naturels, au sens physique, θρίξ : *crinis*, toute espèce de poil par opposition aux places nues; *capillus*, le poil de la tête par opposition à la barbe, etc. *Coma* et *cæsaries* ajoutent à cette idée celle d'une certaine beauté. Ce sont de beaux cheveux, c'est la chevelure prise comme un ornement naturel du corps ou comme susceptible d'être parée. *Coma* se dit par préférence des cheveux de femme, κόμη; *cæsaries*, des cheveux d'homme, ἔθειρα. *Crinitus* marque simplement qu'on a des poils ou des cheveux; *capillatus* est l'opposé d'une tête chauve, et on appelle les Gaulois *Galli comati*, parce qu'ils portaient de longs cheveux, καρηκομόωντες.

2. *Crinis, capillus, coma, cæsaries,* le poil au sens collectif, tout celui qui pousse; *pilus*, le poil isolé, et par préférence le poil court et hérissé des animaux. *Pilosus* s'oppose à une belle peau bien lisse; *crinitus* et *capillatus* à la nudité laide et à la calvitie.

3. *Cirrus, cincinnus,* cheveux bouclés; mais *cirrus* se dit d'une boucle naturelle; *cincinnus*, d'une boucle artificielle.

CRUCIATUS. TORMENTUM. *Cruciatus, cruciamenta,* terme général pour toute espèce de tourments naturels et artificiels; *tormenta*, terme spécial pour les tourments de la question, tortures. Cic. Phil. XI, 4. Nec vero graviora sunt carnificum *tormenta* quam interdum *cruciamenta* malorum. Les tortures de la question ne sont pas toujours plus pénibles que les souffrances qui viennent de nos maux.

CRUDELITAS, v. *Sævitia.*   CRUENTUS, CRUOR, v. *Sanguis.*

CUBARE. JACERE. SITUM ESSE. *Cubare* se dit d'êtres vivants; *situm esse,* d'objets inanimés qui sont couchés ou étendus; *jacere*, des deux. *Cubare* et *jacere* sont neutres; *situm esse* se prend toujours au sens passif. De plus *cubare* rappelle toujours l'image d'une personne fatiguée qui cherche à reprendre des forces, par opposition à l'effort qu'il en coûte pour se tenir debout; *jacere*, l'image de la faiblesse sans idée accessoire par opposition à la manifestation de force qui consiste à se tenir debout.

Cubiculum, v. *Conclave*.

Cubile. Lectus. *Cubile*, couche naturelle pour les hommés et les animaux, gîte, κοίτη, εὐνή; *lectus*, couche artificielle, exclusivement à l'usage de l'homme, le lit, λέκτρον.

Cubitus, v. *Ulna*.   Cudere, v. *Verberare*.
Cudo, v. *Cassis*.

Culcita. Pulvinus. Pulvinar. *Culcita*, coussin dur; *pulvinus* et *pulvinar*, coussins moelleux et élastiques : *pulvinus*, pour l'usage ordinaire; *pulvinar*, pour un usage solennel et religieux.

Culmen. Fastigium. *Culmen*, la ligne faîtière du toit; *fastigium*, l'extrémité de cette ligne, le point où les solives du toit forment un angle par leur inclinaison et leur rencontre. *Fastigium* est une partie du *culmen* dans Virg. Æn. II, 458. Evado ad summi *fastigia culminis*. Je m'élance aux angles de la dernière terrasse. Au figuré *culmen* désigne simplement le sommet comme le point supérieur, le plus élevé, à peu près comme κολοφών, ce n'est qu'un rapport de lieu; *fastigium* contient une idée de prééminence, c'est le plus haut degré, le degré suprême, à peu près comme κορυφή. *Culmen tecti*, la dernière partie de la construction; *fastigium*, la couronne de l'édifice. *Fastigium* désignera le trône, tandis que *culmina montium* est bien plus usité que *fastigia*.

Culmus. Calamus. Stipula. Spica. Arista. Arundo. Canna. 1. *Culmus*, tige mince et élancée, en particulier celle du blé; *calamus*, même tige considérée comme un tuyau, en particulier celle du roseau.

2. *Culmus*, la tige du blé qui supporte l'épi de même que le corps supporte la tête, partie intégrante du tout; *stipula*, la tige considérée comme la partie inutile, sans valeur en comparaison de l'épi, le chaume.

3. *Spica*, l'épi plein, le fruit du blé, sans égard à la forme ; *arista*, l'épi barbu, la pointe ou partie supérieure de la tige, sans égard au contenu, parfois les barbes seules. QUINTIL. I, 3, 5. Imitatæ *spicas* herbulæ inanibus *aristis* ante messem flavescunt. Mauvaises herbes qui imitent l'épi plein, mais dont la tête barbue est vide et qui jaunissent avant la moisson.

4. *Calamus*, dans le sens de roseau, est le terme général ; *arundo*, roseau long et fort ; *canna*, roseau petit et mince. COLUM. IV, 32. Ea est arundineti senectus, cum ita densatum est, ut gracilis et *cannæ* similis *arundo* prodeat. Une plantation de roseaux est vieille lorsqu'elle s'est épaissie au point de ne plus fournir que des roseaux grêles, semblables à ceux de la petite espèce.

CULPA. NOXIA. NOXIUS. NOCENS. SONS. **1.** *Culpa*, cas de celui qui doit répondre d'un dommage (*peccatum, delictum, maleficium, flagitium* ou *nefas*) ; ce mot suppose une responsabilité, et par suite un être raisonnable, il est opposé à *casus* ou à *necessitas; noxia*, cas de celui qui a causé un dommage, il peut être imputé à tout être capable d'agir, par opposition à *innocentia*. LIV. III, 42, 2. Illa modo in ducibus *culpa*, quod ut odio essent civibus fecerant ; alia omnis penes milites *noxia* erat. Les chefs n'avaient qu'un tort, qui était de s'être rendus odieux à leurs concitoyens ; tout le mal venait d'ailleurs des soldats. CIC. Marc. 13. Etsi aliqua *culpa* tenemur erroris humani, a *scelere* certe liberati sumus. Et s'il nous reste un tort, c'est d'être tombés dans une erreur familière à l'homme ; quant au crime, nous en sommes certainement débarrassés. Et OVID. Trist. IV, 1, 23. Et *culpam* in facto, non *scelus* esse meo. Et s'il y a faute dans mon fait, il n'y a point de crime. Dans ces exemples le terme le plus général pour toute espèce de faute, *culpa*, se prend particulièrement pour la plus petite de toutes, pour le *delictum*.

2. *Culpa* et *noxia* supposent une action dommageable; *vitium*, une action ou une qualité blâmable, et même un défaut naturel dont personne ne peut nous faire un crime.

3. *Nocens, innocens* désignent la culpabilité ou l'innocence dans un cas déterminé, à propos d'une action isolée; mais *noxius* et *innoxius* ainsi que les adjectifs poétiques *nocuus* et *innocuus* se rapportent à l'être et au caractère en général. PLAUT. Capt. III, 5, 7. Decet *innocentem* servum atque *innoxium* confidentem esse; c'est-à-dire un esclave qui se sait innocent dans le cas particulier dont il s'agit, et qui en général ne fait rien de mal.

4. *Noxius*, le coupable au sens matériel, comme auteur et cause d'un dommage, βλαβερός; *sons*, au sens moral et judiciaire, comme condamné ou méritant d'être condamné, θῶος.

CULPARE, v. *Arguere*.   CULTUS, v. *Vestis*.
CUMULUS, v. *Acervus*.

CUNÆ. CUNABULA. *Cunæ*, le berceau même; *incunabula*, la literie et les autres accessoires du berceau. PLAUT. Truc. V, 13 [1]. Fasciis opus est, pulvinis, *cunis, incunabulis*. Il faut des bandes, des coussins, un berceau, de la literie et du linge.

CUNCTARI. HÆSITARE. CESSARE. *Cunctari*, hésiter par réflexion, μέλλειν; *hæsitare*, par défaut de résolution; *cessare*, par manque de force et d'énergie, ὀκνεῖν. Le *cunctans* remet à commencer; le *cessans*, à poursuivre.

CUNCTI, v. *Quisque*.   CAPERE, v. *Velle*.

---

[1] Ce qui reste du cinquième acte n'est pas divisé en scènes.

Cupido. Cupiditas. Libido. Voluptas. **1.** *Cupido*, le désir qui nous porte vers quelque chose conçu comme un principe d'activité par opposition à la répugnance; *cupiditas*, la passion conçue comme un état par opposition au calme de l'âme. Il faut que *cupido* soit joint, et *cupiditas* peut être joint à un génitif exprimé ou sous-entendu; *cupido* se rapporte alors par préférence aux biens ordinaires et à l'argent; *cupiditas*, à des biens de toute sorte. Vell. P. II, 33. Pecuniæ *cupidine*, par un vif amour de l'argent. Et tout à la suite : interminatam imperii *cupiditatem*. Une passion démésurée d'autorité.

2. *Cupido* et *cupiditas* sont opposés au désir modéré; mais *libido*, c'est la fantaisie et le caprice par opposition à la volonté raisonnable, *ratio* ou *voluntas*. *Libidines*, les caprices par rapport au défaut d'empire sur soi-même; *voluptates*, les plaisirs par opposition aux goûts sérieux ou au chagrin. Tac. H. II, 31. Minus Vitellii ignaræ *voluptates* quam Othonis flagrantissimæ *libidines* timebantur. Les plaisirs paresseux de Vitellius paraissaient moins redoutables que les caprices ardents d'Othon.

Cur. Quare. *Cur* sert aussi bien pour de véritables questions que pour des exclamations sous forme de questions; *quare* ne s'emploie que pour des questions qui exigent une réponse.

Cura. Sollicitudo. Angor. Dolor. Ægritudo. *Cura*, *sollicitudo* et *angor*, impression pénible causée par l'idée d'un mal, d'un danger à venir : *cura*, sous forme de pensée, le souci, la sollicitude, φροντίς, par opposition à *incuria*; *sollicitudo*, sous forme de sentiment, l'inquiétude, l'agitation, μέριμνα, par opposition à *securitas*; *angor*, sous forme de passion, l'angoisse, l'anxiété, par opposition à *solutus animus*. *Dolor* et *ægritudo* se rapportent à un mal présent : *dolor* exprime un désagrément, la douleur, par opposition à *gaudium*, ἄλγος; *œgritudo*, une maladie, la tristesse noire, ἀνία, par opposition à *alacritas*. Cɪc. Finn. I, 22. Nec præterea res ulla est, quæ sua natura aut *sollicitare* possit aut *angere*. Et il n'y a rien hors de là qui soit de nature à causer de l'inquiétude ou de l'anxiété. Accius dans Nonius. Ubi *cura*, ibi *anxitudo*. Les soucis ne vont point sans humeur. Plin. Ep. II, 11. Cæsar mihi tantum studium, tantam etiam *curam* (nimium est dicere *sollicitudinem*) præstitit ut... César s'est montré si zélé pour moi, si soucieux même (car de dire inquiet, ce serait trop) que... Quintil. VIII, pr. 20. *Curam* ego verborum, rerum volo esse *sollicitudinem*. J'entends que les mots donnent du souci, les choses de l'inquiétude

Curvus. Uncus. Pandus. Incurvus. Recurvus. Reduncus. Repandus. Aduncus. 1. *Curvus* ou en prose *curvatus*, terme général pour tout ce qui est courbé, depuis la courbe la plus faible jusqu'à la circonférence parfaite; *uncus* suppose une forte courbure qui se rapproche du demi-cercle, comme un crochet; *pandus*, une courbure faible qui s'éloigne peu de la ligne droite, comme une échancrure.

2. Les *curva* forment une courbe continue; les *incurva* supposent une ligne droite dont l'extrémité seule dégénère et se termine en courbe, comme ἐπικαμπής, par exemple, le bâton augural ou le corps d'un homme qui se baisse, etc.

3. *Recurvus, reduncus* et *repandus* désignent des courbes tournées en dehors; *aduncus*, une courbe tournée en dedans. Plin. H. N. XI, 37. Cornua aliis *adunca*, aliis *redunca*. Chez les uns les cornes sont tournées en dedans, chez les autres en dehors.

Cuspis, v. *Acies.*

CUSTODIA. CARCER. ERGASTULUM. *Custodia,* lieu quel qu'il soit où sont retenus des prisonniers, fourrière; *carcer*, prison bâtie exprès surtout pour les citoyens; *ergastulum*, maison de correction pour des esclaves.

CUTIS, v. *Tergus.*   CYATHUS, v. *Poculum.*

CYMBA, v. *Navigium.*

D

DAMNUM. DETRIMENTUM. JACTURA. *Damnum*, perte qu'on fait par sa faute par opposition à *lucrum; detrimentum*, perte qu'on éprouve par opposition à *emolumentum;* enfin *jactura*, perte volontaire par laquelle on prétend échapper à une perte ou à un mal plus considérable. *Damnum* se dit seul d'une amende, tandis que dans la formule : Videant consules ne quid respublica *detrimenti* capiat, on ne rencontre jamais *damnum*.

DAPES, v. *Epulæ.*   DEAMARE, v. *Diligere.*

DEAMBULARE, v. *Ambulare.*   DEBERE, v. *Necesse est.*

DECERNERE, v. *Destinare.*   DECLARARE, v. *Ostendere.*

DESIDIA, v. *Ignavia.*   DECIPERE, v. *Fallere.*

DECORARE, v. *Comere.*   DEDECUS, v. *Ignominia.*

DEDICARE, v. *Sacrare.*   DEFENDERE, v. *Tueri.*

DEESSE, v. *Abesse.*   DEDUCERE, v. *Comitari.*

DEFICERE, v. *Abesse* et *Turba.*   DEFORMIS, v. *Teter.*

DEFLERE, v. *Lacrimare.*   DE INTEGRO, v. *Iterum*

DEGERE, v. *Agere.*   DELERE, v. *Abolere.*

DELECTATIO, v. *Oblectatio.*

DELIBUTUS. UNCTUS. OBLITUS. *Delibutus*, mouillé avec un corps gras; c'est le terme générique par rapport à *unctus*, oint d'une matière agréable, et à *oblitus*, enduit d'une matière malpropre.

DÉLICTUM. PECCATUM. MALEFACTUM. MALEFICIUM. FACI-
NUS. FLAGITIUM. SCELUS. NEFAS. IMPIETAS. 1. *Delictum* et
peccatum, transgression légère : *delictum*, des lois positives, par légèreté ; *peccatum*, des lois de la nature et de
la raison, par sottise.

2. *Malefactum* est un synonyme et une sorte de périphrase des deux mots précédents. *Maleficium* et *facinus*
engagent directement la morale dans la question. *Maleficium*, tout méfait qui mérite un châtiment, parce qu'il
procède d'une mauvaise intention. *Facinus*, quand on le
prend en mauvaise part, c'est, comme δεινόν τι, un forfait
qui excite de l'étonnement ou de l'épouvante, à cause du
degré extraordinaire d'audace qu'il exigeait.

3. Il y a autant de sortes de mauvaises actions que de
sortes de devoirs, envers soi-même, envers les autres, envers les dieux. *Flagitium* est un manquement contre soi-
même, contre son propre honneur, par débauche, inconduite, lâcheté, bref, par des actions qui proviennent de
faiblesse morale plutôt que d'une force déréglée, par des
manifestations de l'*ignavia;* c'est une turpitude. *Scelus*
est un manquement contre les autres, contre les droits
des particuliers ou la paix de la société, par brigandage,
meurtre et surtout par sédition, bref, par des manifestations de la *malitia*, un crime. *Nefas* est un manquement
contre les dieux ou la nature, par blasphème, pillage d'un
temple, meurtre de parents, trahison envers la patrie,
bref, par des manifestations de l'*impietas*, un sacrilége.

DELIGERE. ELIGERE. *Deligere*, faire son choix, ne pas
laisser plus longtemps le choix en suspens; *eligere*, choisir et ne pas prendre le premier venu.

DELIRIUM, v. *Amens*.   DELUBRUM, v. *Templum*.
DEMENS, v. *Amens*.

Demere. Adimere. Eximere. Auferre. Eripere. Surripere. Furari. 1. *Demere*, *adimere* et *eximere*, enlever sans violence et sans ruse. *Demere*, séparer une partie d'un tout qui se trouve diminué par là; il a pour opposé *addere* et *adjicere; adimere*, prendre un bien à un propriétaire qui en devient plus pauvre; il a pour opposés *dare* et *reddere;* enfin, *eximere*, ôter un mal à une personne qui se sent alors comme allégée d'un fardeau.

2. *Auferre, eripere, surripere* et *furari* impliquent une idée d'arbitraire et d'injustice. *Auferre* est le terme général; c'est à peu près prendre. *Eripere*, prendre par violence, comme arracher; *surripere* et *furari*, secrètement et par ruse; mais *surripere*, par un détournement qui peut avoir pour motif une nécessité de légitime défense et de prudence; *furari*, en pratiquant le méprisable métier de voleur. Sen. Prov. 5. Quid opus fuit *auferre?* accipere potuistis; sed ne nunc quidem *auferetis*, quia nihil *eripitur* nisi retinenti. Où était la nécessité de prendre? vous n'aviez qu'à ouvrir la main pour recevoir. Et il ne vous sera pas donné de prendre, même à présent, car on n'arrache rien qu'à celui qui veut garder. Cic. Verr. I, 4, 60. Si quis clam *surripiat* aut *eripiat* palam atque *auferat*. Qu'on dérobe secrètement ou qu'on arrache ouvertement et qu'on prenne. Et II, 1, 13. Non *furem* sed *ereptorem*. Ce n'est pas un voleur, mais un ravisseur.

Demoliri, v. *Destruere.*   Demori, v. *Mors*
Denegare, v. *Negare.*   Densus, v. *Angustus.*
Denuo, v. *Iterum.*   Deplorare, v. *Lacrimare.*

Depravare. Corrumpere. *Depravare*, terme relatif, gâter, mais de manière qu'on puisse encore réparer le mal; il se dira de ce qui a pris un mauvais pli; *corrumpere*, terme absolu, abîmer, mettre hors d'usage, en sorte qu'il n'y ait plus de remède; il se dira de ce qui est brisé.

Deridere, v. *Ridere.* Desciscere, v. *Turbæ.*
Deserere, v. *Relinquere.* Desertum, v. *Solitudo.*
Desiderare, v. *Requirere.*

Desinere. Desistere. *Desinere* marque un fait et se dit des personnes, des choses et des actions, comme cesser; *desistere* marque un acte de volonté dont les personnes seules sont capables, comme renoncer.

Desolatus, v. *Relinquere.* Desperare, v. *Expes.*
Despicere, v. *Spernere.*

Destinare. Obstinare. Decernere. Statuere. Constituere. 1. *Destinare* et *obstinare* présentent une résolution à laquelle on s'arrête, comme un acte psychologique; *decernere* et *statuere*, comme un acte politique.

2. *Destinare*, prendre un parti décisif dont les conséquences sont prévues; *obstinare*, prendre une résolution irrévocable dans laquelle on persiste avec opiniâtreté ou entêtement.

3. *Decernere* désigne comme conclure le résultat définitif d'une délibération en forme ou pour le moins d'un examen conduit avec la gravité qui préside à une discussion entre collègues; *statuere* marque comme résoudre le terme d'une situation incertaine, et on emploie dans le même cas *constituere*, quand le sujet ou le régime de l'action est au pluriel. Cic. Fr. Tull. [1] Hoc judicium sic exspectatur, ut non *unæ* rei *statui*, sed omnibus *constitui* putetur. Ce qu'on attend de ce jugement, ce n'est pas tant une décision sur un intérêt particulier qu'un règlement sur un intérêt général.

Destinatio, v. *Pervicacia.* Destituere, v. *Relinquere.*

____

[1] Tome XXXVI, p. 269, § 9 dans le Cicéron de la collection Panckoucke.

DESTRUERE. DEMOLIRI. *Destruere*, abattre une œuvre d'art; *demoliri*, une construction solide.

DETERIOR. PEJOR. *Deterior* se dit, comme χείρων, de celui qui est inférieur aux autres, qui est moins estimable ; *pejor*, comme κακίων et pire, de celui qui est plus corrompu, plus dangereux. On trouve dans SALL. Or. Phil. 3. Æmilius omnium flagitiorum postremus, qui *pejor* an *ignavior* sit deliberari non potest. Emilius, le dernier de tous les misérables. Est-il plus méchant que lâche ou plus lâche que méchant? c'est ce qu'il est impossible de décider. Et dans ce passage *deterior* ne formerait pas un contraste avec *ignavior*. Catulle emploie, en badinant, le superlatif *pessimi*, qui contient l'idée d'une certaine énergie ; *deterrimus*, pitoyable ou chétif, ne se dit jamais par plaisanterie.

DETESTARI, v. *Abominari*.   DETINERE, v. *Manere*.
DETRECTATIO, v. *Invidia*.   DETRIMENTUM, v. *Damnum*.
DEUS, v. *Numen*.

DEVERSORIUM. HOSPITIUM. CAUPONA. TABERNA. POPINA. GANEUM. *Deversorium*, tout quartier où l'on descend tant que dure un voyage, dans une propriété à soi, chez des amis, chez des hôteliers; *hospitium*, l'asile qu'on trouve chez un ami avec lequel on est en relation d'hospitalité; *caupona*, l'auberge; tous ces lieux fournissent le logement comme des hôtelleries. Les *tabernæ*, *popinæ*, *ganea* ne fournissent que la pension, comme les restaurants : les *tabernæ*, pour les gens du commun, comme les cabarets; les *popinæ*, pour les gens du grand monde et les gastronomes, comme certaines maisons de traiteurs; les *ganea*, pour ces deux sortes de gens et en outre pour les voluptueux.

DEVINCIRE, v. *Ligare*.   DICACITAS, v. *Lepidus*.
DICARE, v. *Sacrare*.

Dicere. Aio. Inquam. Asseverare. Affirmare. Contendere. Fari. Fabulari. 1. *Dicere*, parler pour instruire;
il se rapporte à celui qui écoute, par opposition à *tacere*,
comme le neutre *loqui* et λέγειν; *aio*, parler pour affirmer;
il se rapporte à celui qui parle, par opposition à *nego*,
comme φημί.

2. *Ait* se joint au discours indirect et régit un infinitif;
inquit, au discours direct; il amène un indicatif, un im-
pératif ou un subjonctif.

3. *Aio* marque la simple affirmation d'une proposition
qu'on se borne à énoncer; *asseverare, affirmare, contendere*, marquent une affirmation énergique; *asseverare*, c'est
affirmer sérieusement, par opposition à une affirmation
plaisante ou légère, à *jocari; affirmare*, affirmer en garantissant la certitude, par opposition au doute et aux ru-
meurs, à *dubitare; contendere*, affirmer en dépit des con-
tradicteurs et soutenir son opinion envers et contre tous,
par opposition à céder et à renoncer.

4. *Dicere*, dire, sans idée accessoire; *loqui*, pris comme
verbe actif, contient une idée accessoire de mépris : ce
qu'on dit n'est que vains propos. Cic. Att. XIV, 4. Horri-
bile est quæ *loquantur*, quæ minitentur. Leurs propos,
leurs menaces font horreur.

5. *Loqui*, pris comme verbe intransitif, parler en général; *fabulari*, parler sans façon ou du moins sans gêne,
pour passer le temps, sans donner une grande attention
au fond ou à la gravité du discours, causer, λαλεῖν; enfin,
dicere, pris comme verbe neutre, parler avec art, en s'é-
tudiant, particulièrement à la tribune, λέγειν. Liv. XLV, 39.
Tu, centurio, miles, quid de imperatore Paulo senatus
decreverit potius quam quid Sergio Galba *fabuletur*, audi,
et hoc *dicere* me potius quam illum audi; ille nihil præ-
terquam *loqui*, et id ipsum maledice et maligne didicit.

Centurions et soldats, prêtez l'oreille au décret du sénat sur la victoire de votre général plutôt qu'aux déclamations mensongères de Galba. Prêtez l'oreille à mon langage plutôt qu'au sien. C'est un homme qui n'a rien étudié, hors l'art de parler, et encore pour insulter et pour nuire. Cic. Brut. 58. Scipio sane mihi bene et *loqui* videtur et *dicere*. Il me semble que Scipion brille également dans le langage ordinaire et dans le langage étudié. Orat. III, 10. Neque enim conamur docere eum *dicere* qui *loqui* nesciat. Nous n'entreprenons point d'enseigner l'art de la parole à celui qui ne sait pas ce que c'est que parler. Suet. Claud. 4. Qui tam ἀσαῶς *loquatur*, qui possit quum declamat σαφῶς *dicere* quæ dicenda sunt, non video. Comment, avec une parole aussi confuse, on pourrait, parlant en public, dire clairement ce qu'il faut dire, c'est ce que je ne vois pas.

6. *Fari* présente la parole comme le simple usage mécanique des organes de la voix pour former des sons et des mots articulés, par opposition à *infantem esse*; *loqui*, comme le moyen d'exprimer ses pensées, par opposition à *tacere*. Et comme *fari* peut se réduire à prononcer des paroles isolées, on y rattache aisément l'idée d'un laconisme extraordinaire, imposant, digne d'un oracle, comme dans les arrêts du destin, *fati*, tandis que *loqui* fait songer aux discours ordinaires des hommes qui dégénèrent souvent en loquacité, *loquacitas*.

Dictorium, v. *Verbum*.
Dicto audientem esse, v. *Parere*.

Dies. Tempus. Tempestas. Die. Interdiu. 1. *Dies*, le temps envisagé dans sa nature purement abstraite, comme simple extension et simple progression; *tempus* et *tempestas*, le temps de la météorologie et de l'astronomie, la température, les rapports de la durée. *Tempus* marque plutôt un simple point, un moment, une époque ; *tempestas*, tout un espace, une période. *Dies docebit* a trait à un long espace de temps qui doit s'écouler avant que nous soyons instruits, comme χρόνος ; *tempus docebit*, au moment favorable qui nous instruira, comme καιρός.

2. *Die*, par jour, chaque jour, par opposition à l'heure et à l'année ; *interdiu* et *diu*, de jour, par opposition à *noctu;* mais *interdiu* se prend dans toute sorte de circonstances ; *diu* est toujours joint à *noctu*que. Cic. Att. XIII, 28. Credibile non est quantum scribam *die*. Vous auriez peine à croire combien j'écris chaque jour. Cels. Med. I, 3. Qui semel et qui bis *die* cibum... assumit. Celui qui mange une fois et celui qui mange deux fois par jour. Tac. H. II., 5. *Noctu diu*que. Nuit et jour.

Dies festi, v. *Solemnia.*

Differre. Proferre. Procrastinare. Prorogare. 1. *Differre* marque le renvoi à un autre temps considéré par son côté négatif : loin de faire la chose présentement, on la laisse là ; *proferre* et *procrastinare* marquent le délai pris par le côté positif : la chose aura lieu dans un temps à venir ; une autre fois, sans dire quand, si l'on se sert de *proferre;* dans un avenir très-rapproché, si l'on se sert de *procrastinare.*

2. *Differre*, etc., se disent d'une action qu'on tarde à commencer ; *prorogare*, d'un état auquel on tarde à mettre fin, comme prolonger.

Difficilis, v. *Arduus* et *Austerus.*
Digladiari, v. *Pugnare.*   Dignum esse, v. *Merere.*
Diligentia, v. *Opera.*

Diligere. Amare. Deamare. Adamare. Caritas. Amor.

Pietas. 1. *Diligere*, c'est l'amour qui naît de l'estime, le résultat de nos réflexions sur le mérite de l'objet aimé, comme φιλεῖν ; *amare*, c'est l'amour par inclination, celui qui a son origine dans le sentiment, qui est involontaire ou même irrésistible, comme ἐρᾶν ἔρασθαι. *Diligere* désigne l'amour pur, dégagé du joug des sens et de l'égoïsme, calme et paisible ; *amare*, l'amour ardent qui confine à la passion, qu'il soit d'ailleurs sensuel ou platonique. Cic. Att. XIV, 17. Tantum accessit ut mihi nunc denique *amare* videar, ante *dilexisse*. Il me semble, tant mon amour a grandi, qu'il ne mérite ce nom que d'aujourd'hui et que je n'avais auparavant que de l'affection.

2. *Amare*, aimer en général ; *deamare*, verbe augmentatif, aimer à en mourir, comme *amore deperire* ; et *adamare*, verbe inchoatif, commencer à aimer.

3. *Caritas*, entendu de l'effet qu'on produit, c'est l'affection que les autres ont pour nous. C'est une sorte de substantif à sens neutre par rapport au substantif à sens actif, *amor*, le penchant que nous éprouvons pour un autre ; d'où viennent ces constructions : *caritas* apud aliquem ; mais *amor* erga aliquem.

4. *Caritas*, entendu de l'effet qu'on ressent, tout amour qui tourne à la tendresse, particulièrement celui des parents pour les enfants, sans aucun mélange de sensualité, il ne se dit que des personnes, comme ἀγάπη ou στοργή ; *amor*, l'amour ardent et passionné pour des personnes ou des choses, comme ἔρως ; enfin, *pietas*, c'est l'amour instinctif pour des personnes et des choses que les liens sacrés de la nature nous obligent à aimer, dieux, parents, patrie, bienfaiteurs. La *caritas* se complaît dans l'objet aimé, se réjouit de le posséder et se manifeste par des prévenances et des sacrifices ; *l'amor* vise à réduire toujours davantage le même objet en son pouvoir ; il est

difficile à satisfaire ; la *pietas* se laisse aller à un penchant naturel et à un sentiment religieux.

DILUCULUM, v. *Mane.*
DIMICARE, v. *Pugnare.*
DIRIMERE, v. *Dividere.*
DIRUS, v. *Atrox.*
DIMETARI, DIMETIRI, v. *Metiri.*
DIMITTERE, v. *Mittere.*
DIRIPERE, v. *Vastare.*

DISCEPTATIO. LITIGATIO. CONTROVERSIA. CONTENTIO. ALTERCATIO. JURGIUM. RIXA. 1. *Disceptatio, litigatio* et *controversia*, différends susceptibles d'être terminés à l'amiable et par des voies régulières ; *contentio, altercatio* et *jurgium*, différends entachés de passion et de violence, mais qui se passent néanmoins en paroles ; *rixæ*, différends qui se traduisent ou menacent de se traduire en voies de fait, comme les querelles et les batteries, et qui tiennent le milieu entre *jurgium* et *pugna*. LIV, XXXV, 17. Ex *disceptatione altercationem* fecerunt. La dispute dégénéra en altercation. TAC. H. I, 64. *Jurgia* primum, mox *rixæ* inter Batavos et legionarios. Il y eut d'abord de gros mots, puis des rixes entre les Bataves et les légionnaires. Dial. 26. Cassius Severus non pugnat, sed *rixatur*. Cassius Sévérus cherche des rixes, sinon des batailles.

2. Il y a lutte, *controversia*, entre deux partis dès qu'ils sont opposés l'un à l'autre ; débat, *disceptatio*, dès qu'ils s'engagent dans une dispute sous prétexte de rechercher la vérité ou de démêler le droit sans avoir dans le principe des intentions hostiles ; contestation, *litigatio*, dès qu'ils s'inspirent d'un esprit d'hostilité et d'intérêt personnel.

3. La *contentio* veut absolument avoir raison et atteindre son but en mettant toutes ses forces en jeu dans quelque intention que ce soit ; l'*altercatio* ou échange de paroles ne veut pas demeurer en reste de propos avec son

adversaire, elle veut avoir le dernier mot; le *jurgium* n'écoute rien et décharge sa mauvaise humeur par des paroles dures. La *contentio* offre une image sérieuse, celle d'un effort vigoureux; l'*altercatio*, l'image comique de personnes qui s'échauffent à la manière des femmes; le *jurgium*, l'image repoussante de la colère brutale.

DISCERNERE. DISTINGUERE. *Discernere*, discerner, diviser conformément à des notions acquises; *distinguere*, distinguer par des signes et des marques.

DISCIPLINÆ, v. *Litterae*.   DISCRIMEN, v. *Tentare*.

DISERTUS. FACUNDUS. ELOQUENS. *Disertus* et *facundus* désignent un talent oratoire donné par la nature; *eloquens* un art de la parole acquis et perfectionné. Celui qui parle avec clarté et précision s'appelle *disertus*, celui qui parle avec élégance et agrément, *facundus*, celui qui réunit les deux, savoir la netteté et la beauté du discours, *eloquens*. Le *disertus* fera un bon maître, mais il se peut qu'il n'ait pas également cultivé toutes les facultés de son esprit; le *facundus* brille en société, mais tout son savoir-faire peut n'être qu'une facilité superficielle dans le maniement de la parole, sans profondeur et sans solidité; l'*eloquens*, avant de prendre la parole comme homme d'état ou comme écrivain, doit s'être rendu parfaitement maître de la langue et de l'art à force de talent et d'études variées. CIC. Orat. 5, 19. Antonius... *disertos* ait se vidisse multos, *eloquentem* omnino neminem. J'ai souvent rencontré une parole nette, dit Antoine; je n'ai jamais entendu une voix parfaitement éloquente. QUINTIL. VIII, pr. 13. *Diserto* satis dicere quæ oporteat; ornate autem dicere proprium est *eloquentissimi*. On est disert quand on sait dire ce qu'il faut; mais de parer la parole, c'est le fait de la plus haute éloquence. SUET. Cal. 53. *Eloquentiæ* quam plurimum adtendit, quamvis *facundus* et *promptus*. Il s'applique fort à l'éloquence, quoiqu'il ait naturellement la parole agréable et facile.

DISPAR, v. *Aequus.*

DISPUTARE, v. *Disserere.*

DISPERTIRE, v. *Dividere.*

DISSERERE. DISPUTARE. *Disserere*, soutenir son opinion en style didactique, en développant ses raisons; *disputare* en style polémique en tenant compte des raisons contraires, en opposant à un adversaire imaginaire ou réel raison pour raison, afin de constater par une sorte de bilan de quel côté est la plus grosse somme de vérité. Le *disserens* vise simplement à exprimer ses vues personnelles; le *disputans* veut faire prévaloir les siennes en qualité de vérités indépendantes de toute personnalité. En outre *disserere* marque une manière plus libre; *disputare*, une manière plus méthodique de traiter le sujet.

DISTINGUERE, v. *Discernere.*

DISTRIBUERE, v. *Dividere.*

DIU, DIUTURNUS, DIUTINUS, v. *Pridem.*

DIVELLERE, v. *Frangere.*

DIVERSUS, v. *Varius.*

DIVIDERE. PARTIRI. DIRIMERE. DISPERTIRE. DISTRIBUERE.
1. *Dividere* et *dirimere*, diviser sans autre but que de détruire l'unité de l'ensemble et de réduire en parties; *partiri*, dans le but d'obtenir par voie de séparation des parties dont il soit possible de disposer. De là *divide et impera* et *dividere sententias*, mais *partiri prædam.*

2. *Divisio* marque dans les traités de rhétorique la décomposition de l'espèce en variétés; *partitio*, celle du tout en ses parties.

3. *Dividere* ne se rapporte qu'à une réunion matérielle dans l'espace et ne détruit qu'une relation extérieure;

mais *dirimere* se rapporte à l'union organique d'un tout et supprime des rapports intimes. Liv. XXII, 15. Casilinum urbs... Volturno flumine *diremta* Falernum ac Campanum agrum *dividit*. C'est qu'aux yeux de l'auteur une rivière qui coupe une ville en deux constitue une séparation contre nature, tandis que la séparation de deux territoires contigus par une ville est toute naturelle.

4. *Dividere* signifie encore distribuer sans idée accessoire; *dispertire*, c'est répartir entre futurs propriétaires ; *distribuere*, entre propriétaires légitimes, ou encore mettre chaque partie à une place convenable et appropriée.

DIVINARE. PRÆSAGIRE. PRÆSENTIRE. PRÆVIDERE. VATICINARI. PRÆDICERE. 1. *Divinare* se dit d'un pressentiment qui provient d'une inspiration divine et d'un secours surnaturel, comme μαντεύεσθαι ; *præsagire*, d'un pressentiment par voie naturelle, par suite d'un tour d'esprit particulier qui confine au surnaturel ; *præsentire* et *prævidere*, par un développement extraordinaire des dons naturels de l'esprit, à savoir *præsentire* par une vision immédiate, *prævidere*, par de profondes et heureuses combinaisons, par prévoyance.

2. *Divinare*, etc., simples actes de l'entendement; *vaticinatio* et *prædictio*, expression et communication de ce qu'on pressent : *vaticinatio*, par le fait du *divinans* et du *præsagiens*, c'est la prophétie, προφητεία ; *prædictio*, par le fait du *præsentiens* et du *prævidens*, c'est la prédiction.

DIVITIÆ. OPES. GAZÆ. LOCUPLES. OPULENPUS. COPIOSUS. 1. *Divitiæ* et *gazæ*, la richesse en général, comme propriété, comme moyen de satisfaire ses désirs de toute sorte; *opes*, comme le moyen de réaliser un but élevé, de se faire valoir, d'acquérir ou de conserver de l'influence.

Divitiæ, la richesse du simple particulier, πλοῦτος ; *opes*, la fortune mise au service de l'homme d'État ou de l'ambitieux politique ; *gazæ*, le trésor d'un roi ou d'un prince, θησαυροί.

2. *Dives*, riche par opposition à *pauper*, πλούσιος ; *locuples*, qui est dans l'aisance, par opposition à *egens*, *egenus*, ἀφνειός ; *opulentus* et *copiosus*, qui a de grandes ressources par opposition à *inops*, comme εὔπορος.

Divortium, v. *Repudium*.   Divus, v. *Numen*.

Doctor. Præceptor. Magister. *Doctor*, le maître qui expose la théorie considéré par rapport à la science ou à l'art qu'il enseigne, il s'oppose à l'auditeur ; *præceptor*, le maître qui initie à la pratique par rapport au pupille qu'il façonne, il s'oppose à l'écolier ; *magister*, le maître en général par rapport à sa supériorité et à son ascendant et par opposition aux profanes. Cic. Orat. III, 15. Vetus illa doctrina eadem videtur et recte faciendi et bene dicendi *magistra*, deque disjuncti *doctores*, sed iidem erant vivendi *præceptores* atque dicendi. On voit cette ancienne méthode gouverner à la fois la conduite et la parole ; point de maîtres distincts ; ceux qui forment à la parole forment en même temps à la vie.

Doctrina. Eruditio. *Doctrina*, le savoir considéré comme un des moyens divers par lesquels l'esprit se développe ; *eruditio*, la science qui transforme l'esprit et l'amène à la dernière perfection. Le savoir, *doctrina*, ne donne qu'une supériorité de connaissances, il se rattache et s'oppose à l'idée qu'exprime le mot *exercitatio*, lequel implique une supériorité de savoir-faire ; réduit même à la théorie sèche et mis en regard de la pratique plus visiblement utile, il est exposé à être mal vu et ridiculisé. La science parfaite, *eruditio*, se rapproche beaucoup plus de la pra-

tique, elle implique une certaine influence, des connaissances acquises et des études sur le perfectionnement de
l'homme entier, elle représente la vraie humanité dans
l'ordre intellectuel, comme *humanitas* dans l'ordre moral.

Doctrina, v. *Litterae.*

Dolor. Tristitia. Mœstitia. Luctus. 1. *Dolor*, le sentiment des douleurs, le déplaisir intérieur, par opposition à *gaudium ; tristitia, mœror, luctus*, l'expression de
ce sentiment. *Tristitia* et *mœstitia*, manifestation naturelle qui perce involontairement dans l'attitude et dans la
physionomie; *luctus*, manifestation artificielle, faite à
dessein, au grand jour, à l'aide de signes conventionnels,
comme de se couper les cheveux, de mettre des habits de
deuil, etc., πένθος. *Mœror* sert en même temps d'augmentatif à *dolor*, et *luctus* à *mœror* et *tristitia*, en ce sens que
la manifestation extérieure vient se joindre au sentiment
au lieu de lui être opposée. Cic. Att. XII, 28. *Mœrorem*,
minui, *dolorem*, nec potui, nec si possem vellem. J'ai retranché quelque chose des marques de ma douleur; mais
pour ma douleur même je n'ai rien pris sur elle, et je le
pourrais que je ne le voudrais pas. Phil. XI, 1. Magno in
dolore sum, vel in *mœrore* potius, quem ex miserabili
morte C. Trebonii accepimus. Je suis dans la grande douleur, ou plutôt dans les effusions de douleur où nous
jette la mort déplorable de C. Trébonius. Plin. Ep. V, 9.
Illud non *triste* solum, verum etiam *luctuosum* quod
J. Avitus decessit. La perte de J. Avitus ne cause pas
seulement un chagrin visible, c'est un deuil. Tac. Agr. 43.
Finis vitæ ejus nobis *luctuosus*, amicis *tristis*. Sa fin nous
plonge dans le deuil, et ses amis dans la tristesse (la
parenté seule prend le deuil). Tac. Ann. II, 82. Quanquam
nec *insignibus lugentium* abstinebant, altius *animis mœre*-

bant. Les marques de deuil ne faisaient pas défaut, mais c'étaient surtout les cœurs qui étaient contristés. Cic. Sext. 29, 39. *Luctum* nos hausimus majorem, *dolorem* ille *animi* non minorem. Ce fut pour nous la source d'une douleur plus expansive, pour lui celle d'une douleur concentrée tout aussi vive

2. *Tristitia* présente la manifestation du chagrin par son côté repoussant, celui des idées noires, de l'ennui, de la mauvaise humeur, par opposition à *hilaritas; mœstitia,* par son côté pitoyable, celui de la désolation, d'une douleur ordinairement justifiée qui nous plonge dans la mélancolie, par opposition à *lœtus. Tristitia* est le fait de la réflexion, *mœstitia*, du sentiment. On reconnaît le *tristis* comme le *truculentus* à son regard farouche, à son front plissé, à ses sourcils contractés; le *mœstus* comme l'*afflictus* à ses yeux mornes et à son regard baissé. Tac. Hist. I, 82. Rarus per vias populus, *mœsta* plebs; *dejecti* in terram militum vultus ac plus *tristitiæ* quam pœnitentiæ. Très-peu de monde dans les rues, la population consternée; des soldats qui baissaient les yeux, mais d'un air sombre plutôt que d'un air de regret. Cic. Mur. 24, 49. *Tristem* ipsum, *mœstos* amicos. Vous-même soucieux, vos amis désolés.

Dolor, v. *Cura.*

Donum. Munus. Largitio. Donarium. Donativum. Liberalitas. 1. *Donum,* cadeau désintéressé, le donateur n'ayant pas d'autre vue que de faire plaisir, δῶρον; *munus,* présent qui engage la reconnaissance, qui est une marque d'amour ou de faveur de la part du donateur, γέρας; enfin *largitio,* présent intéressé destiné à gagner et à corrompre les gens sous couleur de bienfaisance, la plupart du temps dans un but politique. Suet. Cæs. 28. Aliis captivorum millia *dono* afferens, c'est-à-dire en pur don et non point seulement par manière de prêt. Comparez avec NER. 46. Auspicanti Sporus annulum *muneri* obtulit, c'est-à-dire par honnêteté. TAC. Hist. I, 52. Id comitatem bonitatemque faventes vocabant quod sine modo *donaret* sua, *largiretur* aliena. Les partisans de Vitellius vantaient son caractère facile et bienveillant lorsqu'ils lui voyaient dissiper ses propres biens en cadeaux, ceux des autres en largesses.

2. *Donarium*, terme particulier pour une offrande qu'on fait à un temple; *donativum*, pour un don militaire que le nouvel empereur accordait aux soldats à son avènement; *liberalitas*, pour une munificence de l'empereur destinée à soutenir un noble tombé dans la pauvreté.

DORSUM. TERGUM. *Dorsum*, le dos au sens horizontal, celui de l'animal, par opposition au ventre, νῶτον; *tergum*, le dos au sens vertical, celui de l'homme par opposition à la poitrine, μετάφρενον. *Dorsum* montis, la crête; *tergum*, le revers d'une montagne.

DUBIUS. AMBIGUUS. ANCEPS. *Dubius* et *ambiguus*, douteux quand il ne s'agit que d'un bon ou d'un mauvais succès, d'un bonheur ou d'un malheur; *anceps*, quand il y va de l'existence entière, d'être ou de ne pas être. VELL. P. II, 79. Ea patrando bello mora fuit, quod postea *dubia* et *interdum ancipiti* fortuna gestum est. Tels sont les retards que souffrit l'ouverture de cette guerre où la fortune intervint dans la suite avec des chances douteuses et quelquefois critiques.

DUDUM, v. *Pridem.* DULCIS, v. *Suavis.*

DUMI. SENTES. VEPRES. *Dumi*, fourrés de broussailles qui offrent un aspect sauvage; *sentes*, buissons épineux où l'on se blesse; *vepres* réunit les deux idées: broussailles épineuses qui font du sol un lieu sauvage.

DUPLEX. DUPLUM. GEMINUS. DUPLICITER. BIFARIAM. 1. *Duplex*, double en parlant de quantités déterminées qu'il suffit de compter ; *duplum*, en parlant de quantités indéterminées qu'il faut peser ou mesurer. *Duplex* s'emploie adjectivement, *duplum* substantivement. QUINTIL. VIII, 6, 42. In quo et numerus est *duplex*, nec *duplum* virium. Armée deux fois plus nombreuse, mais sans offrir le double de forces.

2. Étant donnés des objets semblables et pareils au nombre de deux, c'est l'idée du nombre deux qui domine dans *duplex* comme dans διπλοῦς ; c'est l'idée de ressemblance et de parité qui domine dans *geminus* comme dans δίδυμος. Dans ce passage de Cic. Part. 6. Verba *geminata* et *duplicata*, vel etiam sæpius iterata, *geminata* se rapporte à la répétition d'une idée par le moyen de termes synonymes, *duplicata*, à la répétition d'un même mot.

3. *Dupliciter* est toujours adverbe de manière : de deux manières, à un double point de vue ; *bifariam* est adverbe de lieu : en deux endroits ou en deux parties. CIC. Fam. IX, 20. *Dupliciter* delectatus sum litteris tuis. Ta lettre me charme de deux manières. Comparez avec TUSC. III, 11. *Bifariam*, quatuor perturbationes æqualiter distributæ sunt. Les quatre passions fondamentales ont été également réparties en deux catégories.

E

EBRIUS. VINOLENTUS. TEMULENTUS. CRAPULA. EBRIOSUS. 1. *Ebrietas* présente par leur beau côté les suites d'un excès de vin, c'est l'exaltation, l'animation, qui touchent à l'inspiration, μέθη ; *vinolentia* et le terme archaïque de *temulentia* les font envisager par leur vilain côté, celui d'un homme qui se soûle et tombe dans l'abrutissement, οἴνωσις; enfin, *crapula* exprime la cause matérielle de cet état, les fumées du vin, comme χραιπάλη.

2. *Ebrius* et le mot d'origine étrangère *madusa* désignent l'état passager d'un homme qui est ivre; *ebriosus* l'habitude d'un homme qui s'enivre.

ECCE, v. *En.*

EDITUS, v. *Altus.*

EGERE, v. *Carere.*

EGREGIUS, v. *Eminens.*

ELABORARE, v. *Labor.*

ELONGINQUO, v. *Procul.*

EDULIA, v. *Alimenta.*

EGESTAS, v. *Paupertas.*

EJULARE, v. *Lacrimare.*

ELIGERE, v. *Deligere.*

ELOQUENS, v. *Disertus.*

ELOQUI. ENUNCIARE. PROLOQUI. PRONUNCIARE. RECITARE.

1. *Eloqui* et *enunciare* marquent un acte de l'intelligence par lequel on exprime une idée qui était dans l'esprit; l'*eloquens* tient autant de compte de la forme que du fond; il veut donner à la pensée le tour le plus parfait; l'*enuncians* ne s'attache qu'au fond; son but est rempli dès qu'il a fait passer ses idées dans le domaine public, qu'il les a communiquées. Le style, *elocutio*, appartient à la rhétorique; la proposition et le jugement, *enunciatio*, appartiennent à la grammaire et à la logique.

2. *Proloqui* marque un acte moral par lequel on se résout à exprimer une pensée qu'on tenait secrète, par opposition à *reticere*, comme *profiteri;* enfin, *pronunciare* marque un acte physique par lequel on exprime mécaniquement et intelligiblement ce qu'on a pensé ou écrit, comme *recitare.*

3. *Pronunciare* est un simple usage des organes de la parole et ne suppose pas d'autre but que de se faire pleinement entendre; *recitare* est le fait de l'art : on vise à produire une impression agréable par une juste modulation de la voix conforme aux règles de la déclamation. La

pronunciatio ne s'applique qu'aux lettres, aux syllabes et aux mots considérés comme les éléments et le corps du discours; la *recitatio* se rapporte, en outre, aux termes et au sens considérés comme l'âme du discours.

Elucet, v. *Constat.*   Ememdare, v. *Corrigere.*

Emere. Mercari. Redimere. 1. *Emere*, faire une emplette; c'est l'acquisition de l'objet qui est le point capital, et le prix à payer n'est qu'une idée accessoire, πρέασθαι; *mercari*, acheter, il s'agit de la conclusion d'un marché fait dans toutes les règles, généralement entre commerçants, ἐμπολᾷν.

2. *Emere* s'applique à des objets de commerce proprements dits; *redimere*, à des objets qui ne constituent point aux yeux de la loi et de la morale de vrais articles de commerce, que l'acquéreur pourrait réclamer comme un dû ou qu'il devrait obtenir par faveur sans bourse délier, par exemple, la paix, la justice, l'affection. Cic. Sext. 30, 66. Quis autem rex qui illo anno non aut *emendum* sibi quod non habebat, aut *redimendum* quod habebat arbitrabatur? Quel est le roi qui ne se soit cru réduit cette année ou à acheter ce qu'il n'avait point ou à racheter ce qu'il avait?

Eminens. Excellens. Præclarus. Præstans. Insignis. Singularis. Unicus. 1. *Eminens, excellens præclarus* et *præstans* servent à constater de sang-froid une supériorité; *egregius*, à la proclamer avec enthousiasme; *eximius*, avec admiration.

2. *Eximius*, etc., se rapportent tous à des qualités louables et ne peuvent se joindre que par ironie à des vices ou à des fautes; *insignis, singularis* et *unicus* sont des ermes indifférents qui expriment également la louange ou le blâme à un haut degré.

Eminet, v. *Apparet.*
Emissarius, v. *Explorator.*
Emori, v. *Mors.*

Eminus, v. *Procul,*
Emolumentum, v. *Lucrum.*

En. Ecce. *En,* vois ici ce qui était resté jusqu'à présent caché à tes yeux, comme ἤν, ἠνί, ἠνίδε; *ecce,* vois là ce que tu n'aurais jamais soupçonné, comme ἰδού.

Ensis, v. *Gladius*
Epistola, v. *Litteræ.*

Enunciare, v. *Eloqui.*

Epulæ. Convivium. Dapes. Epulum Comissatio. *Epulæ* est le terme général, le repas, le manger, frugal ou recherché, en famille ou avec des convives, au logis ou en public; *convivium,* repas de société, en compagnie; *dapes,* banquet religieux à la suite d'un sacrifice; *epulum,* banquet solennel, ordinairement politique, en l'honneur d'un personnage ou d'un succès; *comissatio,* débauche de table, orgie.

Equus. Caballus. Mannus. Canterius. *Equus,* terme général pour le cheval, c'est le nom de l'espèce; *caballus,* cheval commun; *mannus,* cheval de petite taille et de luxe, poney; *canterius,* cheval coupé, hongre. Sen. Ep. 85. Cato censorius *canterio* vehebatur et hippoperis quidem impositis. Oh! quantum decus sæculi, Catonem uno *caballo* esse contentum et ne toto quidem! Ita non obesis omnibus *mannis* et asturconibus et tolutariis præferres unum illum *equum* ab ipso Catone defrictum? Caton le censeur voyageait sur un hongre qui portait ses bagages. Oh! quelle gloire pour un siècle que ce Caton qui se contentait d'un cheval commun ou plutôt d'une place sur ce cheval! Est-ce que vous ne préférez pas à tous les poneys potelés, aux coursiers d'Asturie, aux trotteurs, cet unique cheval que Caton pansait lui-même?

Ergastulum, v. *Custodia.*

Eripere, v. *Demere.*

ERRARE. VAGARI. PALARI. *Errare*, s'égarer, πλανᾶσθαι, aller çà et là malgré soi, faute de connaître le bon chemin; *vagari* et *palari*, errer de propos délibéré : *vagari*, ἀλᾶσθαι, par ennui d'un séjour fixe ou du droit chemin, en changeant souvent de direction; *palari*, en s'éloignant de la société dans laquelle on se trouve pour courir seul. *Erramus* ignari; *vagamur* soluti ; *palamur* dispersi. On s'égare par ignorance ; on mène une vie errante lorsqu'on ne tient à rien ; on s'écarte pour se disperser TAC. H. I, 68. Undique populatio et cædes ; ipsi in medio *vagi ;* abjectis armis magna pars, saucii aut *palantes* in montem Vocetium perfugiunt. Partout des ravages et des massacres; errant entre les deux corps ennemis, jetant leurs armes, blessés ou dipersés pour la plupart, les Helvétiens cherchent un refuge sur le mont Vocétius.

ERUDIRE. FORMARE. INSTITUERE. *Erudire* et *formare* présentent l'éducation par son côté idéal comme un des éléments de la perfection humaine : *erudire*, en général, l'éducation délivre de l'ignorance ; *formare*, dans un sens particulier; elle transporte l'homme dans une sphère spéciale; elle le façonne pour un but déterminé vers lequel elle dirige l'âme ; *instituere* présente la même éducation par son côté positif; elle rend propre à un métier.

ERUDITIO, v. *Litteræ*. ESCA, v. *Alimenta*.
ESCENDERE, v. *Scandere*. ESURIES, v. *Fames*.

ET. QUE. AC. ATQUE. *Et* est la conjonction dont l'usage est le plus général ; *que* et *et-et* servent à unir des termes opposés : *que*, dès qu'il y a opposition, par exemple *terra marique ; et-et*, pour marquer expressément l'opposition, par exemple *terra et-et mari ; ac* et *atque* unissent des synonymes : *atque* se place devant les voyelles et les consonnes gutturales ; *ac*, devant le reste des consonnes, par exemple, vir fortis *ac* strenuus.

Evenire, v. *Accidere.* Evertere, v. *Perdere.*
Evestigio, v. *Repente.* Evocare, v. *Arcessere.*
Excellens, v. *Eminens.* Excelsus, v. *Altus.*
Excipere, v. *Sumere.* Excors, v. *Amens.*

Excubiæ. Stationes. Vigiliæ. *Excubiæ*, sentinelles devant un palais, garde d'honneur et sauve-garde; *stationes*, garde placée à une porte, poste avancé; *vigiliæ*, garde de nuit, patrouille.

Excusatio, v. *Purgatio.*

Exemplum. Exemplar. *Exemplum*, exemple pris entre beaucoup d'autres à cause de sa convenance relative; il s'applique à un cas déterminé; *exemplar*, exemple choisi de préférence à d'autres à cause de sa perfection ou de sa convenance absolue; il représente une idée générale, modèle. Vell. P. II, 100. Antonius singulare *exemplum* clementiæ Cæsaris. Antoine, exemple frappant de la clémence de César. Comparez avec Tac. Ann. XII, 37. Si incolumem servaveris, æternum *exemplar* clementiæ ero (*clementiæ*, et non pas *clementiæ tuæ*). Si tu me sauves, au lieu de me frapper, ta conduite envers moi restera éternellement un modèle de clémence.

Exercitus. Copiæ. *Exercitus*, armée composée de plusieurs légions; *copiæ*, troupes composées de plusieurs cohortes.

Exhibere, v. *Praebere.* Exigere, v. *Petere.*
Exiguus, v. *Parvus.*

Exilis. Macer. Gracilis. Tenuis. *Exilis* et *macer* se disent de l'exténuation considérée comme un vice interne et y rattachent directement une idée de blâme. C'est un rétrécissement causé par le défaut de sucs nourriciers. *Exilis* est un terme général qui se dit de toute espèce de corps et qui marque un appauvrissement et un manque de forces, par opposition à *uber*, misérable ; *macer*, maigre, se dit particulièrement du corps des animaux ; il désigne une certaine sécheresse, un certain épuisement, par opposition à *pinguis*. *Gracilis* et *tenuis* se rapportent à la forme, à l'apparence et sont des termes indifférents ou des termes d'éloge : *tenuis*, mince, délicat, se dit en général de toute sorte de corps, par opposition à *crassus ;* *gracilis* a un air de ressemblance avec *procerus* et se dit en particulier du corps des animaux, élancé, par opposition à *opimus*, à *obesus*.

EXIMERE, v. *Demere.* EXIMIUS, v. *Eminens*
EXISTIMARE, v. *Censere.* EXITIUM, EXITUS, v. *Lues.*
EXPERIRI, v. *Tentare.* EXPETERE, v. *Velle.*
EXPILARE, v. *Vastare.*

EXPLORATOR. SPECULATOR. EMISSARIUS. *Exploratores*, éclaireurs chargés ouvertement de reconnaître le terrain ou l'ennemi ; *speculatores*, espions envoyés secrètement pour découvrir par ruse la situation et les plans de l'ennemi ; *emissarii*, agents secrets chargés au besoin de mesures et de missions extraordinaires.

EXPROBRARE, v. *Objicere.* EXSECRARI, v. *Abominare.*
EXSEQUIÆ, v. *Funus.* EXSOMNIS, v. *Vigil.*
EXSPECTARE, v. *Manere.*

EXSPES. DESPERANS. *Exspes* marque en général l'état d'une personne qui a cessé d'espérer ; *desperans* présente le désespoir sous l'aspect d'un sentiment douloureux.

EXSTRUCTUS, v. *Praeditus.* EXSUL, v. *Perfuga.*
EXTA, v. *Caro.* EXSULTARE, v. *Gaudere.*
EXTEMPLO, v. *Repente.*

EXTERUS. EXTERNUS. PEREGRINUS. ALIENIGENA. EXTRARIUS. EXTRANEUS. ADVENA. HOSPES. 1. *Exterus* et *exter-*

nus, l'étranger dans son pays ; *peregrinus, alienigena, advena* et *hospes*, l'étranger qui réside temporairement dans notre pays.

2. *Externus* ne marque qu'un rapport de lieu et se dit également des choses et des personnes ; *exterus* marque un rapport interne et ne se dit que des personnes. *Exter-næ nationes* est une expression purement géographique ; ce sont les peuples du dehors ; *exteræ nationes* est un terme politique ; ce sont les peuples étrangers.

3. *Extraneus* se dit du monde extérieur, par opposition à la parenté, à la famille, à la patrie ; *extrarius*, par oppotion au moi. Cɪc. ap. Colum. XII. Comparata est opera mulieris ad *domesticam* diligentiam ; viri autem ad exercitationem *forensem* et *extraneam*. La femme est destinée à donner ses soins aux travaux du ménage ; l'homme, aux affaires du Forum et aux occupations extérieures. Comparez avec Inv. II, 56. Utilitas aut in corpore posita est aut in *extrariis* rebus. L'utilité est en nous ou hors de nous.

4. *Peregrinus*, celui qui n'est pas citoyen, par opposition à *civis ; alienigena*, celui qui est né à l'étranger, par opposition à *indigena ; advena*, l'émigrant établi dans un pays, par opposition à αὐτόχθων, à *aborigines* ou encore à *indigena ; hospes*, le nouveau-venu, par opposition à *popularis*.

5. *Peregrinus*, l'étranger au titre politique, privé du droit de cité et de séjour, avec une idée de mépris ; *hospes*, l'étranger à titre d'homme et d'égal, en jouissance du droit d'hospitalité. Cɪc. Rull. II, 34. Nos autem qui hinc Roma veneramus, jam non *hospites* sed *peregrini* atque *advenæ* nominabamur. Mais nous qui n'arrivions que de Rome, on ne se bornait pas à nous traiter de nouveau-venus ; nous étions des étrangers sans droit de cité, des émigrants en quête d'un établissement.

Extorris, v. *Perfuga*.
Extraneus, Extrarius, v. *Exterus*.

Extremus. Ultimus. Postremus. Novissimus. *Extremus* et *ultimus*, le dernier, quand il s'agit d'une quantité indivise, d'un espace continu : *extremus* se dit de la partie extrême d'un espace ou d'une surface, par opposition à *intimus* et *medius*, comme ἔσχατος; *ultimus*, du point extrême d'une ligne, par opposition à *citimus* et *proximus*, comme λοῖσθος. *Postremus* et *novissimus*, le dernier quand il s'agit d'une quantité qui offre des subdivisions, d'une série numérique : *postremus*, ὕστατος, celui qui vient après les autres dans une série toute faite où il occupe la dernière place, par opposition à ceux qui tiennent la tête; *novissimus*, le dernier dans une série en formation où il vient s'ajouter à tous les autres, le tout dernier, par opposition au néant qui vient ensuite, comme νέατος.

Exuviæ, v. *Praeda*.

F

Faber. Opifex. Artifex. *Fabri*, ouvriers dont le travail consiste en une dépense de forces physiques, charpentiers et forgerons, χειρώναχτες; *opifices*, artisans qui ne sauraient se passer d'adresse mécanique et d'application, βάναυσοι; *artifices*, artistes qui font preuve d'esprit et d'invention même dans des travaux mécaniques.

Fabulari, v. *Dicere* et *Garrire*.
Facere, v. *Agere*.   Facetiæ, v. *Lepidus*.

Facies. Os. Vultus. Oculi. *Facies* et *oculi*, le visage et les yeux, au sens physique, comme traits naturels et comme organe de la vue; *os* et *vultus* expriment en outre un rapport moral : l'état temporaire et même habituel de l'âme se révèle par les airs et les yeux. *Os* se dit du regard et de l'expression correspondante de la bouche ; *vultus* se dit des mouvements de l'œil et de l'aspect simultané des traits qui l'avoisinent, du front serein ou sombre. Tac. Agr. 44. Nihil metus in *vultu*, gratia *oris* supererat. Son regard ne trahissait pas la moindre crainte et la grâce était le trait dominant de sa physionomie. Cic. Orat. 18, 60. Ut imago animi est *vultus*, sic indices *oculi*. Le front et les yeux sont le miroir de l'âme ; les yeux sont même des délateurs.

Facilitas, v. *Humanitas.*　Facinus, v. *Delictum.*
Factio, v. *Partes.*　Factum, v. *Agere.*
Facultas, v. *Occasio.*　Facundus, v. *Disertus.*
Fallaciter, v. *Perperam.*

Fallere. Frustrari. Decipere. Circumvenire. Fraudare. Imponere. *Fallere, frustrari* et *imponere*, induire en erreur et causer une confusion du vrai avec le faux, σφάλλειν : le *fallens* trompe parce qu'il voit les choses sous un jour faux ; le *frustrans*, parce qu'il a de fausses espérances ; l'*imponens* met à profit la crédulité d'autrui. *Decipere* et *circumvenire*, surprendre par ruse et gagner un avantage déshonnête, ἀπατᾶν : le *decipiens*, par une ruse instantanée ; le *circumveniens*, par une machination, comme circonvenir. *Fraudare*, duper, nuire, dépouiller quelqu'un par abus de confiance.

False, Falso, v. *Perperam.*　Fama, v. *Rumor.*

Fames. Esuries. Inedia. *Fames*, la faim, comme conséquence du défaut de nourriture, λιμὸς, par opposition à *satietas ; esuries*, l'envie de manger, comme conséquence du vide et de l'irritation de l'estomac, par opposition à *sitis;* enfin, *inedia,* l'abstinence en général, sans assignation de cause, mais de préférence, par acte volontaire, comme ἀσιτία. *Fame* et *esurie perire* signifient périr de faim; *inedia perire,* se laisser mourir de faim.

Familia, v. *Ædificium.*	Familiaris, v. *Socius.*
Famulus, v. *Servus.*	Fanum, v. *Templum.*
Fas est, v. *Concessum est.*	Fastidium, v. *Spernere.*
Fastigium, v. *Culmen.*	Fastus, v. *Superbia.*

Fateri. Profiteri. Confiteri. *Fateri,* avouer, sans idée accessoire, par opposition à *celare; profiteri,* reconnaître librement ou ouvertement, sans crainte et sans réticence, qu'on soit interrogé ou non; *confiteri,* confesser par suite de questions, de menaces, de contrainte. La *professio* a sa raison d'être dans un noble effort sur soi-même; c'est le fait d'une personne qui dédaigne les déguisements et n'a pas à rougir de ce qu'elle tenait caché; mais la *confessio* a pour cause un effort honteux qui fait qu'on renonce au secret quoiqu'on ait à rougir de l'aveu. Cic. Cæc. IX, 24. Ita libenter *confitetur,* ut non solum *fateri,* sed etiam *profiteri* videatur. C'est une confession si franche qu'elle ressemble moins à un aveu qu'à une déclaration.

Fatigatus. Fessus. Lassus. *Fatigatus* et *fessus* expriment l'état d'une personne qui soupire après le repos à la suite d'un effort dont elle se ressent désagréablement : *fatigatus,* au sens passif; il se dit de celui que la fatigue a gagné; *fessus,* au sens neutre; il se dit de celui que la fatigue accable. *Lassus* et *lassatus* expriment, comme las et lassé, un état dans lequel on a besoin de repos, parce qu'on est affaibli par le travail ou le mouvement. Cels. I, 2, 15. Exercitationis finis esse debet sudor aut certe *lassitudo,* quæ citra *fatigationem* sit. Il faut suspendre l'exercice à la première sueur, ou du moins à l'arrivée de la lassitude qui précède le sentiment de la fatigue. SALL. Jug. 57 [1]. Opere castrorum et præliorum *fessi lassique* erant. Les campements et les combats les avaient fatigués et lassés.

FACTUM, v. *Casus.*   FATUUS, v. *Stupidus.*
FAUSTUS, v. *Felix.*

FAUX. GLUTUS. INGLUVIES. GUTTUR. GURGULIO. GULA. *Faux*, *glutus* et *ingluvies*, l'intérieur du conduit alimentaire, le gosier : *glutus*, chez l'homme; *ingluvies*, chez les animaux; *faux*, la partie supérieure, l'endroit du conduit. *Guttur*, *gurgulio* et *gula*, la gorge ou partie du corps qui sert d'enveloppe au conduit : *gurgulio*, chez les animaux; *gula*, chez l'homme; *guttur*, chez les animaux et chez l'homme.

FAX. TÆDA. FUNALE. *Fax*, terme général pour toute espèce de flambeaux; *tæda*, flambeau naturel en bois résineux; *funale*, flambeau de cire qui est un produit de l'art.

FEL. BILIS. *Fel*, le fiel des animaux, et au figuré le symbole de l'amertume dans le goût; *bilis*, le fiel du corps humain, et au figuré le symbole de l'amertume dans les sentiments.

FELIX. PROSPER. FAUSTUS. FORTUNATUS. BEATUS. *Félix*, *fœlix*, terme général en parlant du bonheur; il a le sens actif et le sens neutre : qui rend heureux et qui est heureux; *prosper* et *faustus* n'ont que le sens actif : qui donne, qui apporte le bonheur; *prosperum* se dit de ce qui vient remplir les espérances et les vœux de l'homme, de ce qui arrive comme à souhait; *faustum*, de ce qui est un effet de la faveur, de la grâce des dieux, une sorte de bénédic-

---

[1] Chap. LIII de la collection Lemaire et de la collection Panckoucke.

tion. *Fortunatus* et *beatus* ont, par préférence ou même exclusivement la signification intransitive ou passive, fortuné, comblé par le bonheur : le *fortunatus* est un favori de la fortune, comme εὐτυχής; le *beatus* se sent heureux et content, comme les θεοὶ ῥεῖα ζάωντες, μαχάριος.

FEMINA. MULIER. UXOR. CONJUX. MARITA. 1. *Femina*, la femme considérée dans sa nature physique, par opposition à *mas; mulier*, la femme sous son aspect moral, comme un être faible et tendre, par opposition à *vir*. *Femina* seul sert à désigner la femelle de l'animal.

2. *Mulier* signifie encore la femme mariée, par opposition à *virgo; uxor* et *conjux*, la femme, par opposition au mari : *uxor*, dans le simple rapport de la femme à l'homme auquel elle est confiée, par opposition à *maritus; conjux*, dans ses rapports mutuels avec le mari, comme une des moitiés du couple et par opposition à *liberi*. Et en tant que l'*uxor* appartient à l'homme, tandis que la *conjux* est son égale, *uxor* se dit d'un mariage du commun, comme femme; *conjux*, d'un mariage dans un rang élevé, comme épouse.

3. *Uxor* appartient à la langue courante; *marita* est un mot poétique.

FEMUR, v. *Coxa.*　　　　FERA, v. *Animal.*
FERAX, v. *Fœcundus.*　　FERE, v. *Paene.*
FERIÆ, v. *Solemnia.*　　FERIARI, v. *Vacare.*
FERIRE, v. *Verberare.*　　FERME, v. *Paene.*

FEROCIA. FEROCITAS. VIRTUS. FORTITUDO. *Ferocia* et *ferocitas*, le courage naturel et sauvage que peuvent posséder le barbare et la bête; *ferocia* dans l'application, *ferocitas* comme instinct. *Virtus* et *fortitudo*, le courage moral dont l'homme ne devient capable qu'à un haut degré de civilisation : *virtus*, lorsqu'il se manifeste par l'action et par l'offensive, comme l'*industria; fortitudo*, lorsqu'il se manifeste par la résistance et la défensive, comme la *constantia*. TAC. Ann. XI, 19. Nos *virtutem* auximus, barbari *ferociam* infregere. Cela rehaussa le courage discipliné des Romains en rabaissant le courage brutal des barbares.

FERRE. PORTARE. BAJULARE. GERERE. 1. *Ferre*, φέρειν, porter, en général; *portare* et *bajulare*, βαστάζειν, transporter un fardeau : *portare*, pour soi ou pour les autres; *bajulare*, en qualité de portefaix. Dans CÆS. B. G. I, 16. Ædui frumentum... *conferri, comportari*, adesse dicere, *conferre* se rapporte à la livraison que chaque sujet vient faire de sa contribution partielle entre les mains des autorités locales; *comportare*, à la remise à César de toutes les réquisitions réunies.

2. *Ferre, portare* et *bajulare* n'expriment qu'un rapport éventuel, celui du porteur à son fardeau; *gerere, gestare* expriment, comme φορεῖν, un rapport plus particulier, celui du propriétaire à son bien.

Bellum ferre ne signifie guère que *inferre* ou *tolerare bellum*. *Bellum gerere* se rapproche de *bellum habere* et ne s'applique qu'au peuple entier ou au souverain, à celui qui a pris la résolution de faire la guerre et qui est en état de guerre, mais nullement à l'armée qui combat, ni au général chargé de diriger les opérations. *Gerit* bellum populus Romanus, administrat consul, capessit miles. Le peuple romain a la charge de la guerre, le consul la conduit, le soldat la fait

FERRE. TOLERARE. PERFERRE. PERPETI. SUSTINERE. SINERE. SUSTENTARE. 1. *Ferre* ne fait voir dans la souffrance qu'un fardeau à porter : c'est un terme impersonnel, comme φέρειν; *tolerare, perferre* et *pati, perpeti* peignent la situation d'esprit de la personne qui porte et qui souffre :

le *tolerans* et le *perferens*, τολμῶν, supportent la souffrance sans y succomber, avec force et fermeté ; ce sont des synonymes de *sustinens ;* le *patiens* et le *perpetiens* souffrent sans lutter, de bonne grâce ou avec résignation, avec patience ; ce sont des synonymes de *sinens*. *Ferre* et *tolerare* ne peuvent avoir pour régime qu'un nom ; *pati* peut avoir un nom ou un infinitif.

2. *Perferre*, et en vieux latin *ecferre*, est un augmentatif de *tolerare*, comme *perpeti* de *pati*, supporter et souffrir héroïquement. Poet. ap. Cic. Tusc. IV, 29. Nec est malum, quod non natura humana *patiendo ecferat*. Et il n'y a point de mal dont la nature humaine ne triomphe à l'aide de la résignation. Comparez Sen. Thyest. 307. Leve est miserias *ferre*, *perferre* est grave. Il est aisé d'être malheureux, il est difficile de l'être avec constance. Plin. H. N. XXXVI, 21. Qui *perpeti* medicinam non *toleraverant*. Ceux qui n'avaient pas eu la force d'endurer le remède. Tac. Ann. III, 3. Magnitudinem mali *perferre* visu non *toleravit*. Elle n'eut point la force de braver la vue de ce grand malheur.

3. *Tolerare*, continuer à se tenir droit et ne pas succomber sous un fardeau ; *sustinere*, soutenir le fardeau même et ne point le laisser tomber.

4. *Pati*, laisser faire sans objection, se dit d'un assentiment d'esprit ; *sinere*, ne pas retenir, n'empêcher en aucune façon, d'un consentement en forme, comme permettre. *Pati* a régulièrement pour régime l'action même et se construit avec l'infinitif ; *sinere*, la personne, et il se construit avec *ut*.

5. *Sustinere* signifie en général soutenir ; *sustentare*, soutenir à force de mal et de peine. Cic. Muren. 2. Quis mihi in republica... debet esse conjunctior quam is cui respublica a me uno *traditur sustinenda*, magnis meis la-

boribus ac periculis *sustentata?* Quel est l'homme d'État sur l'attachement duquel je dois. compter? N'est-ce pas celui que j'appelle moi-même, et moi seul, à devenir l'appui de l'État que j'ai péniblement étayé au prix de grandes fatigues et de grands dangers? CURT. VIII, 4, 15. Forte Macedo gregarius miles seque et arma *sustentans* in castra venit. Le hasard amena enfin dans le camp un simple soldat macédonien qui se traînait avec ses armes. Comparez avec V, 1, 11. Tandem Laconum acies languescere, lubrica arma sudore *vix sustinens.* La ligne des Spartiates faiblit enfin, leurs armes leur échappaient de fatigue, ils en soutenaient à peine le poids

FERTILIS, v. *Fœcundus.* FERULA, v. *Fustis.*
FERVERE, v. *Calere.* FESSUS, v. *Fatigatus.*
FESTA, v. *Solemnia.* FESTINUS, v. *Citus.*
FESTIVUS, v. *Lepidus.* FIDELIS, v. *Fidus.*
FIDELITAS, v. *Fides.*

FIDERE. CONFIDERE. FIDEM HABERE. CREDERE. COMMITTERE. PERMITTERE. 1. *Fidere*, se fier; *confidere*, se confier à une force et à un secours; *fidem habere*, croire sur parole à une bonne intention, et *credere*, y croire de soi-même. LIV. II, 45. Consules magis non *confidere* quam non *credere* suis militibus. Les consuls, sans se défier de leurs soldats, ne comptaient plus sur eux. Le premier verbe, *confidere*, se rapporte à leur courage; le second, *credere*, à leur fidélité.

2. *Fidere*, etc., présente la confiance à l'état de sentiment; *committere, permittere*, se disent de la confiance en action : le *committens* agit par pleine conviction de la capacité et de la bonne volonté de son mandataire, ce qui impose à celui-ci une responsabilité morale; le *permittens* ne songe qu'à se débarrasser du fardeau d'une affaire, en sorte que le mandataire n'a qu'une responsabilité politi-

que ou légale. Cic. Font. 14. Ita ut *commissus* sit fidei, *permissus* potestati. On le confie à votre honneur, on le remet en votre pouvoir.

Fides. Fidelitas. Fiducia. Confidentia. Audacia. Audentia. 1. *Fides* et *fidelitas*, la fidélité que l'on garde soi-même aux autres : *fides*, dans un sens général, comme πίστις, l'habitude de tenir parole, la réputation d'homme sûr qu'on doit à une honnêteté scrupuleuse, la confiance qu'on inspire par là aux autres, l'honneur; *fidelitas*, dans un sens particulier, comme πιστότης, la fidélité dans l'attachement à des personnes auxquelles on s'est une fois donné. *Fiducia* et *confidentia*, la confiance qu'on a dans les autres : *fiducia*, la bonne et louable confiance en des choses auxquelles il est réellement permis de se fier, l'assurance qui est parente du courage, par opposition à *timor*, comme θάρσος; *confidentia*, la confiance aveugle et blâmable, particulièrement en sa propre force, par opposition à la prévoyance et à la modestie, la suffisance, parente de l'orgueil, θράσος.

2. *Fiducia* et *confidentia* ont leur raison d'être dans la confiance du succès; *audacia* et *audentia*, dans le mépris du danger : l'*audacia* est tantôt une hardiesse louable et comme un augmentatif de *fiducia*, tantôt une effronterie blâmable, et il se dit alors par euphémisme pour *temeritas*, comme τόλμα; l'*audentia* est toujours un esprit d'entreprise louable. Juven. XIII, 108. Quum magna malæ superest *audacia* causæ, creditur a multis *fiducia*. Qu'on paye d'audace dans une méchante cause, la foule croit à une noble confiance. Sen. Ep. 87. Quæ bona sunt *fiduciam* faciunt, divitiæ *audaciam*. Les vrais biens inspirent une louable confiance, les richesses de l'audace.

Fides, v. *Religio*.   Fides, v. *Chorda*.
Fiducia, v. *Fides*.

Fidus. Fidelis. Infidus. Infidelis. Perfidus. Perfidio-sus. 1. *Fidus* marque une qualité native ; c'est quelque-fois un éloge ; *fidelis* marque une vertu morale, un trait de caractère ; c'est toujours un éloge. **Liv. XXII, 22.** Eo vinculo Hispaniam vir unus solerti magis quam *fideli* con-silio exsolvit. Abellex erat Sagunti, nobilis Hispanus, *fidus* ante Pœnis. L'Espagne fut dégagée de ce lien par un seul homme à l'aide d'une combinaison qui marquait plus de génie que de fidélité. Il y avait à Sagonte un certain Abel-lex, noble Espagnol, auparavant attaché à la cause pu-nique.

2. *Infidus*, qui n'est pas sûr ; *infidelis*, infidèle ; *perfidus* et *perfidiosus*, sans foi : *perfidus*, perfide à l'occasion ; *per-fidiosus*, plein de perfidie, traître dans l'âme.

Figura. Forma. Species. *Figura*, forme quelconque au sens mathématique, pourvu qu'elle ait des contours dé-terminés, comme σχῆμα, la figure ; *forma*, la forme au sens esthétique, comme expression visible et comme empreinte de l'être intérieur, en correspondance avec cet être, comme μορφή ; enfin, *species*, l'apparence physique oppo-sée à l'être intérieur et invisible auquel elle sert simple-ment de couverture, comme εἶδος. *Figurare*, donner une forme arrêtée à une matière entièrement informe ; *for-mare*, façonner, c'est-à-dire donner à une masse grossière la forme qu'elle doit avoir ; et enfin, *speciem addere*, parer, c'est-à-dire donner à une matière déjà façonnée un ca-ractère extérieur qui plaise à l'œil. *Figura* se rapporterait donc exclusivement aux contours ou linéaments, tandis que *forma* ou du moins *species* comprendrait la couleur, la grandeur et autres détails.

Fimus, v. *Lutum.*

Findere. Scindere. *Findere*, diviser un corps dans le

sens de ses joints naturels, le décomposer pour ainsi dire en ses parties élémentaires, comme fendre et cliver ; *scindere*, le diviser par force sans aucun égard aux joints et le mettre en pièces, comme couper et déchirer. *Findere lignum* veut dire fendre une bûche de bois en s'aidant de la nature même du bois, dans le sens de la longueur ; mais *scindere*, casser par pure force, en largeur. Le *findens æquor nave* considère la mer comme un assemblage de parties liquides ; le *scindens*, comme n'ayant fait qu'un tout dès l'origine.

FINIRE. TERMINARE. CONSUMMARE. ABSOLVERE. PERFICERE. *Finire* et *terminare* marquent la fin d'une action sans égard au progrès qu'on a pu faire vers le but : *finire*, finir, par opposition à *incipere ;* mais *terminare*, mettre un terme, une limite, par opposition à *continuare.* *Consummare, absolvere* et *perficere* marquent l'achèvement d'un ouvrage : *consummare* (qui ne paraît qu'après le siècle d'Auguste), comme terme général ; il s'oppose à une demi-besogne ; *absolvere*, par allusion à un devoir accompli, à un travail pénible qui vient d'être terminé et qui rend l'ouvrier à la liberté ; il s'oppose à *inchoare ; perficere*, par allusion à un but qu'on a atteint ; à une tâche qu'on s'était soi-même imposée, laquelle est terminée et parfaite ; il s'oppose à *conari.* *Absolutus* ne suppose d'ailleurs que l'exécution complète de l'ouvrage, comme ἐντελής, tandis que *perfectus* marque la perfection de l'œuvre, comme τέλειος.

FINIS. TERMINUS. LIMES. *Finis*, limite considérée comme une ligne mathématique, τέλος ; *terminus* et *limes*, démarcation matérielle : *terminus*, borne qui indique un point extrême, τέρμα ; *limes*, bande qui trace une ligne de séparation, ὅρος. CIC. Læl. 16. Constituendi sunt qui sint in amicitia *fines* et quasi *termini* diligendi. Il faut établir quelles doivent être entre amis les limites et, pour ainsi dire, les bornes de l'affection. HOR. Carm. II, 18, 24. Revellis agri *terminos* et ultra *limites* clientium salis avarus. Tu arraches les bornes du champ et tu sautes dans ton avarice par-dessus les limites de tes clients.

FINITIMUS, v. *Vicinus.*

FISCUS, v. *Ærarium.*

FLAGITIUM, v. *Delictum.*

FLAVUS, v. *Luteus.*

FLUCTUS, v. *Aqua.*

FIRMUS, v. *Validus*

FLAGITARE, v. *Petere.*

FLAGRARE, v. *Ardere.*

FLERE, v. *Lacrimare.*

FLUERE. MANARE. LIQUERE. *Fluere* se dit d'une eau qui court, d'un liquide en mouvement; *manare*, d'une eau qui jaillit et déborde, d'un liquide qui se répand; *liquere*, d'une eau ou d'un liquide qui se disperse en vertu de sa nature physique. La cause de l'effet que marque *fluere* est dans l'absence de digue qui permet au corps liquide de couler en descendant par la loi de la pesanteur; celle de l'effet que marque *manare* est dans le trop-plein de la source; enfin, *liquere*, être à l'état liquide, marque l'absence de cohésion, la condition négative indispensable pour donner lieu aux effets que désignent *fluere* et *manare*. *Fluere* se rapproche de *labi* et a pour opposés *hærere, stare; manare*, d'*effundi*, et il a pour opposés *contineri, claudi*; enfin, *liquere*, de *dissolvi*, et il a pour opposés *concrevisse, rigere*. GELL. XVII, 11. Plato potum dixit *defluere* ad pulmonem, eoque satis humectato *demanare* per eum quia sit rimosior et *confluere* inde in vesicam. D'après une opinion attribuée à Platon, l'eau que nous buvons coule de haut en bas jusqu'au poumon, puis, quand elle l'a suffisamment humecté, elle en ressort par une multitude de pores et va se réunir dans la vessie.

FLUVIUS. FLUMEN. AMNIS. *Fluvius*, *flumen*, marquent,

comme ῥόος, ῥεῦμα, un cours d'eau ordinaire, par opposition à un étang ou à un lac ; *amnis*, un grand fleuve, ποταμὸς, par opposition à la mer. Cic. Divin. I, 35, 78. Ut *flumina* in contrarias partes fluxerint atque in *amnes mare* influxerit. Les rivières remontèrent leur propre cours et la mer se jeta dans les fleuves. Sen. N. Q. III, 19. Habet ergo non tantum venas aquarum terra, ex quibus corrivatis *flumina* effici possunt, sed et *amnes* magnitudinis vastæ. La terre ne contient pas seulement des filets d'eau qui peuvent former des rivières en se réunissant, mais encore des fleuves d'un volume immense. Et un peu plus loin : Hanc magnis *amnibus* æternam esse matèriam, cujus non tangantur extrema sicut *fluminum* et *fontium*. Tel est le réservoir qui alimente éternellement les grands fleuves, mais dont l'origine n'est pas accessible comme celle des rivières et des sources. Tac. Hist. V, 13. Quo Mosæ *fluminis* os *amnem* Rhenum Oceano affundit. Dans les parages où la Meuse, qui est une rivière, prête son embouchure à un fleuve, au Rhin, pour le verser dans l'Océan.

Fœcundus. Fertilis. Ferax. Uber. Frugifer. Fructuosus. 1. *Fœcundus* marque, comme εὔτοκος, la fécondité chez les êtres vivants qui font des petits ; il est opposé à *effœtus ; fertilis* et *ferax* marquent, comme εὔφορος, la fécondité de la nature et des éléments inanimés qui produisent ; ils ont pour opposé *sterilis*. Tac. Ann. XII, 63. Byzantium *fertili* solo *fœcundoque* mari quia vis piscium hos ad portus adfertur. Byzance possède un sol fertile et une mer féconde, car des circonstances locales poussent une multitude de poissons vers les ports de cette côte. Le trope employé ici par Tacite consiste à personnifier la mer, ce qui était bien plus aisé que de personnifier le sol. C'est la terre, non le sol, qui, après avoir d'abord paru lcomme élément, figure ensuite comme personne dans les passages suivants. **Tac.** Germ. 5. Terra satis *ferax*, frugiferarum arborum impatiens, *pecorum fœcunda*, sed plerumque improcera. La terre, qui paraît assez fertile, repousse les arbres fruitiers ; elle est féconde en bestiaux, mais la plupart de petite taille. **Mela.** I, 9, 1. Terra mire *fertilis* et animalium *perfœcunda* genetrix. C'est une terre d'une fertilité étonnante et d'une fécondité extrême à engendrer pour ainsi dire des animaux.

2. *Fertilis* marque la fertilité réelle subordonnée à la culture ; *ferax*, la fertilité possible fondée sur la nature du sol. Cicéron emploie *fertilis* dans le sens propre, *ferax* dans le sens figuré

3. *Fertilis* et *ferax* associent à l'idée de la fécondité celle d'une force créatrice et productive, l'image du père et de la mère ; *uber*, une idée de nourriture et d'entretien, l'image de la nourrice, comme εὐθηνής ; *frugifer*, l'image de la campagne qui porte des moissons ; *fructuosus*, celle de l'arbre chargé de fruits, comme ἔγκαρπος.

Fœdus. Societas. *Fœdus*, association de sûreté mutuelle sur le pied d'un contrat consacré par la religion ; *societas*, association de simple convenance pour des entreprises communes. **Liv.** XXIV, 6. Hieronymus legatos Carthaginem mittit ad *fœdus* ex *societate* faciendum. Hiéronyme envoie des ambassadeurs à Carthage pour transformer l'engagement en alliance. **Cic.** Phil. II, 35. Neque ullam *societatem... fœdere* ullo confirmari posse *credidi*. Je crus que tous les traités du monde ne parviendraient pas à cimenter un engagement.

Fœdus, v. *Teter.*   **Fœmina,** v. *Femina.*

Fœnus. Usura. *Fœnus* présente les intérêts comme le revenu du capital, τόκος ; *usura*, comme le prix de louage payé par le débiteur qui utilise le capital, δάνος.

Fores, v. *Ostium.*

Forma, v. *Figura.*   Formare. v. *Erudire.*

Formido, v. *Vereri.*

Formosus. Pulcher. Venustus. 1. *Formosus* se dit du beau qui contente, attire et fait plaisir par sa régularité ; *pulchrum*, de celui qui se fait admirer, qui impose et satisfait par sa perfection ; *venustum*, de celui qui charme, éveille et fait naître le désir d'une jouissance. La *formositas* agit sur le sentiment naturel du beau, la *pulchritudo*, sur le sens cultivé de l'art, la *venustas*, sur les ressorts les plus délicats de la sensualité. Suet. Ner. 51. Fuit vultu *pulchro* magis quam *venusto*, c'est-à-dire qu'il avait dans les traits plus de perfection et de beauté régulière que d'agrément, que c'était une beauté froide et impassible vers laquelle personne ne se sentait entraîné.

2. *Venustas*, le charme, est un augmentatif de *gratia*, la grâce ; celui-là entraîne, celle-ci attire.

Fors, v. *Casus.*   Forte, Fortuito, v. *Casu.*

Fortitudo, v. *Ferocia.*   Fortuna, v. *Casus.*

Fortunatus, v. *Felix.*   Fovea, v. *Specus.*

Fovere, v. *Calere.*

Fragor. Strepitus. Crepitus. Sonitus. *Fragor*, son creux, sourd, craquement, δοῦπος ; *strepitus*, son retentissant, bruyant, mugissement, bruissement, cri, κτύπος ; *crepitus*, son isolé ou souvent répété, claquement, cliquetis, κροῦσις, κρότος ; *sonitus*, son qui provient des vibrations de corps élastiques, tintement, résonnance, ἠχή. Cic. Top. 12. Quæruntur pedum *crepitus*, *strepitus* hominum. Il y a lieu de chercher si l'on n'a pas entendu quelque bruit de pas ou de cris.

Fragrare, v. *Olere.*

Frangere. Rumpere. Divellere. 1. *Frangere*. briser

un corps dur en morceaux; *rumpere*, déchirer un corps flexible. Cato. ap. Prisc. Si quis membrum *rupit* aut os *fregit*, parce que dans le membre rompu ce n'est point l'os invisible, mais les chairs visibles qui paraissent séparées. Catenæ *franguntur*, vincula *rumpuntur*. On brise des chaînes, on déchire des liens. Quand *rumpere* s'applique à quelque corps dur, il implique l'idée d'un effort et d'un danger : le *frangens* met en pièces ce qui est entier, le *rumpens* ce qui le gêne.

2. *Disrumpere* et *diffringere*, mettre en pièces, en morceaux ce qui formait dans l'origine un tout; *divellere*, séparer ce qui n'était qu'assemblé.

Fraudare, v. *Fallere*.

Frenum. Habena. Oreæ. 1. *Frenum*, le frein à l'aide duquel le cavalier maîtrise le cheval sauvage, χαλινός; *habena*, la bride avec laquelle il dirige le cheval docile, ἡνίον. Hor. Ep. I, 15, 13. Læva stomachosus *habena* dicet eques; sed equi *frenato* est auris in ore, c'est-à-dire il n'obéit pas à la bride et il faut qu'il sente le frein. Cic. Orat. I, 53. Senatum servire populo, cui populus ipse moderandi et regendi sui quasi quasdam *habenas* tradidisset. Le sénat devenir l'esclave du peuple, quand le peuple même lui avait donné tout pouvoir de le conduire et de le gouverner et mis pour ainsi dire les rênes en main! Comparez avec Tac. Dial. 38. Pompeius adstrinxit imposuitque quasi *frenos* eloquentiæ. Pompée rétrécit la carrière et mit pour ainsi dire un frein à l'éloquence.

2. *Oreæ, aureæ,* qui n'est plus usité que dans le composé *auriga,* était peut-être le terme générique de *frenum* et d'*habena* à peu près comme harnais.

Frequenter, v. *Sæpe.*   Fretus, v. *Confisus.*
Fricare, v. *Lævis.*

Frigere. Algere. Algidus. Alsus. Gelidus. Frigus. Gelu. Glacies. 1. *Frigere*, être froid par opposition à *calere ; algere*, avoir froid par opposition à *œstuare*.

2. *Algidus* se dit du froid qui fait une impression désagréable ; *alsus*, de la fraîcheur qui apporte du soulagement.

3. *Frigidus* se dit d'un degré de froid modéré par opposition à *calidus ; gelidus*, du degré de froid qui amène la congélation par opposition à *fervidus*.

4. *Frigus*, le froid en lui-même, celui qui arrive et s'en va ; *frigedo*, l'état d'un homme saisi par le froid, état qui commence et qui cesse ; c'est une forme archaïque tombée en désuétude par l'emploi général de *frigus*.

5. *Gelu, gelus, gelum* marquent, comme κρύος, le froid capable de produire la glace ; *gelicidium*, une manifestation isolée de ce froid, une nuit où il gèle, comme κρυμός ; et *glacies*, comme κρύσταλλος, l'effet de ce froid, la glace.

Fructuosus, v. *Fœcundus*.   Frugi, v. *Bonus*.
Frugifer, v. *Fœcundus*.   Frui, Frunisci, v. *Uti*.

Frustra. Nequidquam. Incassum. Irritus. 1. *Frustra*, en vain, par rapport au sujet qui se voit trompé dans son attente et ses calculs ; *nequidquam*, inutilement, pour rien, pour moins que rien, par rapport à la chose qui ne s'est point faite.

2. Même différence entre *frustra* employé adjectivement qui se rapporte à la personne, et le véritable adjectif *irritus*, qui se rapporte à la chose.

3. *Frustra* et *nequidquam* marquent simplement le manque de succès, comme μάτην, sans allusion à une faute ; *incassum* renferme l'idée accessoire d'un défaut de réflexion, de cette réflexion qui aurait pu calculer et prévoir l'échec, comme dans bâtir en l'air, bâtir des châteaux en Espagne, εἰς κενόν.

Frustrari, v. *Fallere.*   Fruticetum, v. *Rami*
Fugitivus, v. *Perfuga.*

Fulciri. Niti. *Fulciri, fultus,* se soutenir, soutenu pour se garantir d'une chute, en s'appuyant par exemple contre un pilier; *niti, nisus,* pour s'élancer en l'air ou avancer en prenant un point d'appui sur une base.

Fulgur. Fulguratio. Fulmen. *Fulgur, fulgetrum* et *fulguratio* désignent, comme ἀστραπή, les apparitions de l'éclair à l'horizon : *fulgur* présente le phénomène comme momentané et isolé; *fulguratio,* comme durable et répété. *Fulmen,* c'est, comme κεραυνός, l'effet de l'éclair qui tombe à terre, la foudre. Liv. XL, 59. *Fulguribus* præstringentibus aciem oculorum, sed *fulmina* etiam sic undique micabant ut peti viderentur corpora. Au milieu des éclairs qui éblouissaient les yeux, la foudre même étincelait de toute part au point de faire craindre pour les hommes. Plin. H. N. II, 43. Si in nube erumpat ardens, *fulmina;* si longiore tractu nitatur, *fulgetra;* his findi nubem, illis perrumpi. Quand le feu du ciel éclate dans un nuage, c'est la foudre; quand l'effet se produit en longueur, c'est l'éclair : l'éclair sillonne la nue que la foudre déchire.

Funale, v. *Fax.*   Fundamentum, Fundus, v. *Solum*

Fundus, v. *Villa.*   Funis, v. *Laqueus.*

Funus. Exsequiæ. Pompa. *Funus,* le transport du cadavre comme ἐκφορά; *exsequiæ* et *pompa,* le cortége solennel qui accompagne le corps : *exsequiæ,* le cortége vivant composé de parents et d'amis; *pompa,* la pompe inanimée composée des statues des ancêtres et autres ornements. Cic. Quint. 15. *Funus* quo amici conveniunt ad *exsequias* cohonestandas. Le convoi où les amis se pressent pour embellir le cortége. NEP. Att. 22. Elatus est in lecticula, sine ulla *funeris pompa, comitantibus* omnibus bonis, maxima vulgi frequentia. On l'emporta dans une petite litière; nulle pompe au convoi, mais un cortége de tous les gens de bien et un très-grand concours de peuple.

FERARI, v. *Demere.*   FUROR, v. *Amens.*

FUSTIS. FERULA. SUDES. TRUDIS. RUDIS. SCIPIO. BACULUS. 1. *Fustis* et *ferula*, bâton qui sert à frapper; *sudes, trudis* et *rudis*, à porter un coup de pointe; *scipio* et *baculus*, à marcher.

2. *Fustis*, gourdin, bâton noueux assez gros pour donner la mort; *ferula*, baguette ou verge pour corriger la jeunesse des écoles; *sudes* et *trudis*, armes de guerre; *rudis*, bâton servant de fleuret dans les salles d'armes; *scipio*, bâton d'apparat et de dignité, symbole du pouvoir ou d'un âge vénérable; *baculus, bacillum*, bâton utile et commode sur lequel on s'appuie, mais qui sert d'arme au besoin.

G

GALEA, v. *Cassis.*   GANEUM, v. *Deversorium.*
GANNIRE, v. *Latrare.*

GARRIRE. FABULARI. BLATIRE. BLATERARE. LOQUAX. VERBOSUS. 1. *Garrire* se dit du bavardage par allusion à la démangeaison de parler; *fabulari* par allusion à la nullité, *blatire* et l'augmentatif *blaterare* à la folie de ce qu'on dit.

2. Le *garrulus* assomme par la nature, le *loquax* par le

nombre de ses propos. En effet, *garrulitas* exprime le bavardage enfantin ou frivole né du plaisir de parler ou de s'entendre parler, sans égard à la valeur et au sens des paroles, ayant sa source dans un excès de vivacité juvénile ou même dans l'abus d'un talent distingué, λαλία; *loquacitas* est le flux de paroles propre aux vieilles gens qui se croient sages, venant d'une incapacité d'être bref, qui a pour cause l'affaiblissement de l'âge, ἀδολεσχία. Le *garrulus* lasse et agace aisément par envie de plaire et de distraire; le *loquax* ennuie souvent par envie d'instruire et d'être clair.

3. *Garrulus* et *loquax* se disent des personnes, des orateurs; *verbosus*, des choses, des discours, des écrits.

GAUDERE. LÆTARI. HILARIS. ALACER. GESTIRE. EXSULTARE.

1. *Gaudere* présente la joie comme un état de l'âme, par opposition à *dolor*, ἥδεσθαι; *lætari* et *hilarem esse*, comme une manifestation de cet état. TAC. H. II, 29. Ut Valens processit, *gaudium*, miseratio, favor; versi in *lætitiam...* laudantes gratantesque. L'apparition de Valens dispose les soldats à la joie, à l'attendrissement, à l'amour; leur joie se montre, ils le louent, le félicitent.

2. Le *lætus* manifeste sa joie par une sérénité qui révèle un parfait contentement des circonstances présentes, par opposition à *mœstus;* l'*hilaris*, par une surexcitation et une gaieté qui porte à la plaisanterie et au rire, par opposition à *tristis;* l'*alacer* enfin par une vivacité qui dénote un excès de courage et d'ardeur, par opposition à *territus*. Le *gaudens*, *lætus*, *hilaris* a de la joie à propos d'un bonheur, l'*alacer* a en outre du plaisir à ce qu'il fait. CIC. Divin. I, 33, 73. Equum *alacrem lætus* adspexit. Il regarda avec une joie visible ce généreux coursier. La *lætitia* s'annonce de préférence par un front déridé et par une bouche qui sourit; l'*hilaritas* par le mouvement des yeux

qui brillent et rayonnent de joie; l'*alacritas*, par des regards animés, pleins de feu et de courage. SEN. Ep. 116. Quantam *serenitatem lœtitia* dat! Quel air de sérénité donne l'expression de la joie! TAC. Agr. 39. *Fronte lœtus*, pectore anxius. Le front riant, le cœur troublé. CIC. Pis. 5. Te *hilarioribus* oculis quam solitus es intuente. Tu avais dans les yeux et les regards plus de gaieté que de coutume.

3. *Gaudere* et *lœtari* marquent une joie modérée; *exsultare*, *gestire* et peut-être encore le verbe archaïque *vitulari*, une joie passionnée, excessive, comme jubiler ou triompher : le *gestiens* trahit la sienne par une surexcitation involontaire de tout son être, par des yeux étincelants, par l'impossibilité de se tenir tranquille; l'*exsultans*, en s'abandonnant de plein gré et sans réserve à la joie, et sinon par des sauts et des bonds, au moins par des explosions de joie que rien n'arrête et qui frisent l'extravagance.

4. *Jucundus* marque comme *juvat me* un mouvement de joie, *lœtus* un état plus durable ; aussi *lœtus* sert-il à PLINE, Ep. V, 12, à exprimer l'idée avec plus de force. Quam mihi a quocumque excoli *jucundum*, a te vero *lœtissimum* est. Venant de quelqu'un d'autre, les embellissements de notre ville natale me procurent une émotion de plaisir, venant de toi un plaisir infini

GAZÆ, v. *Diviliæ.*

GEMERE, v. *Suspirare.*

GENA, v. *Mala.*

GELICIDIUM, GELIDUS, GELU, v. *Frigere.*

GEMINUS, v. *Duplex.*

GENERARE, v. *Creare.*

GENS. NATIO. POPULUS. CIVITAS. 1. *Gens* et *natio*, peuple au sens physique et ethnographique, comme une société fondée sur une origine et une parenté commune qui peut existée en dehors de tout progrès dans la civilisation; *populus* et *civitas*, peuple au sens politique, comme société perfectionnée, civilisée et dotée d'une constitution. Sall. Cat. 10, 1. *Nationes* feræ et *populi* ingentes subacti. Des tribus sauvages et de grands peuples soumis par la force.

2. *Gens*, race entière qui peut contenir plusieurs peuples ou peuplades, φῦλον; *natio*, tribu, peuplade, peuple issu et détaché de cette race, ἔθνος. Vell. Pat. II, 98. Omnibus ejus *gentis nationibus* in arma accensis. Ayant allumé le feu de la guerre chez toutes les tribus de cette race. Mais de même que *gens* dans ce sens physique d'un ensemble de peuplades est un terme plus étendu que *natio*, de même dans son sens politique et accessoire d'un groupe de familles qui se rattachent à une souche commune, γένος, c'est un terme moins étendu que *populus*; d'où vient qu'on voit tantôt le *populus* former en qualité de peuple civilisé une branche, *natio*, de la race ou *gentis* naturelle. Liv. IV, 49. Bolanis suæ *gentis populo*. Les Èques refusèrent leur appui aux Bolans, quoique peuple de leur race : tantôt la *gens* former en qualité de société politique une partie du *populi*. Just. VII, 1. Adunatis *gentibus* variorum *populorum*. Par la fusion des grandes familles de plusieurs peuples.

3. *Civitas*, la cité, πόλις, envisagée dans ses rapports intérieurs, la réunion des habitants qui jouissent de la plénitude des droits de cité et qui sont les vrais maîtres du pays; *populus*, le peuple, δῆμος, dans une acception plus générale, au point de vue des relations sociales tant au dedans qu'au dehors; il comprend tous ceux qui appartiennent à l'État. Un peuple peut se décider à la guerre en qualité de *civitas*, mais il ne peut la faire que comme

populus. La *civitas* est de toute nécessité sédentaire, le *populus* peut être une population nomade.

GENS, GENUS, v. *Stirps.*   GERERE, v. *Ferre* et *Agere.*
GESTIRE, v. *Velle* et *Gaudere.*   GIGNERE, v. *Creare.*
GILVUS, v. *Luteus.*   GLABER, v. *Lœvis.*
GLACIES, v. *Frigere.*

GLADIUS. ENSIS. PUGIO. SICA. 1. *Gladius*, terme ordinaire; *ensis*, terme noble et poétique pour désigner l'épée.

2. *Pugio*, le poignard comme arme licite et apparente du soldat outre l'épée; *sica*, comme arme déshonnête et cachée du bandit, venant en aide au poison.

GLOBUS. SPHÆRA. *Globus*, terme populaire pour toute espèce de corps sphérique; *sphœra*, terme scientifique emprunté au grec pour la sphère mathématique.

GLOBUS, v. *Caterva.*

GLORIA. CLARITAS. *Gloria*, la gloire qui fait parler des gens, κλέος; *claritas*, la gloire éclatante qui attire les regards, δόξα.

GLORIATIO, v. *Jactatio.*   GLUTUS, v. *Faux.*
GNAVITAS, v. *Opera.*   GRACILIS, v. *Exilis*
GRADATIM, v. *Paulatim.*   GRADIRI, v. *Ire*

GRADUS. GRESSUS. PASSUS. 1. *Gressus*, le pas rapporté à la personne qui marche; *gradus*, le pas même. Le *gressus* a lieu par le fait et l'action de la personne, le *gradus* est une distance à franchir.

2. *Gressus* ne se dit que de la marche; *passus* se dit en outre de la station, pourvu que les pieds soient écartés comme pour marcher. *Gressus* désigne toute espèce d'allure trop courte ou trop longue, trop lente ou trop rapide pour mériter de s'appeler un pas; *passus* ne désigne

qu'un pas régulier et réglé qui pourrait servir au besoin de mesure de longueur. Virg. En. I, $\frac{414}{410}$. Tendere *gressus* ad mœnia. Diriger sa marche vers les murs. Comparez avec II, 723. Julus... sequitur patrem non *passibus æquis*, Jule suit son père d'un pas inégal.

Græci. Graii. Græculi. Græcanicus. 1. *Græci*, nom ethnographique et historique des Grecs, sans idée accessoire; *Graii*, terme d'éloge pour désigner le peuple classique et héroïque de l'antiquité; *Græculi*, terme de blâme pour le peuple dégénéré sans foi ni loi du temps des écrivains romains.

2. *Græcum*, ce qui est authentiquement grec, ce qui existe en Grèce ou qui en vient; *græcanicum*, ce qui n'est grec que par imitation et plagiat.

Grandævus, v. *Vetus*.
Grandis, v. *Magnus*.   Gratia, v. *Studium*.

Gratias agere, Habere, Referre. Grates. Gratari. Gratulari. 1. *Gratiam* ou *gratias habere*, savoir gré du fond du cœur, χάριν εἰδέναι; *gratias agere*, remercier en paroles, εὐχαριστεῖν; enfin, *gratiam referre*, prouver sa reconnaissance par des actes, χάριν φέρειν, ἀντιχαρίζεσθαι. Cic. Marc. 11, 33. Maximas tibi omnes *gratias agimus*, majores etiam *habemus*. Nous t'offrons tous les plus vives actions de grâces, et notre reconnaissance va encore au delà. Off. II, 20. Inops etiamsi *referre* gratiam non potest, *habere* tamen potest. L'indigence, impuissante à payer de retour, peut néanmoins être reconnaissante.

2. *Gratias agere* est la formule du langage ordinaire; *grates agere*, celle du style noble et choisi. Cic. Somn. *Grates* tibi ago, summe sol, vobisque, reliqui cœlites. Souverain soleil, dieux du ciel, ma voix vous rend grâces.

3. De même *gratulari* désigne des remercîments faits

par occasion, sans accompagnement de sacrifice et des félicitations familières; *gratari*, des prières de remercîment ou des félicitations solennelles. LIV. VII, 3. Jovis templum *gratantes* ovantesque adire. Porter en triomphe au temple de Jupiter des remercîments solennels. Comparez avec TER. Heaut. V, 1, 6. Desine deos *gratulando* obtundere. Cesse d'assourdir les dieux de tes remercîments.

GRATUS. JUCUNDUS. ACCEPTUS. GRATIOSUS. 1. *Gratum*, ce qui nous agrée, parce que nous y attachons du prix, ce qui nous paraît précieux, intéressant, ce qui vaut des remercîments; *jucundum*, ce qui nous agrée, parce que nous y prenons du plaisir. *Gratus* peut se dire d'une nouvelle fâcheuse qui nous met à même de prendre nos mesures en temps utile; la nouvelle n'en sera pas moins *injucunda*. CIC. Att. III, 24. Ista veritas etiamsi *jucunda* non est, mihi tamen *grata* est. Quoique cette vérité ne me fasse point plaisir, elle ne laisse pas de m'être précieuse. FAMM. V, 18. Cujus officia *jucundiora* scilicet sæpe mihi fuerunt, nunquam *gratiora*. Ses bons offices m'ont souvent paru plus agréables, ils ne m'ont jamais été plus chers.

2. *Gratus* s'entend d'un sentiment; il s'agit de ce qu'on souhaite; *acceptus*, de l'expression de ce sentiment, lorsqu'on avoue que les choses viennent à propos.

3. Le *gratus alicui* ne rencontre point de défaveur, on l'aime; le *gratiosus apud aliquem* est l'objet d'une faveur marquée et d'un attachement passionné, c'est le favori.

GRAVITAS. v. *Moles* et *Severitas*.

GREMIUM. SINUS. *Gremium*, le giron, entre la ceinture et les genoux d'une personne assise, et au figuré le symbole de la sollicitude maternelle; *sinus*, le sein, et au figuré le symbole de l'obscurité qui abrite et protége. Cɪc. Pis. 37. Ætolia procul a barbaris disjuncta gentibus in *sinu pacis* posita medio fere Græciæ *gremio* continetur. Séparée des races barbares par son éloignement, située au sein de la paix, l'Étolie ne s'étend pas hors du giron de la Grèce

Gʀᴇssᴜs, v. *Gradus.*   Gʀᴇx, v. *Caterva* et *Pecus.*
Gʀᴜᴍᴜs, v. *Collis.*   Gᴜʟᴀ, v. *Faux.*
Gᴜʀɢᴇs, v. *Vorago.*   Gᴜʀɢᴜʟɪᴏ, v. *Faux.*
Gᴜsᴛᴜs, Gᴜsᴛᴀʀᴇ, v. *Sapor.*

Gᴜᴛᴛᴀ. Sᴛɪʟʟᴀ. Sᴛɪʀɪᴀ. *Gutta,* goutte naturelie ; *stilla,* goutte mesurée artificiellement. C'est d'ailleurs l'idée de petitesse qui domine dans *gutta,* d'où *guttatim,* goutte à goutte ; dans *stilla,* c'est l'idée d'humidité, d'où *stillatim,* en dégouttant. *Stilla,* goutte liquide ; *stiria,* goutte gelée.

Gᴜᴛᴛᴜʀ, v. *Faux.*   Gʏʀᴜs, v. *Orbis*

H

Hᴀʙᴇɴᴀ, v. *Frenum.*   Hᴀʙᴇʀᴇ, v. *Tenere.*
Hᴀʙɪᴛᴀʀᴇ, v. *Incolere.*   Hᴀʙɪᴛᴜs, v. *Vestis.*
Hᴀᴄᴛᴇɴᴜs, v. *Adhuc.*   Hᴀᴅᴜs, v. *Caper.*

Hᴀᴇʀᴇʀᴇ. Pᴇɴᴅᴇʀᴇ. *Hærere,* rester empêché sans qu'on puisse se détacher ou avancer ; *pendere,* être suspendu et ne pouvoir tomber à terre. Cɪc. Acadd. II, 39. Ut videamus terra penitusne defixa sit et radicibus suis *hæreat,* an *media* pendeat. Pour voir si la terre est fixée par sa base et retenue par ses racines ou suspendue dans l'espace.

Hᴀᴇsɪᴛᴀʀᴇ, v. *Cunctari.*   Hᴀʀᴇɴᴀ, v. *Sabulo.*
Hᴀᴍᴜs, v. *Uncus.*

HARIOLARI. VATICINARI. *Hariolari*, prédire, avec une idée accessoire de charlatanisme, χρησμολογεῖν ; *vaticinari*, avec une idée accessoire d'inspiration, prophétiser, μαντεύεσθαι. Dans ce passage de Cicéron, Divin. I, 2. *Hariolorum* et *vatum* furibundæ prædictiones ; *harioli*, ce sont ceux qui passent d'avance aux yeux du public pour des charlatans de profession ; *vates*, ceux que Cicéron, du haut de sa philosophie, regarde comme autant d'autres charlatans.

HASTA, v. *Missile.*
HELLUO, v. *Prodigus.*
HEROS, v. *Numen.*
HIRCUS, v. *Caper.*
HIRSUTUS, HIRTUS, HISPIDUS,
   v. *Horridus.*
HISTORIÆ, v. *Annales.*
HŒDUS, v. *Caper.*

HAUD SCIO AN, v. *Forte*
HELVUS, v. *Luteus.*
HILARIS, v. *Gaudere.*

HISTRIO, v. *Actor.*

HOMICIDA. INTERFECTOR. PEREMPTOR. INTEREMPTOR. PERCUSSOR. SICARIUS. CARNIFEX. 1. *Homicida*, meurtrier, en général, coupable du crime de meurtre, ἀνδροφόνος ; *interfector, peremptor* et *interemptor*, celui qui porte le coup mortel à une personne donnée, que cette action soit un crime ou non, φονεύς ; *percussor* et *sicarius*, instruments d'autrui et simples exécuteurs d'une volonté étrangère : le *percussor* exécute une condamnation officielle ; le sicaire ou *sicarius* loue et prête son bras pour un assassinat. CIC. Rosc. Am. 33, 93. Erat tum multitudo *sicariorvm*... et homines impune occidebantur... Si eos putas... quos qui leviore nomine appellant, *percussores* vocant, quæro in cujus fide sint et tutela. Il y avait alors de nombreux sicaires et on tuait avec impunité. Si vous entendez parler des assassins que les gens qui leur veulent donner le nom le plus léger appellent exécuteurs, cherchez quel est leur protecteur et leur appui.

2. Le *percussor* est aux ordres de la puissance politique ; il frappe des citoyens, des proscrits ; le *carnifex*, aux ordres de la justice ; il sévit contre des coupables.

Homo. Mas. Vir. Homunculus. Homuncio. Homullus. 1. *Homo*, l'être humain, homme ou femme, par opposition à *deus* et *bellua*, ἄνθρωπος ; *mas* et *vir*, l'homme seul : *mas*, au sens physique, par opposition à *femina*, comme ἄρσην ; *vir*, au sens moral, par opposition à *mulier*, comme ἀνήρ. Sen. Polyb. 36. Non sentire mala sua non est *hominis*, at non ferre non est *viri*. Il faut n'avoir rien d'humain pour ne pas sentir ses maux, rien de viril pour ne pas les supporter.

2. *Homunculus* sert à marquer la faiblesse et l'impuissance de l'homme comme étant le lot de l'espèce entière, du genre humain, par opposition à la toute-puissance de la Divinité, à la grandeur de la nature et de l'univers ; *homuncio* et *homullus* désignent l'homme faible et sans conséquence en sa qualité d'individu, par opposition à d'autres hommes : *homuncio*, avec un sentiment de compassion ; *homullus*, avec un sentiment de mépris.

Honestus, v. *Virtus* et *Bonus*.

Honorare. Honestare. *Honorare*, honorer quelqu'un par une distinction qu'on lui accorde en passant, lui faire honneur ; *honestare*, couvrir quelqu'un d'honneur en attachant à sa personne un éclat durable.

Hornus. Hornotinus. *Hornus*, terme poétique ; *hornotinus*, forme prosaïque du même mot pour désigner ce qui a lieu pendant l'année.

Horridus. Hirtus. Hirsutus. Hispidus. Asper. *Horridus*, terme général pour tout ce qui est grossier et rude par défaut de culture; *hirtus* et *hirsutus* ont un rapport particulier à la rudesse du poil ou autre couverture, par opposition à moelleux; *hispidus* et *asper* se rapportent à de fortes inégalités de surface, par opposition à lisse : *hispidus* marque que ces aspérités nuisent à la beauté; c'est une question de coup d'œil; *asper*, qu'elles blessent; c'est une question de toucher. VELL. P. II, 4, caractérise d'abord par l'emploi d'*hirtus*, l'extérieur négligé de Marius, puis la rudesse de sa nature par l'emploi d'*horridus*.

HORROR, v. *Vereri.*

HORTARI. MONERE. L'exhortation, *hortatio*, s'adresse directement à la volonté pour l'obliger à prendre un parti, tandis que l'avertissement, *monitio*, s'adresse à la conscience et au jugement. L'*hortatio* a pour but l'action même; la *monitio*, une représentation qui sert de voie pour conduire à l'action. SALL. Jug. 60. *Monere* alii, alii *hortari*. Ils avertissaient, exhortaient. Cat. 60 [1]. Sed ego vos quo pauca *monerem*, convocavi. Je vous ai réunis pour vous donner quelques avertissements. SEN. Ep. 13. Nimium diu te *cohortor* quum tibi *admonitione* magis quam *exhortatione* opus sit. Je perds mon temps à vous exhorter; vous avez plus besoin d'avis que de conseils. CIC. Fam. X, 40. Si aut aliter sentirem, certe *admonitio* tua me reprimere, aut si dubitarem, *hortatio* impellere posset. Si j'étais d'un autre sentiment, un avis de vous m'arrêterait; si j'hésitais, un conseil de vous m'entraînerait.

HOSPES. ADVENTOR. *Hospes*, celui qui va loger chez un ami; *adventor*, chez un aubergiste. SEN. Benef. I, 14. Nemo se stabularii aut *cauponis hospitem* judicat. Personne ne

---

[1] Chap. LVIII, dans la collection Lemaire et la collection Panckoucke.

se croit en relation d'hospitalité avec un logeur ou un aubergiste.

HOSPES, v. *Externus.*

HOSPITIUM, v. *Deversorium.*

HOSTICUS, HOSTIS, v. *Adversa-*
rius.

HUCUSQUE, v. *Adhuc.*

HUMANITAS. COMITAS. FACILITAS, CIVILITAS. *Humanitas,*
vertu qui tient à l'éducation, qui part de l'intelligence
pour ennoblir l'homme entier, esprit et cœur, qui change
son être en douceur et en philanthropie, par opposition à
feritas; comitas, vertu morale, comme l'affabilité, qui
traite le premier venu en homme sans s'arrêter au rang;
facilitas, vertu de société, comme l'obligeance indulgente
et prévenante, qui rend aisé et agréable le commerce de
la vie; *civilitas,* vertu politique, comme l'humeur répu-
blicaine d'un prince qui ne fait point sentir la différence
relative du maître au peuple et qui traite ses sujets en
concitoyens. NEP. Milt. 8. In Miltiade erat quum summa
humanitas, tum mira *comitas,* ut nemo tam humilis esset
cui non ad eum aditus pateret. Miltiade joignait à une humanité exquise une affabilité étonnante; les plus humbles
avaient un libre accès auprès de lui.

HUMANITUS. HUMANE. HUMANITER. *Humanitus* fait allusion aux rapports extérieurs de l'homme avec les dieux
ou la nature, et particulièrement à sa faiblesse et à sa fra-
gilité, comme ἀνθρωπείως et ἀνθρωπίνως; *humane* et *huma-*
niter s'entendent de l'homme pris en lui-même, des facultés et de la vocation qui en font un être perfectible, et
alors *humane facere* est l'expression du développement
moral, de la noblesse dans les sentiments, comme φιλαν-
θρώπως; *humaniter facere,* celle du progrès dans l'usage
du monde, de la politesse, de l'aménité, comme ἐπιεικῶς.
CIC. Phil. I, 4. Si quid mihi *humanitus* accidisset. S'il

m'arrivait un de ces accidents auxquels la pauvre humanité est sujette. Comparez avec Tusc. II, 27, 65. Græci morbos tolerantes et *humane* ferunt. Contre des maladies à supporter les Grecs sont forts, ils sont hommes, et Qu. Fr. II, 1. Fecit *humaniter* Licinius, quod ad me misso senatu vesperi venit. C'est un aimable homme que Licinius; il est venu chez moi le soir après la clôture du sénat.

HUMARE, v. *Sepelire.* HUMERUS, v. *Armus.*
HUMIDUS, v. *Udus.* HUMUS, v. *Tellus.*

I — J

JACERE, v. *Cubare.*

JACTATIO. GLORIATIO. OSTENTATIO. VENDITATIO. *Jactatio* et *gloriatio*, défauts qui ont leur origine dans la vanité et la suffisance : *jactatio*, défaut du fat qui se donne de grands airs, qui fait étalage de ses avantages et de ses mérites, qui les fait ressortir par ses paroles et ses gestes, avec une idée accessoire d'étourderie; *gloriatio*, défaut du fanfaron qui publie hautement ses avantages ou ses mérites, avec une idée accessoire d'impertinence. L'*ostentatio* et la *venditatio* ont leur origine dans un calcul habile de l'effet qu'on peut tirer d'une fausseté : l'ostentation, *ostentatio*, cherche à déguiser sous des apparences brillantes une pauvreté réelle; la représentation, *venditatio*, veut paraître en faisant valoir outre mesure certains avantages.

JACTURA, v. *Mittere* et *Damnum.* JACULUM, v. *Missile.*

JANUA, v. *Ostium.* ICERE, v. *Verberare.*

IDONEUS. APTUS. *Idoneus,* qui a ce qu'il faut pour étr

employé à quelque chose ; *aptus*, pour le faire, F. A. WOLF. En d'autres termes, l'*idoneus* est propre à un emploi par des qualités quelconques et par le concours des circonstances, ἐπιτήδειος ; l'*aptus*, par sa valeur personnelle, par sa capacité, ἱκανός. L'*idoneus* est inactif par lui-même ; on se sert de lui pour atteindre un but, parce qu'il est un instrument commode ; l'*aptus* entre de lui-même dans une affaire, parce qu'il a les dispositions nécessaires pour réussir.

IGNARUS, v. *Cognitio*.

IGNAVIA. INERTIA. SEGNITIA. DESIDIA. SOCORDIA. PIGRITIA. 1. *Ignavia*, opposé à *industria*, l'amour du désœuvrement considéré comme une dérogation à la loi du devoir, en ce sens qu'on n'est homme, qu'on ne se distingue du vulgaire, qu'on ne vaut par soi-même que si on est doué du goût de l'action ; *inertia*, le même amour envisagé comme une infraction à la loi du travail, en ce sens que l'homme ne devient un membre utile, plus ou moins estimable de la société, que par son activité pratique. L'oisivité, *ignavia*, est entée sur le naturel ; l'action lui répugne ; la fainéantise, *inertia*, est affaire d'habitude et de caractère ; elle ne se soucie point de travailler. Un méchant esclave est un fainéant, *iners* ; un noble qui vit sans rien faire est un oisif, *ignavus*.

2. *Segnitia*, *desidia*, *socordia* et *pigritia*, défauts divers d'un tempérament trop tranquille. La nonchalance, *segnitia*, attend qu'on l'excite, qu'on la contraigne, qu'on la prenne corps à corps avant de renoncer au repos ; elle a pour opposé *promptus*. L'indifférence, *desidia*, se croise les bras et attend que les choses se fassent d'elles-mêmes. L'apathie, *socordia*, est incapable de prendre à quoi que ce soit un vif intérêt et néglige ses devoirs faute d'y son-

ger. La paresse, *pigritia*, a une horreur naturelle de toute espèce de mouvement et n'est heureuse que dans les bras du repos.

IGNAVIA, v. *Vereri.*

IGNOMINIA. INFAMIA. DEDECUS. PROBRUM. OPPROBRIUM. 1. L'*ignominia* ôte l'honneur légal dont la perte ne dépend point des propos du public, mais d'une juste réprimande infligée par un magistrat, un censeur, par exemple, ἀτιμία; l'*infamia* ôte l'honneur moral, la bonne réputation; elle tient au mépris public, elle est la suite d'une conduite honteuse et déshonorante, δυσφημία.

2. *Ignominia* et *infamia* sont des termes abstraits qui marquent l'état d'une personne déshonorée; *dedecus* et *probrum*, des termes concrets qui marquent la cause de cet état, l'acte déshonorant. Le *dedecus* s'écarte des façons d'un homme d'honneur, de la noblesse qu'on s'attendait à retrouver dans toutes ses actions; le *probrum* entache la moralité d'un homme qu'on croyait du moins capable de se conduire honnêtement. La bassesse expose au *dedecus* dans les fonctions publiques; l'inconduite, au *probrum* dans les relations privées.

3. *Probrum*, reproche qu'on serait en droit de nous adresser; *opprobrium*, reproche formulé. *Probrum* appelle l'attention sur la honte qui a été encourue; *opprobrium*, sur le blâme qui s'exprime hautement.

IGNOSCERE. VENIAM DARE. *Ignoscere* est un acte moral : c'est pardonner de tout cœur, remettre et oublier, par opposition à garder rancune, comme συγγιγνώσκειν; *veniam dare* est un acte politique; c'est substituer la clémence à la justice, par opposition à châtier, comme μεθιέναι. L'ami, l'égal pardonne, *ignoscit;* le supérieur, le puissant fait grâce, *veniam dat.* CIC. Man. 3. Illis imperatoribus laus est tribuenda quod egerunt; *venia danda* quod reliquerunt. Il faut louer ces généraux de ce qu'ils ont fait; il faut leur faire grâce pour ce qu'ils ont laissé inachevé. Comparez avec Att. XVI, 16. *Ignosce* mihi quod eadem de re sæpius scribam. Pardonne-moi de revenir si souvent sur le même sujet.

Ilia, v. *Caro.*   Illico, v. *Repente.*
Illustris, v. *Celeber* et *Luculentus.*

Imago. Simulacrum. Statua. Signum. 1. *Imago* et *simulacrum*, termes généraux, représentation d'un objet par la première œuvre venue de sculpture ou de peinture: l'*imago* se rattache à l'original, comme la copie au modèle, par une ressemblance frappante, εἰκών; le *simulacrum* s'oppose à l'original, à l'être véritable, c'est une imitation qui fait illusion, εἴδωλον. *Statua, signum* et *effigies* sont exclusivement des ouvrages de sculpture; *tabula* et *pictura*, exclusivement des tableaux.

2. *Simulacrum* et *statua* s'entendent de la reproduction complète d'une forme donnée, comme les statues en pied de la sculpture; *effigies* et *imago* marquent par préférence la reproduction des parties caractéristiques, nommément des traits du visage; *effigies*, dans la sculpture; ce sont des bustes; *imago*, dans la peinture; ce sont des têtes. Tac. Ann. I, 74. Alia in *statua* amputato capite Augusti *effigiem* Tiberii inditam. Il avait coupé la tête à une autre statue qui représentait Auguste et remplacé cette tête par un buste de Tibère. XIV, 61. *Effigies* Poppææ proruunt, Octaviæ *imagines* gestant humeris. Le peuple renverse les bustes de Poppée et promène sur ses épaules les portraits d'Octavie. H. II, 3. *Simulacrum* deæ non *effigie* humana. La déesse est représentée avec des traits qui s'écartent de

la nature humaine. Cic. Tusc. III, 2, 3. Optimus quisque consectatur nullam eminentem *effigiem* (virtutis), sed adumbratam *imaginem* gloriæ. Ce n'est point la vertu avec ses traits frappants et sculptés, c'est un portrait indécis de la gloire qui entraîne à sa suite les meilleurs d'entre nous.

3. *Signum*, toute espèce de sculpture, par opposition à *tabulæ* et *picturæ; simulacrum*, statue sacrée, celle d'un dieu, ἄγαλμα; *statua*, statue profane, celle d'un homme, ἀνδριάς. Cic. Cat. III, 8. *Simulacra deorum* immortalium depulsa sunt et *statuæ* veterum *hominum* dejectæ. Les statues sacrées des dieux immortels furent expulsées, les statues profanes des anciens héros abattues. Verr. I, 22. Legati *deorum simulacra* venerabantur, itemque *cætera signa* et ornamenta lacrimantes intuebantur. Les députés adoraient les statues sacrées des dieux, et la vue des autres œuvres de sculpture et de décoration leur arrachait des larmes.

Imbecillis, Imbecillitas,   v.   Imber, v. *Pluvia.*
    Validus.
Infirmus, Infirmitas, v. *Validus.*

Imitatitio. Æmulatio. Certatio. Rivalitas. Simulatio. 1. *Imitari* marque simplement, sans idée morale accessoire, un effort pour produire quelque chose qui ressemble à un objet donné; *æmulari* marque, outre l'effort d'imitation, le désir d'égaler ou de surpasser celui qu'on imite en considération, en honneur, en succès. L'*imitatio* n'a en vue que l'objet donné; c'est une tendance généralement modérée et louable; l'*æmulatio* n'a d'yeux que pour la personne ornée de la qualité qui vaut la peine d'être imitée; elle se montre toujours sous les traits d'une passion plus ou moins vive, louable ou blâmable, suivant qu'elle tire son origine d'un amour honnête ou d'un amour désordonné des honneurs. PLIN. Ep. VII, 30. Demosthenis orationem habui in manibus non ut *æmularer* (improbum enim ac pæne furiosum), at tamen *imitarer* ac *sequerer* tantum. J'ai étudié ce discours de Démosthène. Je n'ai point la prétention téméraire et presque folle d'être son émule, mais je veux être du moins son imitateur et son élève.

2. L'*æmulus* est au-dessous de son adversaire, il vise à l'atteindre et à l'égaler un jour; le *certator* et le *concertator* lui sont égaux, ils visent à le battre et à le vaincre.

3. L'*æmulatio* dispute une supériorité quelconque; la *rivalitas* soutient une lutte pour emporter la première place dans le cœur d'une personne. CIC. Tusc. IV, 26, 56. Illa vitiosa *æmulatione* quæ *rivalitati* similis est, æmulari quid habet utilitatis? À quoi bon poursuivre une personne de cette émulation fâcheuse qui ressemble à de la jalousie?

4. L'*imitatio* est un effort pour devenir ce qu'on n'est pas encore, mais ce qu'on deviendrait volontiers et ce qu'on peut devenir en effet; la *simulatio*, un effort pour paraître ou devenir ce qu'on n'est point, ne peut ni ne doit être, parce que la nature s'y oppose. L'*imitatio* est le chemin qui conduit à un idéal réel ou imaginaire; la *simulatio* reste toujours un plagiat.

IMMANIS, v. *Magnus.*   IMPAR, v. *Æquus.*

IMPENSÆ, v. *Sumptus.*   IMPERARE, v. *Jubere.*

IMPERTIRE. TRIBUERE. PARTICIPARE. COMMUNICARE. *Impertire* et *tribuere* signifient partager, distribuer, sans donner à entendre que le donateur réserve une part pour lui : *impertire* présente ce partage comme un acte libre, volontaire, de pure bonté; *tribuere*, comme un acte de justice et de prudence. *Participare* et *communicare*, admettre les autres à un partage dont on profite soi-même : *participare*, faire participer, se rapporte généralement à la personne qui reçoit, qui est appelée à prendre part, *communicare*, mettre en commun, à la chose dont on fait part et à l'usage de laquelle cette personne doit participer.

Impietas, v. *Delictum.*   Impius, v. *Scelestus.*
Imponere, v. *Fallere.*

Imus. Infimus. *Imum*, la partie la plus basse dans un tout indivisible ; *infimum*, la base ou le dessous dans un tout divisible. L'*imum* est en bas : l'*infimum*, en dessous. Cic. Rosc. com. 7. Ab *imis* unguibus usque ad summum verticem. De la plante des pieds au sommet de la tête. Comparez avec Divin. I, 33. Ut ab *infima* ara subito anguis emergeret. Un serpent sortit tout à coup de dessous l'autel. Et avec N. D. II, 20. Luna *infima* est quinque errantium. Des cinq planètes, c'est la lune qui est en dessous. *Imus* n'exprime d'ailleurs qu'un rapport de lieu ; *infimus* contient une idée accessoire, celle du dernier rang.

Inambulare, v. *Ambulare.*

Inanis. Vacuus. *Inanis*, ce qui est vide au lieu d'être rempli, ce qui ne contient rien, par opposition à *plenus ;* *vacuus*, ce qui est vacant et peut encore se remplir, ce qui n'a point de maître, par opposition à *occupatus* ou à *obsessus.* Tac. Ann. VI, 34. Jason post avectam Medeam genitosque ex ea liberos *inanem* mox regiam *vacuosque* Colchos repetivit, c'est-à-dire le palais désert, mort, et le peuple sans maître. Au figuré : *inane*, c'est ce qui n'existe point, *vacuum* ce qui est libre.

Incassum, v. *Frustra.*   Incastus, v. *Inficetus.*
Incedere, v. Ire.   Incendere, v. *Accendere.*
Incestus, v. *Infice...*   Inchoare, v. *Incipere.*

INCIPERE. ORDIRI. INCHOARE, COEPISSE. *Incipere*, marque le commencement par opposition à l'inaction qui précède et qui suit, c'est-à-dire, à *cessare* et à *desinere, desistere, finire; ordiri*, par opposition à la continuation de l'action, c'est-à-dire à *continuare*, et à son correspondant intransitif *pergere;* enfin, *inchoare, incohare*, par opposition à l'achèvement ou à l'accomplissement de l'action, c'est-à-dire à *perficere, consummare, peragere, absolvere*, etc. CIC. Off. I, 37. Ut *incipiendi* ratio fuerit, ita sit *desinendi* modus. Sachez entrer en matière, sachez aussi vous arrêter. VARRON. R. R. III, 16. Apes cum *evolaturæ* sunt, aut etiam *inceperunt*, consonant vehementer. Lorsque les abeilles vont s'envoler ou qu'elles viennent de partir, elles font entendre un fort bourdonnement. CIC. Finn. IV, 6. Hoc *inchoati* cujusdam officii est, non *perfecti*. Ceci n'est encore qu'une ébauche et non point une œuvre achevée. CIC. Fr. ap. Non. *Perge*, quæso, nec enim imperite *exorsus* es. Continuez, je vous prie, votre début n'est point maladroit.

2. *Cœpi* a le même opposé qu'*incipere*. SEN. Cons. Polyb. 20. Quicquid *cœpit* et *desinit;* mais *cœpi* appelle plus fortement l'attention sur l'action qui commence, et *incepi* sur le commencement que prend l'action. *Cœpi* est une sorte de verbe auxiliaire, *incepi* est emphatique; *cœpi* se rapporte d'habitude à un infinitif et *incipere* à un substantif. CIC. Verr. V, 10. Quum *ver esse cœperat* (sed quum rosam viderat, tum ver *incipere* arbitrabatur), dabat se labori. Quand le printemps revenait, mais le printemps ne datait pour lui que des roses, il affrontait la fatigue.

INCITARE. INSTIGARE. IRRITARE. INSTINCTUS. 1. *Incitare*, synonyme d'*hortari*, porter un paresseux par de bonnes paroles, par des encouragements, des apostrophes à une action presque toujours louable; *instigare*, synonyme de *stimulare*, pousser bon gré, mal gré une personne à une action hardie par des moyens énergiques comparables à des coups d'aiguillon, par reproches, promesses, menaces ; *irritare*, synonyme d'*exacerbare*, exciter à un acte de violenceun personnage paisible enremuant ses passions, son ambition, ses désirs de vengeance. Ter. Andr. IV, 2, 9. Age si hic non insanit satis sua sponte, *instiga*. Va, s'il ne s'emporte pas assez tout seul, pousse à la roue. Lucr. IV, 1075. Et *stimuli* subsunt qui *instigant* lædere id ipsum. Et des aiguillons secrets les poussent à blesser ce qu'ils aiment.

2. *Instigatus*, aiguillonné par une cause extérieure et profane, par des paroles, des ordres ; *instinctus*, poussé par une cause intérieure d'un ordre élevé, inspiration, amour, voix de Dieu.

Inclytus, v. *Celeber*.

Incolere. Habitare. Incola. Inquilinus. Colonus. 1. *In-colere* est transitif comme habiter ; *habitare*, neutre comme demeurer. En outre, *incolere* rappelle l'idée du pays auquel on appartient en qualité de citoyen ou de sujet ; *habitare*, celle de la maison où l'on est établi à demeure en qualité de propriétaire ou de locataire.

2. *Incola*, au sens restreint, le sujet par opposition au citoyen, μέτοικος ; *inquilinus*, le locataire par opposition au propriétaire de la maison ou *dominus*, σύνοικος ; *colonus*, le fermier par opposition au propriétaire foncier, à peu près comme θής.

Incolumis, v. *Salvus*.
Incurvus, v. *Curvus*.
Indagare, v. *Quærere*.
Indignari, v. *Succensere*.
Indulgere, v. *Concedere*.

Incuriosus, v. *Tutus*.
Incusare, v. *Arguere*.
Indigere, v. *Carere*.
Indoles, v. *Ingenium*.
Industria, v. *Opera*.

Inedia, v. *Fames*.

Infamia, v. *Ignominia*.

Infensus, Infestus, v. *Adversarius*.

Inertia, v. *Ignavia*.

Infans, v. *Puer*.

Inficetus. Infacetus, Incestus. Incastus. 1. *Inficetus* exprime un blâme positif et se dit d'un homme lourd et sans goût; *infacetus* n'exprime qu'un blâme négatif, c'est un homme qui n'a point d'esprit à revendre.

2. Et de même *incestus* celui qui a souillé son propre sang ; *incestus*, celui qui n'est point chaste.

Infidelis, Infidus, v. *Fidus*.

Infitiari, Infitias ire, v. *Negare*.

Infimus, v. *Imus*.

Inflammare, v. *Accendere*.

Infortunium. Calamitas. Infelicitas. Miseria. *Infortunium* et *calamitas* désignent un accident isolé : *infortunium* un accident fâcheux, un petit malheur, par exemple la perte d'une bourse, des coups qu'on a reçus ; *calamitas* un accident tragique comme la perte d'une personne qu'on aime, de la fortune. *Infelicitas* et *miseria* expriment une position malheureuse et durable : *infelicitas* comme une simple privation de bonheur ; *miseria* comme une misère réelle et accablante.

Ingenium. Natura. Indoles. *Ingenium* et *natura*, le naturel considéré comme la base inébranlable de l'individualité humaine et comme rebelle à toute altération : *ingenium* se rapporte de préférence aux dons de l'esprit, *natura* à ceux du cœur. *Indoles*, le naturel considéré comme le germe de l'individualité et comme susceptible de culture.

Ingluvies, v. *Faux*.

Ingruere, v. *Irruere*.

Inimicus, v. *Adversarius*.

Ingredi, v. *Inire* et *Ire*

Inimicitia, v. *Odium*.

Inire. Intrare. Introire. Ingredi. 1. *Inire* ne s'emploie guère qu'au figuré, c'est se mettre à quelque chose, par exemple, *inire pugnam, numerum*, engager le combat, chercher un nombre; *intrare, introire, ingredi* expriment l'action d'entrer au sens propre; mais *intrare* est d'ordinaire transitif, il a l'accent sur sa racine verbale, *introire* est neutre, il a l'accent sur sa racine adverbiale. Dans *intrare curiam* on songe surtout au seuil qu'on franchit, dans *introire*, aux quatre murs entre lesquels on va s'enfermer.

2. *Intrare* et *introire* supposent un espace fermé à dessein par des murailles, des barrières, des bornes; *ingredi* ne suppose qu'un espace étranglé, une route, *viam*, un pont, *pontem*.

Initium, Principium. Primordium. 1. *Initium*, commencement au sens abstrait, comme simple point de départ, par opposition à *exitus; principium*, au sens concret, comme la partie qui se présente avant les autres lorsqu'il s'agit de choses, qui précède lorsqu'il s'agit d'actions, par opposition à *extremum. Initium* n'est qu'un commencement dans le temps, *principium* est en outre une base posée dans l'espace. L'*initium* disparaît dans ce qui suit, le *principium* sert de fondement aux progrès ultérieurs. Les *initia philosophiæ* sont les rudiments au-dessus desquels le disciple s'élève dans le cours de ses études, les *principia* sont les principes auxquels il faut toujours revenir. *Initio* signifie ordinairement : d'abord comme ceci et ensuite autrement; *principio*, dès l'abord et toujours de même.

2. *Primordium* est un augmentatif emphatique de *principium*, et suppose un vaste système dont l'origine est assez reculée pour qu'on puisse distinguer entre un commencement apparent et un commencement réel, primordial, élémentaire.

INJURIA, *Contumelia.*   INNOCENTIA, *Virtus.*

INNUMERUS. INNUMERABILIS. *Innumerus*, terme poétique et choisi, comme sans nombre, ἀνήριθμος ; *innumerabilis*, terme prosaïque et usuel, comme innombrable, ἀναρίθμητος.

INOPIA, v. *Paupertas.*   INQUAM, v. *Dicere.*
INQUILINUS, v. *Incolere.*   INQUINARE, v. *Contaminare.*
INSANUS, v. *Amens.*   INSCENDERE, v. *Scandere.*
INSCIUS, v. *Cognitio.*   INSIGNIS, v. *Eminens.*
INSIMULARE, v. *Arguere.*   INSOLENTIA, v. *Superbia.*
INSOMNIS, v. *Vigil.*   INSOMNIUM, v. *Somnus.*
INSTIGARE, v. *Incitare.*

INSTITUERE. INSTAURARE. RESTITUERE. RESTAURARE. *Instituere*, prendre un arrangement profane ; *instaurare*, organiser une cérémonie sainte, vénérable ou du moins une entreprise importante, par exemple un sacrifice, des jeux sacrés ou des fêtes, la guerre ou une bataille. *Instituere* est un terme usuel, *instaurare* un terme pompeux et choisi. Même différence entre *restituere* et *restaurare.*

INSTITUERE, v. *Erudire.*   INSTRUCTUS, v. *Præditus.*
INSUPER, v. *Præterea.*   INTEGER, v. *Salvus.*
INTEGRARE, v. *Iterum.*

INTELLIGERE. SENTIRE. COGNOSCERE. *Intelligere* se dit des notions rationnelles dues à la réflexion qui combine des idées ; *sentire*, des notions naturelles qui s'acquièrent par voie de sentiment, par des perceptions ou des impressions instantanées des sens ou de l'esprit ; enfin, *cognoscere*, des notions historiques fondées sur le témoignage des sens et de la tradition. SEN. Ir. III, 13. Quidni gauderet, quod iram suam multi *intelligerent*, nemo *sentiret*? Je conçois que Socrate ait ressenti un mouvement de joie quand sa colère que tous ses familiers discernaient ne frappait les yeux de personne. Cic. N. D. III, 24. Quare autem in his vis deorum insit tum *intelligam* quum *cognovero*. Quant à leur divinité, je la comprendrai quand j'aurai appris à la connaître.

INTERCAPEDO. INTERRUPTIO. INTERPELLATIO. INTERLOCUTIO. *Intercapedo* et *interruptio*, interruption d'une action, d'une affaire : l'*intercapedo* est polie, souvent même bienveillante ; l'*interruptio* est violente, elle trouble. *Interpellatio* et *interlocutio*, interruption d'un discours par un autre discours qui vient à la traverse : l'*interpellator* n'a d'autre but que d'empêcher l'orateur de continuer; l'*interlocutor* veut se faire entendre lui-même au beau milieu du discours d'un autre.

INTERDICERE, v. *Vetare*.   INTERDIU, v. *Dies.*
INTERDUM, v. *Nonnunquam*.

INTEREA. INTERIM. *Interea* se rapporte à une action durable qui tombe dans une période, comme cependant; *interim* à une action momentanée, comme là-dessus. Il y a entre eux la même corrélation qu'entre un temps passé et l'aoriste, entre un instant et une période. Cic. Quint. 6. Hæc dum Romæ geruntur... Quintius *interea* de agro detruditur. Voilà ce qui se passait à Rome; cependant Quintius est évincé de son champ : c'est-à-dire que la chose se fait peu à peu. Comparez avec Famm. X, 12. *Interim* ad me venit Manutius noster. Là-dessus je vois venir chez moi notre cher Manutius. Tac. Ann. XI, 32. Non rumor *interea* sed undique nuntii incedunt... Atque *interim* Ostiensem viam intrat. Cependant ce ne sont plus des bruits, ce sont des messagers qui arrivent de tous les côtés... Et là-dessus elle prend la route d'Ostie.

INTEREMPTOR, v. *Homicida*.   INTERESSE, v. *Adesse.*
INTERFECTOR, v. *Homicida*.

INTERFICERE. PERIMERE. INTERIMERE. NECARE. OCCIDERE. JUGULARE. OBTRUNCARE. TRUCIDARE. PERCUTERE. 1. *Interficere* et *perimere*, termes généraux, mettre à mort, faire mourir, tuer pour quelque motif et par quelque moyen que ce soit, faim, poison, corde, fer, supplice, κτείνειν : mais *interficere* est un terme ordinaire, *perimere* un terme archaïque, choisi, poétique. *Interimere* suppose accessoirement que la chose passe inaperçue, comme se défaire de quelqu'un, ἀναιρεῖν; *necare* implique une idée d'injustice ou du moins de cruauté, comme assassiner, φονεύειν. Cic. Tusc. V, 20. Dionysius alterum jussit *interfici*, quia viam demonstravisset *interimendi* sui. Denys le fit mettre à mort pour avoir montré comment on pouvait se défaire de lui. Fr. Arat. 11. Quem neque tempestas *perimet*, nec longa vetustas *interimet*. Il ne périra point sous l'effort d'une saison, il ne succombera point à la lente action des siècles. Curt. IX, 7, 8. Boxum *protinus* placuit *interfici*; Biconem etiam per cruciatus *necari*. Il voulut qu'on mît sur-le-champ Boxus à mort, mais qu'on fît périr Bicon dans les tourments.

2. *Occidere, jugulare, trucidare, obtruncare, percutere,* expriment une mort sanglante : *occidere*, porter par terre, c'est le fait du soldat dans un combat franc et loyal; *jugulare*, couper la gorge ou le cou, ou plutôt tuer d'un coup savant sous la clavicule, c'est le fait du bandit qui veut imiter le gladiateur, σφάξαι; *obtruncare*, tailler en pièces, massacrer, couper en morceaux comme un meurtrier maladroit; *trucidare*, tuer à loisir comme un boucher, en homme avide de sang qui met à mort sans rencontrer de résistance et triomphe d'une victime sans défense; *percutere*, exécuter, simple action mécanique, office du bourreau ou de tout autre exécuteur d'une condamnation ou d'un ordre. Senec. Contr. III, 21. Nec dominum *occidit*,

nec domino *venenum* dedit. Il n'a ni poignardé ni empoisonné son maître. Hor. Ep. I, 2, 32. Ut *jugulent* homines surgunt de nocte latrones. Les brigands sortent de l'ombre pour égorger le monde. Sall. Fr. Cæteri vice pecorum *obtruncantur :* en sorte qu'on voyait à terre comme sur un étal des membres détachés. Tac. Hist.... Juberet *interfici ;* offerre se corpora iræ ; *trucidaret.* Il n'avait qu'à les faire mourir ; ils étaient prêts à servir de victimes à sa colère : il pouvait les tuer à son aise. Cic. Rosc. Am. 34. Cujus consilio *occisus* sit invenio ; cujus manu *percussus* sit non invenio. Je discerne l'auteur, je ne découvre pas l'instrument de cette mort sanglante.

Interitus, v. *Lues* et *Mora*.   Interlocutio, v. *Intercapedo*.

Intermittere. Omittere. *Intermittere,* suspendre, remettre une affaire à un autre temps dans l'espérance et dans le dessein de la reprendre : *in tempus mittere* cum spe consilioque resumendi ; *omittere,* abandonner. Varron. Fr. Studia tantum *intermittantur,* ne *omittantur.* Interrompez vos études, ne les abandonnez jamais.

Intermori, v. *Mors*.   Interpellatio, v. *Intercapedo*.
Interrogare, v. *Rogare*.   Interruptio, v. *Intercapedo*.
Intestina, v. *Caro*.   Intrare, Introire, v. *Inire*.
Intueri, v. *Videre*.   I nunc, v. *Agere*.
Invadere, v. *Irruere*.

Invenire. Reperire. Deprehendere. Nancisci. Adipisci. Consequi. Assequi. 1. *Invenire,* terme général, trouver dans toutes les conjonctures ; *reperire* et *deprehendere* supposent un objet caché qu'on songe et qu'on s'applique à trouver : mais le *reperiens* se borne à découvrir ce qu'il ne voyait point d'abord et qui s'offre ensuite à ses yeux, ἀνευρεῖν ; le *deprehendens* découvre ce qui voulait se cacher ou échapper et qui tombe en son pouvoir. TAC. Ann. I, 74. Perniciem aliis ac postremo sibi *invenere*. De bourreaux qu'ils étaient, ils finirent par se trouver victimes. Comparez avec XIV, 3. Cædes quonam modo occultaretur nemo *reperit*. Personne ne vit jour à cacher le meurtre.

2. *Invenire, reperire, deprehendere* ont pour terme un objet caché qu'on découvre; *nancisci, adipisci, assequi* et *consequi*, un objet éloigné qu'on atteint : le *nanciscens* arrive au terme avec ou sans peine, parfois même sans le souhaiter; c'est une rencontre; l'*adipiscens* a une lutte à soutenir; c'est une victoire; le *consequens* voit ses désirs comblés, qu'il y ait ou non mis du sien; c'est un bonheur; l'*assequens* voit sa constance et ses efforts couronnés; c'est un succès. SUET. Tib. 10. Titus ad primam statim mansionem febrim *nactus*. Titus prit la fièvre à la première halte. Comparez avec Dom. 15. Nero in *adipiscenda* morte manu Epaphroditi adjutus est. Néron ne parvint à se donner la mort qu'en se faisant aider par la main d'Epaphroditus. CIC. Att. X, 12. *Nactus* Curionem omnia me *consecutum* putavi. J'avais eu la chance de trouver Curion, je crus avoir tout gagné. Rosc. Com. 4. Ut neque nihil neque tantùm quantum *postulavimus consequamur*. Il ne s'agit plus de recevoir tout ce que nous avons demandé, il s'agit de ne pas être réduits à rien. Dans Cicéron, Mil. 11 : Nihil dico quid respublica *consecuta* sit, nihil quod vos, nihil quod omnes boni. Je ne tiens aucun compte de ce que gagne la république, de ce que vous gagnez vous-mêmes, de ce que gagnent tous les gens de bien (à la mort de Clodius à laquelle Milon a seul contribué); *assecuta sit* ne serait pas à sa place, et réciproquement *consequuntur* serait faible dans ce passage de SEN. Brev. 17. Operose *assequuntur* quæ volunt, anxie tenent quæ *assecuti* sunt. Ce qu'ils désirent est pénible à acquérir, ce qu'ils ont acquis

est inquiétant à garder. Cic. Fam. I, 7, 10. *Omnia quæ ne per populum quidem sine seditione se assequi arbitrabantur, per senatum consecuti sunt.* Ils ont reçu des mains du sénat tous les avantages qu'ils désespéraient d'acquérir par l'appui du peuple à moins de le soulever.

Invertere, v. *Vertere.*   Investigare, v. *Quærere.*
Invicem, v. *Vicissim.*

Invidia. Livor. Invidentia. Malignitas. Obtrectatio. Detrectatio. 1. *Invidia,* envie qui fait qu'on regarde les gens de travers et qu'on leur en veut pour des motifs tantôt avouables, tantôt immoraux, le plus souvent, mais non point toujours par égoïsme, ὑποψία; *livor,* envie dévorante qui infecte l'âme entière et qui ôte au corps même les fraîches couleurs de la vie.

2. *Invidia,* terme usuel qui se prend au sens actif pour l'envie qu'on porte aux autres, et au sens passif pour l'envie dont on est l'objet de leur part; *invidentia,* néologisme de Cicéron pour l'envie qu'on porte.

3. *Invidia* et *livor* présentent l'envie comme un accès passager; *malignitas,* comme un défaut d'habitude et de nature, par opposition à la bonté d'âme ou de cœur. L'*invidus* et le *lividus* envient certains biens à certaines personnes dans certaines circonstances; le *malignus* est incapable de rien souhaiter d'heureux à tout autre qu'à lui-même.

4. *Invidia, livor, malignitas,* ne marquent qu'un sentiment ou un tour d'esprit; *obtrectatio* marque une action ou une façon d'agir qui procède de ce sentiment et qui tend à nuire à celui qu'on envie par des moyens honteux, comme le dénigrement, par exemple. On ne conçoit point l'*obtrectatio* sans *invidia,* mais on peut concevoir l'*invidia* sans *obtrectatio* quand l'envie est trop lâche pour s'engager dans une lutte.

5. L'*obtrectàtio* suppose un rival et tire son origine de la jalousie; la *detrectatio* ne suppose qu'un adversaire et provient de l'aversion.

Invidia, v. *Odium.*   Jocus, v. *Ludus.*
Irasci, v. *Succensere.*

Ire. Meare. Gradiri. Ingredi. Incedere. Vadere. 1. *Ire* et *meare* expriment la marche, en général, comme mouvement d'un lieu vers un autre, *ire*, ἰέναι, se disant particulièrement des hommes, c'est la suite d'un acte de volonté; *meare*, φοιτᾶν, se dit particulièrement des bêtes, des vaisseaux, des cours d'eau, des astres : c'est un mouvement mécanique auquel la volonté n'a point de part. *Gradiri* et *ingredi*, *incedere* et *vadere* ajoutent à l'idée générale des idées accessoires et précises sur la manière de marcher : *gradiri* et *ingredi*, une idée de calme et de régularité, par opposition à *serpere*, *currere*, *stare*, comme βαδίζειν; *incedere*, une idée de fierté, de mesure et de convenance à propos d'une cérémonie, d'une revue, par opposition à *ambulare*, comme ἐμϐαίνειν; *vadere*, une idée de bonne volonté et de vivacité, en voyage, dans une attaque de vive force, par opposition à *repere?* comme χωρεῖν.

2. *Ingressus*, la marche en général; *incessus*, la démarche qui tient à l'individu et à laquelle on le reconnaît comme à une seconde physionomie. *Ingressus* est un terme purement physique; *incessus*, un terme moral et esthétique.

Irridere, v. *Ridere.*   Irritare, v. *Incitare* et *Lacessere.*
Irritus, v. *Frustra.*

Irruere. Irrumpere. Ingruere. Invadere. *Irruere*, entrer en courant, à la hâte et à l'étourdie; *irrumpere*, pénétrer par force et violence; *ingruere*, avec menaces et importunité; *invadere*, tomber quelque part avec audace et brusquerie.

ITER. MEATUS. VIA. TRAMES. SEMITA. CALLIS. *Iter* et *meatus* expriment, au sens abstrait, le chemin qu'on fait, la marche, le voyage : *iter*, le chemin que fait un être raisonnable; *meatus*, celui que fait un être sans raison et sans volonté; mais *via*, c'est le chemin sur lequel on marche, c'est un terme concret. HOR. Od. III, 2, 22. Virtus negata tentat *iter via*. La vertu se fraye des routes nouvelles. CIC. Att. V, 14, *Iter* conficiebamus æstuosa et pulverulenta *via*. Nous cheminions sur une route brûlante et poudreuse.

2. *Iter*, pris comme terme concret, chemin, direction qui mène au but, comme κέλευθος; il n'est pas nécessaire que ce soit une voie frayée et fréquentée. *Via*, voie sinon construite, du moins régulière et battue, comme ὁδός. César entend, par *viarum* atque *itinerum* duces, des guides tenus de montrer les routes et les sentiers praticables et d'indiquer la direction à suivre quand les voies frayées venaient à manquer.

3. *Via* et *iter* peuvent être étroits ou larges; *trames*, *callis* et *semita* ne désignent qu'un chemin ou un sentier étroit : *trames*, un chemin ou une rue de traverse, à la campagne ou à la ville, propre à conduire au but plus promptement ou plus secrètement que la grand'route; *semita*, un sentier pour les piétons, souvent un trottoir qui court à côté de la route carrossable, οἶμος; *callis*, un chemin de montagne ou de forêt qui n'est guère praticable que pour le bétail, ἀτραπός. PLAUT. Cas. III, 5, 42. De *via* in *semitam* degredi. Quitter la route pour un sentier. CIC. Phil. XIII, 9, 19. Egressus est non *viis* sed *tramitibus* paludatus. Il n'osa suivre les rues et prit les ruelles pour sortir de Rome en tenue de général. VIRG. Æn. IX, 383.

Rara per occultos lucebat *semita calles*, c'est-à-dire qu'Euryale et Nisus cherchent à s'échapper par des sentiers, *semita*, mais qu'ils ont de la peine à en découvrir faute de clarté, d'autant que les ombres de la nuit et de la forêt leur cachent même les chemins, *calles*.

Iter facere, v. *Proficisci*.

Iterum. Rursus. Denuo. De integro. Repetere. Integrare. 1. *Iterum* veut dire, comme δεύτερον, pour la seconde fois; *rursum* ou *rursus*, αὖθις et πάλιν, une fois de plus, encore une fois; *denuo*, νέοθεν, de nouveau : il semble qu'on n'ait encore rien fait; *de integro*, αὖθις ἐξ ὑπαρχῆς, derechef, sur de nouveaux frais ; c'est l'idée précédente exprimée avec plus de force. Justin. XXI, 4, 6. Hoc consilio præventus *iterum* servitia concitat statutaque *rursus* cædium die, quum *denuo* se proditum videret. Prévenu dans ce dessein, il soulève une seconde fois les esclaves, fixe encore une fois le jour du massacre, et, se voyant de nouveau trahi...

2. De même, *pugnam iterare* signifie livrer une seconde bataille; *pugnam repetere*, reprendre le combat; *pugnam renovare*, le renouveler, et *pugnam integrare*, recommencer la bataille sur de nouveaux frais. Auct. Herenn. II, 3, 47. Enumeratio est per quam colligimus et commonemus quibus de rebus verba fecerimus, breviter, ut *renovetur*, non *redintegretur* oratio. L'énumération résume et rappelle les points sur lesquels on a parlé; elle est courte, il s'agit de reprendre, non de recommencer le discours.

Jubere. Imperare. Præcipere. Mandare. *Jubere*, ordonner une chose parce qu'on souhaite et qu'on veut qu'elle soit faite, par opposition à *vetare*, comme κελεύειν; *imperare*, commander militairement en vertu de la supériorité de grade, ἄρχειν; *præcipere*, prescrire en vertu de l'auto-

rité de précepteur, de gouverneur, à peu près comme
ἐντέλλεσθαι; *mandare*, charger d'une affaire une personne
qui a toute notre confiance, ἐφίεσθαι.

JUCUNDUM, v. *Gratus*.   JUGULARE, v. *Interficere*.
JUGUM, v. *Mons*.   JUMENTUM, v. *Pecus*.
JURGIUM, v. *Disceptatio*.

JUSJURANDUM. JURAMENTUM. SACRAMENTUM. *Jusjurandum*
et *juramentum*, qui est d'une époque postérieure, serment
civil par lequel on confirme ou promet quelque chose;
sacramentum, serment militaire par lequel le soldat s'engage et se lie au drapeau. Liv. XXII. 38. Milites tunc quod
nunquam antea factum erat *jurejurando* a tribunis militum adacti jussu consulum conventuros neque injussu
abituros; nam ad eam diem nihil præter *sacramentum*
fuerat. Les tribuns militaires firent jurer aux soldats qu'il
se réuniraient sur l'ordre des consuls et ne se retireraient
point sans leur ordre. Cela ne s'était pas encore vu; il n'y
avait jamais eu jusqu'à ce jour que le serment aux aigles.

JUVARE, v. *Auxilium*.   JUVENIS, v. *Puer*.

JUVENTA. JUVENTUS. JUVENTAS. JUVENALIS. JUVENILIS. 1.
Juventa, la jeunesse considérée comme une période de la
vie; *juventus*, comme la classe des jeunes gens; *juventas*,
comme une déesse.

2. *Juvenalis*, terme indifférent pour tout ce qui se rapporte aux jeunes gens ou élogieux, par opposition à la
faiblesse de l'âge; *juvenilis* contient une idée morale accessoire, celle des goûts que comporte le caractère des
jeunes gens, la plupart du temps avec une teinte de blâme,
par opposition à la maturité de l'âge.

L

LABARE. TITUBARE. VACILLARE. NUTARE. *Labare* caractérise le chancellement par rapport au corps entier qui ne pose point sur une base solide; *titubare*, par rapport aux jambes qui refusent le service et se dérobent; *vacillare*, par rapport au haut du corps qui n'a point une attitude droite, tranquille, sûre; enfin, *nutare*, par rapport à la tête qui ne se soutient plus. Le *titubans* menace de s'affaisser sur lui-même; le *vacillans*, de tomber à la renverse. La *titubatio* est l'indice de la faiblesse corporelle; la *vacillatio*, d'un manque de dignité extérieure, de calme et de décence.

LABES, v. *Vitium.*

LABI. CADERE. *Labi*, tomber, par rapport au point de départ et à l'espace que le corps traverse dans sa chute, tendre vers la terre, ὀλισθεῖν; *cadere*, tomber, par rapport au point que le corps atteint au bout de sa chute, arriver à terre, πεσεῖν. VIRG. Æn. VI, 310. *Lapsa cadunt* folia. Les feuilles se détachent, glissent et tombent. CIC. Brut. 49. Quibus vitiis *labatur* aut *cadat* orator. Les défauts qui égarent ou renversent l'orateur.

LABOR. MOLESTIA. ÆRUMNA. 1. *Labor*, le travail qui met les forces en jeu et fatigue, πόνος; *molestia*, la peine qui fait naître la mauvaise humeur parce qu'elle est trop grande ou qu'elle vient mal à propos, χαλεπότης; *ærumma*, l'accablement qui surpasse presque les forces humaines et terrasse le héros même, ταλαιπωρία; c'est un terme archaïque et à demi poétique. CIC. Finn. V, 32. Ut ubi virtus sit resque magnæ et summe laudabiles virtute res gestæ, ibi esse miseria et *œrumna* non possit, tamen *labor* possit, possit *molestia*. Soyez vertueux, accomplissez par vertu de grandes choses dignes du plus haut éloge, vous ne succomberez jamais sous le poids du malheur, mais vous serez toujours sensible à la fatigue et à la peine.

2. *Laborare*, verbe intransitif, être au fort de la peine et du travail; *elaborare*, verbe transitif, produire quelque chose par sa peine et son travail.

LABOR, v. *Opera*.

LACERARE. LANIARE. *Lacerare*, déchirer de vive force avec les mains, les griffes, les serres, les dents; *laniare*, découper à l'aide d'un instrument tranchant, les dents, griffes et serres pouvant d'ailleurs être considérées comme des instruments de ce genre. APPUL. Metam. IV, p. 84. Morsibus *laceratus* ferroque *laniatus*. Déchiré par les morsures, tailladé par le fer.

LACERTUS, v. *Ulna*.

LACESSERE. IRRITARE. SOLLICITARE. 1. *Lacessere*, pousser à la contradiction, à la résistance la raison et la volonté; *irritare*, exciter jusqu'à la colère les sentiments ou les passions. CIC. Mil. 31. Ut vi *irritare* ferroque *lacessere* fortissimum virum auderet. Il osa irriter par la violence, provoquer par la vue des armes le plus courageux des hommes.

2. *Lacessere*, exciter en troublant la paix d'une façon grossière; *sollicitare*, en troublant par finesse le repos des gens.

LACRIMARE. PLORARE. FLERE. LAMENTARI. EJULARE. DEFLERE. DEPLORARE. 1. *Lacrimare* exprime la conséquence physique d'un mouvement de l'âme joyeux ou triste, comme δαχρύειν, répandre des larmes; *plorare* est l'expression passionnée de la douleur, comme θρηνεῖν, hurler et crier. Entre les deux se trouve *flere*, qui a pour opposé *ridere;* il a de commun avec *lacrimare* l'absence de passion, et avec *plorare* le ressentiment de la douleur, c'est le grec χλαίειν, pleurer. Sen. Ep. 63. Nec sicci sint oculi amisso amico, nec fluant; *lacrimandum* est, non *plorandum.* Vous perdez un ami : je n'exige pas que vos yeux soient secs, mais ne fondez pas en pleurs; versez des larmes, ne criez pas.

2. *Lamentari* et *ejulare* sont encore des augmentatifs de *ploratus : lamentari* marque, comme κωκύειν, un hurlement prolongé; *ejulare,* un hurlement interrompu par des cris et des sanglots, comme ὀλολύζειν.

3. *Plorare* et *flere* sont intransitifs; *deplorare* et *deflere,* transitifs.

Lacuna. Lacus. Stagnum. Palus. Uligo. Lama. Lustrum. *Lacuna* signifie en langage poétique toute espèce d'eau dormante depuis la mer jusqu'à la mare; *lacus* et *stagnum,* eaux dormantes, mais salubres, entretenues et rafraîchies par des sources ou par un cours d'eau qui s'y jette et qui en sort : *lacus,* lac de taille à rappeler l'image de la mer et opposé à la mer, λίμνη; *stagnum,* étang assez grand pour ne point ressembler à une simple mare, par opposition à une rivière, τέναγος. *Palus* et *uligo,* eaux dormantes altérées et corrompues : *palus,* marais, contrée recouverte d'une eau corrompue, ἕλος; *uligo,* fondrière, terrain pénétré par une eau corrompue. Le marais, *palus,* offre l'aspect d'une masse d'eau troublée par la vase et le limon, où on peut se noyer; la fondrière, *uligo,* celui d'un sol amolli par l'eau, où on peut enfoncer. Enfin *lamæ* et *lustra* signifient des eaux dormantes de peu de circuit : *lamæ,* de simples flaques, humides et boueuses, sur des routes; *lustra,* des mares croupissantes qui blessent l'odorat et la vue, dans des forêts et ailleurs.

Lædere. Violare. Offendere. *Lædere*, endommager, blesser, exprime une atteinte physique; *violare*, faire violence, une atteinte au droit; *offendere*, choquer, offenser, une atteinte au sentiment. *Lædere* se rapporte à un objet auquel il y a quelque chose à gâter; *violare*, à un objet pour lequel on a le droit de prétendre à des ménagements; *offendere*, à un être doué de raison et de sentiment. Cic. Off. I, 28, 99. Justitiæ partes sunt non *violare* homines, verecundiæ non *offendere*. Ne pas entreprendre sur les autres, c'est justice; ne les choquer en rien, c'est délicatesse. Sen. Ir. III, 18. Pleraque eorum propter quæ irascimur *offendunt* nos magis quam *lædunt*. Nos colères viennent très-souvent de ce qui nous choque plutôt que de ce qui nous nuit. Const. 4. Contumelia tantum delicatis gravis est, qua non *læduntur*, sed *offenduntur*. Une offense ne pèse qu'aux gens chatouilleux : on ne leur a pas nui, mais on les a choqués. Ovid. Am. III, 3, 31. Formosas superi metuunt *offendere læsi*. Les dieux craignent d'offenser la beauté qui les a blessés.

Lætari, v. *Gaudere*.

Lævis. Glaber. Fricare. Terere. 1. *Lævis, levis*, lisse par opposition à ce qui est rude et raboteux, cela est joli et cause une impression agréable; *glaber*, nu et uni, par opposition à ce qui est garni de poils ou de cheveux, couvert d'une végétation ; cela constitue un défaut et cause une impression désagréable.

2. *Fricare*, polir pour rendre lisse, ψήχειν; *terere*, frotter pour diminuer le volume, τρίβειν.

Lævus, v. *Sinister*.   Lama, v. *Lacuna*.

Lambere. Lingere. *Lambere*, lécher lorsque la langue

sert d'instrument comme la main pour saisir ou toucher un objet, que ce soit ou non un aliment, qu'il ait du goût ou qu'il n'en ait pas; *lingere*, lécher lorsqu'on emploie la langue comme organe du goût pour apprécier une saveur. PLIN. H. N. XXXV, 7. Canem ex ære vulnus suum *lambentem*. Un chien de bronze qui passe la langue sur sa blessure. Comparez avec XXI, 4. Pecoribus sal datur *lingendus*. On donne au bétail du sel à lécher.

LAMENTARI, v. *Lacrima.*   LANCEA, v. *Missile.*
LANIARE, v. *Lacerare.*

LANIENA. MACELLUM. *Laniena*, étal sur lequel le boucher, *lanius*, expose en vente des bêtes tuées et dépecées; *macellum*, marché où le *macellarius* débite toute sorte de viandes, menue viande, charcuterie, gibier, volaille, poisson.

LAPIS, v. *Saxum.*

LAQUEUS. FUNIS. RESTIS. 1. *Laqueus*, nœud coulant fait à une corde; *funis* et *restis*, la corde même : *funis*, grosse corde destinée à tirer, à haler, et qui doit pour cette raison avoir une certaine longueur, σχοῖνος; *restis*, corde mince qui servait plutôt à lier et à suspendre et qui pouvait être courte, σπάρτη. Le trait qui attache le cheval de volée, *equus funalis*, la corde sur laquelle danse le funambule, le câble qui remorque la chaloupe d'un vaisseau, ne s'appellent jamais *restis* en prose; par contre, une corde bonne pour se pendre, pour fouetter un esclave, pour servir de ceinture, ne prendra guère le nom de *funis*, à moins qu'un poëte ne s'avise de préférer ce dernier terme comme le plus noble.

2. *Rudentes*, les écoutes; *retinacula* et *oræ*, les câbles des ancres : *retinacula*, comme terme usuel et populaire; *oræ*, dans *oras solvere*, comme terme technique.

Largitio v. *Donum.*

Largus. Benignus. Liberalis. Munificus. *Largus* se dit de toute personne qui donne beaucoup, n'importe à qui, n'importe dans quelle vue, par opposition à *parcus*; *benignus, liberalis* et *munificus* n'expriment que des vertus. Le *benignus* obéit à un penchant de pure humanité, à l'amour du prochain; le *liberalis*, à un noble orgueil, à une juste estime de soi-même; le *munificus*, à une vanité bien placée qui ferait honneur à un prince. La *benignitas* donne abondamment parce qu'elle ne veut ni posséder ni jouir seule, c'est de la bonté d'âme; la *liberalitas* fait bien les choses, elle consiste à donner en proportion du rang qu'on tient et du mérite d'autrui, c'est le fait du galant homme chez lequel on ne retrouve aucune trace des calculs méticuleux du marchand; la *munificentia* donne plutôt trop que trop peu par plaisir de rendre heureux et de surprendre, comme la générosité.

Larva. Persona. *Larva*, masque grotesque et effrayant; *persona*, masque bien fait qui représente un personnage connu.

Lascivus, v. *Petulans.*   Lassus, v. *Fatigatus.*

Latebra. Latibulum. *Latebra*, lieu écarté ou obscur ou l'on peut se cacher décemment; *latibulum*, réduit où il faut se glisser en rampant, comme une bête.

Latrare. Gannire. Baubari. *Latrare* se dit de l'aboiement hostile d'un gros chien, et au figuré d'une querelle, ὑλακτεῖν; *gannire*, des jappements inoffensifs d'un petit chien, et au figuré du clabaudage, κνυζᾶσθαι; enfin, *baubari*, des hurlements et gémissements du chien, βαΰζειν.

Latro, v. *Præda.*   Larus, v. *Coxa.*

Lectus, v. *Cubile.* Legare, v. *Mittere.*
Lembus, v. *Navigium.* Lemures, v. *Spectrum.*
Lenis, v. *Mitis.* Lentus, v. *Tardus.*

Lepidus. Facetus. Festivus. Salsus. Dicax. Cavillator. *Lepos, facetiæ* et *festivitas* expriment un genre d'esprit inoffensif, la bonne humeur opposée à la gravité et
propre à une âme bienveillante : *lepos,* l'esprit dispos et
léger par opposition à la pesanteur; *festivitas,* la gaieté
d'esprit par opposition à une gravité sombre; *facetiæ,*
l'enjouement par opposition à un tour d'esprit grave et
sérieux. *Sales, dicacitas, cavillatio,* expriment un genre
d'esprit vif, caustique et pénétrant : *sales,* c'est le piquant
opposé au fade et au trivial, voué à la recherche du trait,
causant au hasard du plaisir ou de la peine; *dicacitas,* l'esprit satirique qui s'exerce aux dépens d'autrui, mais en
sorte que la plaisanterie reste le but principal et que la
moquerie ne soit qu'un accessoire; *cavillatio,* l'esprit moqueur pour lequel la blessure à faire est le point important, la plaisanterie un simple instrument et une forme
comme une autre. Cic. Orat. 30. Demosthenes non tam
dicax fuit quam *facetus.* Est autem illud acrioris ingenii,
hoc majoris artis. Démosthène est plutôt un esprit enjoué
qu'un esprit satirique. La satire exige plus de vivacité naturelle, l'enjouement plus de savoir-faire.

Letum, v. *Mors.* Levis, v. *Lævis.*
Libare, v. *Sapor.* Libenter, v. *Sponte.*
Liberalis, v. *Largus.* Liberalitas, v. *Donum.*

Libertus. Libertinus. *Libertus,* l'affranchi par rapport
à son maître et par opposition à *servus ; libertinus,* par
rapport à sa condition et par opposition à *civis* et *inge-
nuus.* Sen. Contr. III, 21. Quærendus mihi gener erat *libertinus;* quid ergo? *alieno* potius *liberto?* J'étais réduit

à chercher un gendre dans la classe des affranchis. Eh bien, pourquoi pas le mien, plutôt que celui d'un autre? Cic. Verr. I, 47. Trebonius fecit heredem *libertum* suum... Equiti Romano *libertinus* homo fit heres. Trébonius prit son affranchi pour héritier. Un homme de la classe des affranchis devient héritier d'un chevalier romain. Tac. Ann. XIII, 27. Si separarentur *libertini*, manifestam fore penuriam ingenuorum. On n'avait qu'à compter tout ce qui appartenait à la classe des affranchis; on ne verrait que trop clairement combien on manquait d'hommes libres.

Libido, v. *Cupido.*

Libra. Pondo. L'expression complète est *libra pondo*, mot à mot une balance, un plateau de balance chargé de manière à faire équilibre à l'unité de poids, une livre pesant; *libra* est la formule la plus vague : l'ellipse de *pondo* ouvre la porte à une équivoque, on pourrait croire qu'il s'agit de la balance même; *pondo* est une expression elliptique, en ce sens que l'idée accessoire, celle du poids, représente en même temps l'idée principale, celle de l'unité de poids. Il y a la même différence entre *operæ pretium est* d'une part, et *operæ est, pretium est*, de l'autre.

Librare. Vibrare. *Librare hastam,* balancer une pique horizontalement afin de la lancer avec plus de force et de justesse; *vibrare,* la brandir d'avant en arrière, ou de haut en bas pour témoigner de l'envie qu'on a de combattre.

Liburna, v. *Navigium.*   Licet, v. *Concessum est.*

Ligare. Viere. Vincire. Nectere. Obligare. Obstringere. Devincire. 1. *Ligare* et *viere*, synonymes de *copulare,* lier pour empêcher que les parties ne se séparent, δέειν; *vincire* et *nectere*, synonymes de *coercere*, enchaîner pour prévenir la liberté des mouvements, δεσμεύειν.

2. *Ligare* est le terme général; *viere*, le terme technique à l'usage du tonnelier, du vannier, etc.

3. *Obligare*, attacher par des prévenances; *obstringere*, lier par des bienfaits; *devincire*, enchaîner à soi par des relations intimes et durables. L'*obligatus* se sent engagé par les devoirs conventionnels de la vie du monde; l'*ob-strictus*, par des devoirs de morale ou de religion; le *devinctus*, par des devoirs de piété.

Lima. Scobina. *Lima*, outil pour polir; *scobina*, pour dégrossir.

Limes, v. *Finis*.   Limus, v. *Lutum*.
Lingere, v. *Lambere*.

Lingua. Sermo. *Lingua*, langage du premier peuple venu, même le plus grossier, *gentis* ou *nationis*, pourvu qu'il ait un vocabulaire particulier pour rendre ses idées; *sermo*, langue d'un peuple civilisé, *populi*, servant d'expression à des pensées suivies. Notre idiome, *lingua*, nous est donné quand nous venons au monde comme la langue que nous avons dans la bouche, et ce terme se rapporte par préférence au matériel des mots; le *sermo* suppose comme le discours une certaine initiative personnelle, il comprend les règles de la grammaire et du style. Cic. Finn. 3, 10. Sæpe disserui latinam *linguam* non modo non inopem, sed locupletiorem etiam esse quam græcam. J'ai souvent essayé de démontrer que le latin, qui est notre idiome, n'est rien moins que pauvre, qu'il offre même plus de ressources que le grec. Comparez avec Off. I, 31: *Sermone* debemus uti eo qui notus est nobis. Employons la langue que nous savons.

Linter, v. *Navigium*.   Liquere, v. *Fluere* et *Constare*.
Lira, v. *Porca*.

LITTERA. ELEMENTUM. *Littera*, la lettre comme élément indivisible de l'écriture, γράμμα; *elementum*, comme élément indivisible de la langue parlée, comme un des sons simples que la science grammaticale étudie, στοιχεῖον

LITTERÆ. EPISTOLA. CODICILLI. *Litteræ*, terme général, lettre; *epistola*, lettre adressée à un ami éloigné et envoyée par un messager, missive; *codicilli*, billet adressé dans l'enceinte d'une ville. SEN. Ep. 55. Adeo tecum sum ut dubitem an incipiam non *epistolas*, sed *codicillos* tibi scribere. Je vis si parfaitement avec toi en imagination, qu'il me prend des envies de t'écrire au lieu de longues missives de simples billets. CIC. Fam. VI, 18. Simul accepi a Seleuco tuo *litteras;* statim quæsivi e Balbo per *codicillos* quid esset in lege. Aussitôt ta lettre reçue des mains de Séleucus, j'écrivis un billet à Balbus pour savoir de lui la teneur de la loi.

LITTERÆ. ARTES. DOCTRINÆ. DISCIPLINÆ. *Litteræ* et *artes*, les lettres et les sciences considérées en général comme le but des études : *litteræ*, au sens restreint, la littérature d'imagination ou de raisonnement consignée dans les livres, comme moyen direct d'enrichir la mémoire, et moyen indirect d'aiguiser l'intelligence et de former le goût; *artes*, les lettres et les sciences dans l'acception la plus haute quand les connaissances qu'on acquiert servent immédiatement à développer l'esprit et le talent. *Doctrinæ* et *disciplinæ*, les diverses branches du domaine général de la science réduites en systèmes : *doctrinæ*, se disant par préférence des sciences spéculatives, abstraites, des études philosophiques et savantes; *disciplinæ*, des sciences pratiques appliquées aux usages de la vie.

LITIGATIO, v. *Disceptatio.*   LITTUS, v. *Ripa.*
LIVOR, v. *Invidia.*   LOCUPLES, v. *Divitiæ.*

Locus. Tractus. Regio. Plaga. *Locus*, espace pris comme un point isolé, endroit, τόπος; *tractus*, espace considéré comme une ligne, bande, zone qui s'étend au loin, c'est à peu près le grec κλίμα; *regio*, espace pris comme un cercle, comprenant les environs d'un centre, contrée, χῶρος; *plaga*, espace pris comme une surface en général.

Longævus, v. *Vetus.* Longe, v. *Procul.*
Loquax, v. *Garrire.* Loqui, v. *Dicere.*

Lucere. Fulgere. Splendere. Nitere. Renidere. Coruscare. Micare. Radiare. 1. *Lucere, fulgere, splendere, nitere*, désignent une clarté fixe et permanente : *fulgere*, celle d'une lumière intense ou d'une couleur de feu qui éblouit, comme φλέγω; *lucere*, celle d'une lumière bienfaisante et d'une couleur de feu plus douce, comme φαίνω, φέγγω; *splendere*, l'éclat d'une surface polie et nette, par opposition à *sordere*, comme λάμπω; *nitere* en prose et en vers *renidere*, le lustre d'un corps humide, huilé, graissé, verni ou lavé, par opposition à *squalere*, comme στίλβω. 2. *Coruscare, micare, radiare*, désignent une clarté intermittente et mobile comme étinceler et scintiler : *coruscare*, briller comme l'éclair qui sort brusquement de la nue; *micare*, étinceler comme le métal qu'on agite au soleil; *radiare*, lancer des jets de lumière comme le soleil qui darde ses rayons. Cic. Cat. II, 3. Qui *nitent* unguentis, qui *fulgent* purpura. Ceux qui empruntent le lustre des parfums, l'éclat de la pourpre. Auct. ad Herenn. IV, 33. Tantus erat in *armis splendor* ut *solis fulgor* obscurior videretur. Ses armes resplendissantes semblaient obscurcir les feux ardents du soleil. Plin. H. N. XXXVII, 2. *Splendor* murrhinis sine veribus, *nitor*que verius quam *splendor*. Il n'y a rien qui frappe dans l'éclat de ces vases, et ils ont même, à vrai dire, plus de lustre que d'éclat. *Splendor* présente en effet l'éclat sous son aspect majestueux, *nitor* sous son aspect aimable, comme dans Auct. ad Herenn. IV, 50. Gemmæ *nitore* et auri *splendore*. Par le lustre des pierreries et par l'éclat de l'or. Au figuré *splendor* marque la magnificence, *nitor* l'élégance.

Lucerna, v. *Candela*.

Lucrum. Emolumentum. Quæstus. Compendium. *Lucrum* et *emolumentum*, gain dans toutes les circonstances de la vie : *lucrum*, gain qu'on doit à ses propres efforts, par opposition à *damnum*, κέρδος; *emolumentum*, avantage qui échoit à quelqu'un, par opposition à *detrimentum*, ὠφέλημα. *Quæstus* et *compendium*, bénéfice dans le domaine du commerce : *quæstus*, bénéfice soutenu, permanent, par opposition à *sumptus*, χρηματισμός; *compendium*, profit accidentel et considérable, par opposition à *dispendium*.

Luctus, v. *Dolor*.

Luculentus. Illustris. *Luculentus*, synonyme de *probabilis*, ce qui supporte les regards et n'a point de raison de fuir la lumière, ce qui est comme il faut; *illustris*, synonyme d'*excellens*, ce qui attire les regards, ce qui saute aux yeux et brille au soleil. *Luculentus* ne contient jamais un éloge emphatique. Cic. Off. III, 14, 60. Hoc quidem satis *luculente*, c'est-à-dire : cela s'entend. Et Finn. I, 5, 15 : Cum græce, ut videor, *luculenter* sciam. Je crois savoir convenablement le grec, ce qui n'est nullement prétentieux. C'est comme si on disait : *sic satis*.

Lucus, v. *Silva*.   Ludio, v. *Actor*.

Ludus. Schola. *Ludus*, école élémentaire pour les enfants qui ont besoin d'apprendre et qu'on y oblige; *schola*, école d'enseignement supérieur pour les jeunes gens et les hommes qui veulent s'instruire. Le *ludus* suppose des écoliers, *discipulos*, un maître, *ludi magistrum*, et une discipline classique ; la *schola* suppose des auditeurs, *auditores*, un professeur, *doctorem*, et un genre d'exposition académique.

Luɒus. Lusus. Ludicrum. Jocus. 1. *Ludus*, le jeu qui offre à l'homme un moyen de divertissement ; *lusus*, le jeu auquel l'homme se livre, qu'il met en train, qu'il imagine. *Ludus* présente le jeu comme une récréation, par opposition à la peine ; *lusus*, comme une action puérile et vaine, par opposition aux occupations sérieuses. Plin. Ep. IX, 3,33. Pueri quos otium *ludus* que sollicitat. Les enfants que dérangent le désœuvrement et le jeu. Comparez avec IX, 25 : *Lusus* et ineptias nostras legis. Tu lis les bagatelles et les sottises auxquelles nous nous sommes amusés. Cic. Flacc. 5, 12. Græci quibus jusjurandum jocus est, testimonium *ludus*, c'est-à-dire les Grecs pour lesquels c'est fort peu de chose que de porter un faux témoignage. Comparez avec Sen. Contr. I, 2. Piratas... quibus omne fas nefasque *lusus* est, c'est-à-dire les pirates aux yeux desquels la différence entre le juste et l'injuste n'est qu'un amusement, un jeu de mots sans conséquence.

2. Le pluriel *ludi* prend la signification particulière de spectacles publics, et, dans cette acception, il a pour singulier *ludicrum*.

3. *Ludus* et *lusus* ont un tour négatif ; ce sont de simples passe-temps, des distractions, comme moyen préservatif contre l'ennui ; *jocus* est un terme positif, amusements, plaisanteries, comme manifestation de la bonne humeur et de la vivacité d'esprit. Le *ludens* ne demande qu'à n'être point astreint, à ne rien faire de sérieux et à se délasser ; le *jocans* dépense en frivolités autant d'ardeur qu'on en peut mettre aux affaires.

Lues, Contagium. Pestilentia. Pestis. Pernicies. Exitium. Interitus. Exitus. 1. *Lues*, terme général, miasme, principe impur et délétère; *contagium*, mal contagieux; *pestilentia*, maladie contagieuse, et de plus régnante, ou au sens restreint, la peste proprement dite. Sall. Cat. 10. Post ubi *contagio* quasi *pestilentia* invasit. Puis, quand cé mal contagieux eut fait, comme la peste, d'irrésistibles progrès. Plin. H. N. XXIII, 28. Laurus folia *pestilentiæ contagia* prohibent. Les feuilles du laurier de Delphes préservent des atteintes contagieuses de la peste. Lucan. VI, 89. Fluidæ *contagia pestis*. L'air se charge d'exhalaisons pestilentielles [1].

2. La poésie seule emploie *pestis* pour la peste même; hors de là, *pestis* exprime, comme *exitium* et *pernicies*, un fléau en général, sans qu'il soit question de maladie; mais *pestis* s'emploie régulièrement comme terme concret, *exitium* et *pernicies* comme termes abstraits. Sen. N. Q. III, pr. Philippi aut Alexandri... qui *exitio* gentium clari non minores fuere *pestes* mortalium quam inundatio. Les Philippe et les Alexandre, fameux par la destruction de tant de peuples, fléaux de l'humanité aussi désastreux qu'un déluge.

3. *Pernicies* a la signification active; il exprime qu'on fait périr par meurtre des êtres vivants; *exitium* a la signification passive et s'entend même de la destruction d'objets inanimés; enfin, *interitus* a, comme *exitus*, la signification neutre et se dit d'êtres animés ou inanimés qui tombent en décadence. Tac. Ann. XVI, 63. Poppæa non nisi in *perniciem* uxoris nupta; postremo crimen omni *exitio* gravius. Poppée, qui ne s'était fait épouser que pour perdre la femme légitime; une accusation enfin plus

---

[1] Traduction de la collection Panckoucke. Lucain, tome II, p. 9.

pénible que mille morts. Cɪć. Cat. IV, 3. Cum de *pernicie* populi Romani, *exitio* hujus urbis cogitarit. L'extermination du peuple romain, la destruction de la ville à laquelle il songeait sans cesse. Rull. II, 4, 10. Extremi *exitiorum exitus.*

4. *Exitium*, fin violente ; *exitus*, fin naturelle. Cɪc. Rull. II, 4, 10. Qui civitatum afflictarum perditis jam rebus extremi *exitiorum* solent esse *exitus.* Cela exprime pour ainsi dire le dernier soupir d'un État qui périt dans les convulsions. Verr. V, 6, 12. *Exitus exitiales.*

Lᴜᴍᴇɴ. Lᴜx. *Lumen*, le corps lumineux qui éclaire, φέγγος ; *lux*, la lumière émise, φάος. Cɪc. Finn. III, 14, 45. Ut obscuratur et offunditur *luce* solis *lumen* lucernæ. De même que la simple lumière du soleil fait pâlir et presque évanouir la flamme d'une lampe. Curt. VIII, 2, 21. Sed aditus specus accipit *lucem;* interiora nisi allato *lumine* obscura sunt. L'entrée de la caverne est accessible à la lumière ; l'intérieur est plongé dans les ténèbres tant qu'on n'y porte point de flambeaux. Cɪc. Acadd. pr. II, 8, 26. Si ista vera sunt, ratio omnis tollitur, quasi quædam *lux lumenque* vitæ, c'est-à-dire que la raison, qui est seule claire et lumineuse en elle-même et par elle-même, répand sur la vie sa clarté et sa lumière. Et au sens figuré, *lumen* se rapporte au principe, *lux*, au simple fait de la célébrité. Cicéron, Man. 5, appelle Corinthe : Græciæ totius *lumen*, mais Rome, Cat. IV, 6 : *lucem* orbis terrarum. C'est comparer Corinthe à un foyer de lumières ; c'est dire de Rome que toutes les autres villes ne sont en comparaison que des cités obscures. *Lucida* oratio, discours plein de clarté, aisé à entendre ; *luminosa*, discours lumineux, plein de beautés éclatantes.

Lᴜʀɪᴅᴜs, v. *Luteus.*   Lᴜsᴛʀᴜᴍ v. *Lacuna.*
Lᴜsᴜs. v *Ludus.*

LUTEUS. GILVUS. HELVUS. FLAVUS. LURIDUS. *Luteus*, jaune par excellence, par exemple, jaune d'œuf; *gilvus* et *helvus*, jaune obscur qui tire sur le rouge, celui du miel; *flavus* et *luridus*, jaune clair qui tire sur le blanc; *flavus*, jaune agréable et brillant, celui des cheveux blonds; *luridus*, jaune pâle, désagréable, le jaune livide de la mort.

LUTUM. LIMUS. CŒNUM. SORDES. SQUALOR. PÆDOR. SITUS. STERCUS. FIMUS. OLETUM. MERDA. 1. *Lutum, limus, cœnum*, matière malpropre et humide : *lutum*, boue des rues et des routes, πηλός; *limus*, limon des fleuves, ἰλυς; *cœnum*, vase des marais, βόρβορος. TAC. Ann. I, 63. Cætera *limosa*, tenacia gravi *cœno* aut rivis incerta erant. Hors de là des terrains limoneux où l'on reste fortement engagé dans la vase ou des terrains coupés par des ruisseaux : *Sordes, squalor, pædor, situs*, matière malpropre et sèche : *sordes*, opposé à *splendor*, crasse des pauvres, de la populace, des avares qui porteront, par exemple, des vêtements hors d'usage, ῥύπος; *squalor*, opposé à *nitor*, malpropreté des gens qui manquent de savoir-vivre et de goût, qui oublieront, par exemple, de se peigner les cheveux, αὐχμός; *pædor*, opposé à *munditiæ*, saleté des gens qui ne prennent aucun soin de leur personne, vermine, gale, πίνος; *situs*, opposé à *usus*, moisissure, rouille, qui proviennent d'un abandon prolongé, ἄζη. De là viennent les formes différentes des adjectifs : *lutosus, limosus, cœnosus*, c'est-à-dire plein de boue, de limon, de vase; mais *sordidus, squalidus, pædidus*, c'est-à-dire qui se sent des *sordibus*, etc.; et dans les périphrases : *oblitus luto, limo, cœno*, mais *obsitus sordibus, squalore, pædore*.

2. *Stercus*, le fumier considéré par son vilain côté, comme amas d'immondices, κόπρος; *fimus*, par son côté utile, comme engrais.

3. *Cœnum*, terme général pour les excréments qui ins-

pirent du dégoût ; *oletum*, excréments de l'homme ; *merda*, des animaux.

Lux, v. *Lumen.*

LUXUS. LUXURIA. *Luxus*, usage ou étalage du luxe, par-fois même objet de luxe ; *luxuria* met toujours l'homme en jeu ; c'est une disposition, une inclination, un penchant au luxe. SEN. Ir. 1, 11. Animis delicias, *luxum*, opes igno-rantibus. Ces âmes auxquelles les jouissances, le luxe, les richesses sont inconnues. Et un peu plus loin : Opinionem *luxuriæ* segnitiæque. Les lenteurs de Scipion le firent soupçonner d'aimer le luxe et le repos. SALL. Cat. 13. Romani famem aut sitim... *luxu* ante capere, c'est-à-dire par un raffinement que le luxe avait introduit. Comparez avec Jug. 90 (ou 85 [1], vers la fin du discours de Marius). *Luxuria* atqúe ignavia, pessimæ artes, *luxuria*, c'est-à-dire la manie du plaisir.

LYMPHATUS, v. *Amens.*
MACELLUM, v. *Laniena.*   MACER, v. *Exilis.*
MACERIA, v. *Murus.*   MACULA, v. *Vitium.*
MADIDUS, v. *Udus.*   MAGISTER, v. *Doctor.*
MAGNOPERE, v. *Perquam.*

MAGNUS. GRANDIS. AMPLUS. INGENS. IMMANIS. VASTUS. 1. *Magnus*, *grandis* et *amplus* expriment une grandeur con-venable ; *ingens*, *immanis* et *vastus*, une grandeur exces-sive. SEN. Ir. I, 16, 26. Nec enim *magnitudo* ista est, sed *immanitas*. Ce n'est pas le langage d'un grand homme, c'est celui d'un monstre.

2. *Magnus* exprime la grandeur sans idée accessoire, par opposition à *parvus*, comme μέγας ; *grandis*, avec une

---

Dans la collection Lemaire et la collection Panckoucke.

idée accessoire de force et de majesté naturelle, grandiose, par opposition à *exilis, subtilis, tumidus, minutus, exiguus;* enfin, *amplus,* avec l'idée accessoire d'une dignité extérieure qui impose et fait impression.

3. *Ingens,* ἄπλετος, fait ressortir ce qu'il y a d'extraordinaire; *immanis,* πελώριος, ce qu'il y a d'effrayant; *vastus,* ἀχανής, ce qu'il y a de disgracieux dans une grandeur excessive.

Mala. Maxilla. Gena. **1.** *Mala*, la mâchoire supérieure; *maxilla,* la mâchoire inférieure.

2. *Mala,* terme usuel, la joue au sens physiologique, *gena,* terme archaïque et choisi, la joue, avec une idée accessoire de beauté.

Maledictum. Probrum. Convicium. *Maledictum,* tout ce qu'on dit pour nuire à autrui, soit en forme de malédiction pour lui porter malheur, soit en forme de paroles injurieuses pour le couvrir de honte, κακηγορία. *Probrum* et *convicium,* ce qu'on dit pour couvrir quelqu'un de honte : *probrum,* ὄνειδος, l'invective composée de phrases et de propos déshonorants; *convicium,* λοιδορία, l'insulte composée de mots détachés et de surnoms déshonorants. *Fur !* est un *convicium; fur es !* un *probrum;* l'un et l'autre sont des *maledicta.*

Malefactum, Maleficium, v.
 Delictum.

Malitia. Malignitas. Malevolentia. Malus. Nequam. Pravus. **1.** *Malitia,* la méchanceté qui aime à mentir et à tromper parce qu'elle est devenue insensible aux avertissements de la conscience; *malignitas,* la malignité qui est une forme de l'amour de soi, qui ne souhaite de bien qu'à soi, jamais aux autres et provient d'un égoïsme qui court les rues; *malevolentia,* la malveillance qui souhaite plutôt du mal que du bien à quelqu'un par aversion personnelle. La *malitia* est une façon de penser et d'agir punissable parce qu'elle compromet la sécurité publique; la *malignitas*, un sentiment méprisable qui annonce un fond de misanthropie; la *malevolentia* enfin est un défaut haïssable parce qu'elle est portée à se réjouir du mal qui arrive aux autres. La malice ne s'appelle jamais en latin *malitia*, mais plutôt *malevolentia*, et mieux encore *studium nocendi*.

2. *Malus homo*, homme immoral; *nequam*, homme qui n'est bon à rien, dont le travers est de fuir les travaux utiles et de se plaire aux mauvais tours, vaurien, par opposition à *frugi*; enfin, *pravus*, homme qui a pris une mauvaise direction au sens physique, intellectuel ou moral, par opposition à *rectus*. QUINTIL. VIII, 3, 48. Nec parricidam *nequam* dixeris hominem, nec meretrici forte deditum *nefarium*, quod alterum parum, alterum nimium est. Vous ne traiterez ni un parricide de vaurien ni un amoureux de monstre; le premier dit trop peu, le second dit trop.

MALIGNITAS, v. *Invidia.*　　MANARE, v. *Fluere.*
MANCIPARE, v. *Vendere.*　　MANCIPIUM, v. *Servus.*
MANDARE, v. *Jubere.*

MANE. CREPUSCULO. DILUCULO. *Mane,* le matin, ὄρθρῳ; il s'entend des premiers pas que le jour fait dans sa carrière, par opposition, d'une part, à la nuit, de l'autre, aux heures de la journée qui précèdent midi; *crepusculo,* ἦρι, le matin, au crépuscule, par opposition au grand jour; *diluculo,* enfin, le matin, à l'aube, par opposition aux ténèbres de la nuit, λυκόφως.

MANERE. MORARI. TARDARE. DETINERE. 1. *Manere,* rester, par opposition à partir; *morari,* s'arrêter en route, interrompre un mouvement au lieu d'aller de l'avant. Cic. Sen. 23. *Commorandi* natura deversorium nobis, non *habitandi* dedit. C'est un asile passager, ce n'est point une demeure fixe que nous a donné la nature. Dans Tac. H. II, 48. Irent *propere* neu *remanendo* iram victoris asperarent. Il fallait se hâter d'y aller et éviter tous les retards qui pourraient irriter le courroux du vainqueur : la variante *remorando* mérite la préférence.

2. *Morari aliquem*, décider quelqu'un à s'arrêter de son plein gré, διατρίβειν; *tardare*, lui susciter des difficultés qui l'empêchent de parcourir rapidement son chemin, βραδύνειν; *detinere*, l'empêcher par force d'avancer, κατέχειν. *Tardare* se rapporte par préférence à l'action; *detinere*, à la personne; *morari*, aux deux.

Manere. Exspectare. Præstolari. Opperiri. 1. *Manere* n'exprime qu'une action physique, comme d'attendre et de rester en un lieu jusqu'à ce qu'une chose arrive; *exspectare*, *præstolari* et *opperiri* expriment une action de l'âme, comme d'attendre quelque chose ou quelqu'un avec une certaine tension d'esprit.

2. *Exspectare* présente l'attente comme un acte simple de l'esprit, sans idée accessoire d'application pratique; *præstolari* et *opperiri* expriment en outre cette idée accessoire que celui qui attend compte agir quand la chose ou la personne attendue sera arrivée.

3. Le *præstolans* attend une personne au service et à la disposition de laquelle il veut se mettre; l'*opperiens*, un événement par lequel il ne veut point se laisser surprendre. Le *præstolans* est un inférieur; l'*opperiens*, un égal, soit ami, soit ennemi, par rapport à la personne attendue. Enfin, *præstolari* est un terme prosaïque, *opperiri*, un terme poétique ou du moins choisi. Les Latins n'ont point de synonymes qui correspondent à la distinction qu'on

fait en allemand entre *wartem* et *harren*, entre l'attente paisible, calme, et l'attente impatiente qui tend tous les ressorts de l'âme.

MANES, v. *Spectrum*.   MANICÆ, v. *Vincula*.
MANIFESTO, v. *Aperire*.   MANNUS, v. *Equus*.

MANSUETUDO. CLEMENTIA. *Mansuetudo*, la douceur et la magnanimité de l'homme et du particulier qui ne tire point vengeance d'une injure, par opposition à *iracundia;* *clementia*, l'indulgence et l'humanité du souverain ou du juge qui ne fait point subir au coupable un châtiment mérité, par opposition à *crudelitas*.

MANSUETUS, v. *Cicur*.   MANUBIÆ, v. *Prœda*.

MARE. ÆQUOR. PONTUS. PELAGUS. 1. *Mare*, la mer prise comme un amas d'eau, par opposition à *terra* et *aer*, ἅλας, θάλασσα; *æquor*, *pelagus* et *pontus*, la mer au point de vue de ses dimensions : *æquor* et *pelagus*, de sa dimension horizontale, la surface de la mer, comme πέλαγος, d'où vient πελαγίζειν, inonder; *pontus*, de sa dimension verticale, la profondeur de la mer, comme πόντος, d'où ποντί-ζειν, submerger. COLUM. VIII, 17. Ut in solo piscinæ posita libella septem pedibus sublimius esset *maris æquor*. En sorte qu'un niveau placé sur le fond du vivier marque sept pieds au-dessous du niveau de la mer. OVID. Met. II, 872. Mediique per *æquora ponti* fert prædam. Il traverse les plaines de la haute mer avec la proie qu'il emporte. 2. *Æquor*, la surface de la mer au simple sens physique; *pelagus*, avec l'idée accessoire de sa vaste étendue, de son immensité.

MARGO. ORA. *Margo*, le bord, la limite naturelle d'une surface conçue comme une ligne mathématique, et ne comprenant que par extension la partie extrême de la surface ou bordure; *ora*, la frange, la bordure artificielle de la surface, ajoutée le plus souvent dans un but d'ornement et occupant elle-même une certaine largeur. Aussi dit-on *ora togæ* et non *margo*, et vice versa *margo fluminis* et *ripæ*, quand il s'agit de désigner la ligne de bord à l'exclusion de la rive.

MARITA, v. *Femina*.

MATRIMONIUM, v. *Conjugium*.

MAXILLA, v. *Mala*.

MAS, v. *Homo*.

MEARE, v. *Ire*.

MEDERI. MEDICARI. SANARE. MEDICAMEN. MEDICINA. REMEDIUM. 1. *Mederi* et en vers *medicari*, synonymes de *curare*, ἰᾶσθαι, présentent la guérison comme le résultat obtenu par le médecin et dû à ses soins, à sa prudence, à son art; *sanare*, synonyme de *restituere*, ἀκεῖσθαι, comme l'effet du remède qui rend la santé au malade par une action physique.

2. *Medicamentum*, médecine considérée dans sa substance matérielle, telle qu'elle sort des mains du pharmacien, φάρμακον; *medicina*, médecine considérée au point de vue de sa vertu curative, telle qu'elle est prescrite par le médecin : c'est d'une maladie qu'il s'agit dans les deux cas. *Remedium*, toute espèce de secours contre un mal donné, ἄκος. CIC. N. D. II, 53. *Medicamentorum* salutarium plenissimæ terræ. Terres qui abondent en simples salutaires. Comparez avec Divin. II, 51. A medico petere *medicinam*. Demander une ordonnance au médecin.

MEDITARI, v. *Cogitare*.

MEDIUS. MODICUS. MEDIOCRIS. *Medius* est toujours adjectif de lieu, au milieu, entre deux, par opposition aux points extrêmes; *modicus* est un adjectif de quantité qui se rapporte au nombre et à la grandeur, comme modéré,

par opposition à toute sorte d'excès; *mediocris* est un adjectif de qualité qui se rapporte à la valeur d'un objet, comme médiocre, par opposition à l'excellence. Il y a identité entre *modicæ facultates*, une certaine dose de moyens, et *mediocre ingenium*, un génie médiocre. Cic. Rep. II, 31. Haud *mediocris* vir fuit, qui *modica* libertate populo data facilius tenuit auctoritatem principum. Je ne saurais voir un génie médiocre dans l'homme qui ne donna au peuple une liberté modérée que pour mieux conserver l'autorité des grands.

Medius dies, v. *Meridies*.

Membrum. Artus. *Membrum*, le membre même constituant une partie du corps, comme μέλος et χῶλον; *artus*, l'articulation du membre, comme ἄρθρον et ἄψος. Sen. Contr. II, 13. Differebatur distortis manibus, emotis *articulis;* nondum in sua *membra artus* redierant [1]. On la tiraillait encore quoique les mains fussent disloquées, les articulations luxées ; les jointures ne s'étaient pas encore rapprochées des membres. Virg. Æn. V, 422. Magnos *artus membrorum*. Les muscles puissants qui servaient d'attache aux membres. Quintil. Decl. Ult. Ut per singulos *artus membra* laxaret [2]. Afin de déboîter les membres à chaque jointure. D'autre part, *membra* se dit de toutes les parties du corps, même de la tête et du tronc; *artus* ne désigne que les extrémités qui se rattachent par des jointures, *commissuræ*, au corps proprement dit, composé de la tête et du tronc.

Meminisse. Reminisci. Recordari. *Meminisse* présente le souvenir comme un état de l'esprit, μεμνῆσθαι, on a conservé un fait dans sa mémoire, on sait encore sans avoir

---

[1] Collection Lemaire. Tome CXXXIII, p. 219.
[2] Collection Lemaire. Tome XLIX, p. 406.

jamais oublié, c'est le sens de *memorem esse; reminisci* et *recordari* présentent le souvenir comme un acte de l'esprit, ἀναμιμνήσκεσθαι, on retrouve une idée qu'on avait perdue de vue. Mais *reminisci* exprime, comme *in memoriam revocare*, un acte momentané; *recordari* un acte durable, comme *revocata in memoriam contemplari*. Cic. Lig. 12, 35. Equidem, cum tuis omnibus negotiis interessem, *memoria teneo*, qualis T. Ligarius, quæstor urbanus, fuerit erga te et dignitatem tuam; sed parum est, me hoc *meminisse;* spero etiam te, qui oblivisci nihil soles, nisi injurias, quoniam hoc est animi, quoniam etiam ingenii tui, te aliquid de hujus illo quæstorio officio cogitantem, etiam de aliis quibusdam quæstoribus *reminiscentem recordari.* Témoin de tous tes embarras, j'ai la mémoire encore pleine de ce que T. Ligarius a fait pour toi, pour ménager ta dignité, dans sa questure civile. Mais c'est peu que je me souvienne moi. Tu nous as habitués à ne te voir jamais oublier que les injustices, c'est là que va la pente de ton âme et de ton caractère; j'espère donc qu'en songeant à la manière dont il a rempli cette charge, tu t'arrêteras aussi sur les souvenirs qui se rapportent à quelques autres questeurs. Ce passage fait voir 1° que *memoria tenere* n'est qu'une périphrase de *meminisse;* 2° que *recordari* peut être une conséquence de *reminisci,* sans que la réciproque soit vraie, car il y a entre les deux le même rapport qu'entre *intueri* et *conspicere.* Cic. Sen. 21. Pueri... ita celeriter res innumerabiles arripiunt, ut eas non tum primum accipere videantur, sed *reminisci* et *recordari.* Les enfants saisissent si promptement une foule d'idées qu'ils ont l'air de les retrouver et de s'y arrêter par souvenir plutôt que de les recevoir pour la première fois. Cicéron aurait pu ajouter : quæ non satis *meminerint,* sed in aliquantum temporis obliti sint : idées qui ne s'étaient point assez gravées dans leur mémoire, qu'ils avaient oubliées pour un temps. Tusc. I, 24, 58. Animus, quum se collegit atque recreavit, tum agnoscit illa *reminiscendo;* ita nihil aliud est discere, quam *recordari.* L'esprit se recueille et reprend des forces, après quoi il retrouve ces idées par un effort de mémoire ; apprendre, c'est donc s'arrêter sur des souvenirs. Sen. Ep. 100. Magis *reminiscor* quam *teneo.* C'est un souvenir que je retrouve plutôt qu'un souvenir qui m'est resté.

Menda, Mendum, v. *Vitium.*
Mendicitas, v. *Paupertas.* Mens, v. *Anima.*
Meracus, v. *Purus.* Mercari, v. *Emere.*

Mercenarii. Operarii. Operæ. *Mercenarii,* journaliers qui ne travaillent point à leur compte, mais pour un salaire, par opposition au propriétaire qui a le profit ; *operarii* et *operæ,* manœuvres qui entreprennent pour un autre un travail mécanique par opposition au maître qui fournit l'idée. Les *mercenarii* sont relégués à un rang inférieur par leurs mœurs ; les *operarii,* par la grossièreté de leur travail.

Merces, v. *Præmium.* Mercimonium, v. *Merx.*
Merda, v. *Lutum.*

Merere. Dignum esse. Mereri. 1. *Merere* et *mereri,* mériter par une action ; *dignum esse,* être digne par une qualité.

2. *Merere* est habituellement transitif, il se joint à un accusatif ou à une proposition explicative ; *mereri* est intransitif, et se joint à une expression adverbiale. Cic. Rosc. Com. 15. Fructum quem *meruerunt* retribuam. Je leur payerai le tribut d'éloges qu'ils ont mérité. Comparez avec Catil. II, 2, 4. Si illum ut *erat* (sous-entendu : *de me*)

meritus morte mulctassem. Si je lui avais infligé la peine de mort comme je le lui devais.

3. *Merere*, employé comme verbe intransitif ou sans complément, signifie servir en qualité de soldat, par ellipse de *stipendia ; mereri*, employé comme verbe transitif ou avec un complément signifie gagner, acquérir quelque chose, sans idée de mérite.

MERIDIES. MEDIUS DIES. *Meridies*, le coup de midi considéré comme un point qui sépare la matinée de l'après-midi; *medius dies*, le milieu de la journée considéré comme un espace qui est compris entre le matin et le soir.

MERUS, v. *Purus.*

MERX. MERCIMONIUM. *Merx*, la marchandise qui est par le fait un article de commerce; *mercimonium*, celle qui peut le devenir, la matière première. TAC. A. XI, 5. Nec quidquam publicæ *mercis* tam venale fuit. De toutes les marchandises qui sont dans le commerce, aucune ne se vendait mieux. Comparez avec XV, 38. *Mercimonium* quo flamma alitur. Les matières les plus propres à servir d'aliment à la flamme.

METIRI. METARI. DIMETIRI. DIMETARI. 1. *Metiri*, mesurer un espace pour en connaître la grandeur ; *metari*, jalonner l'espace mesuré pour en indiquer les limites.

2. On emploie *dimetiri* et *dimetari* pour indiquer en outre qu'on mesure et qu'on jalonne les subdivisions ; *metari castra* se rapporte simplement à l'enceinte des retranchements, mais quand Tite-Live dit par préférence VIII, 38, Locum castris *dimetari*, c'est qu'il marque expressément, ce qui d'ailleurs va de soi, qu'on a aussi jalonné les places d'armes, *principia*, l'emplacement de la tente du général, *prætorium*, etc., dans l'intérieur du camp.

METUERI, v. *Vereri.*
MINIME, v. *Neutiquam.*
MINUTUS, v. *Parvus.*

MICARE, v. *Lucere.*
MINISTER, v. *Seruus.*

MISERERI. MISERARI. MISERET ME. 1. *Misereri*, avoir le cœur plein de pitié, comme compatir et ἐλεεῖν; *miserari*, montrer de la pitié en paroles, comme plaindre et οἰκτείρειν. Les Latins n'ont point de terme spécial pour la pitié en action ou *erbarmen* de l'allemand.

2. *Misereor tui* présente la pitié comme un acte de libre arbitre, il peint la générosité de la personne qui compatit, comme si on disait en allement : *ich erbarme mich dein*, j'ai pitié de toi. *Miseret me tui* présente la pitié comme une impression irrésistible, tout mérite moral disparaît, et la grandeur du malheur d'autrui en ressort d'autant, comme si on disait en allemand : *es erbarmt mich dein*, tu me fais pitié. Car *miserere* est un verbe causatif, comme οἰκτίζειν.

MISERIA, v. *Infortunium.*

MISSILE. HASTA. LANCEA. JACULUM. VERUTUM. TRAGULUM. PILUM. *Missile*, terme général pour toute espèce d'arme qui sert à combattre de loin, trait ou flèche; *hasta* et *lancea*, armes de main et de jet, la pique : *hasta*, l'arme nationale des Romains, δόρυ; *lancea*, arme étrangère attribuée aux Suèves, λόγχη. *Pilum, jaculum, verutum*. sont plutôt des armes de jet, le javelot : *jaculum*, terme général comprenant l'arme de ce genre usitée à la chasse ou épieu, βέλος; *verutum* et *tragulum*, termes techniques pour les javelots militaires, ἄκων; *pilum*, terme spécial pour le javelot du légionnaire romain. LIV. IX, 19. Romano *pilum* haud paulo quam *hasta* vehementius ictu missuque telum. Le légionnaire romain a son javelot qui n'a guère moins de pénétration que la pique comme arme de main et de jet.

Mitis. Lenis. Placidus. *Mitis,* doux par caractère, par opposition à *acerbus,* comme μείλιχος; *lenis,* doux dans ses actions, par opposition à *vehemens,* comme πρᾶος; *placidus,* dans ses façons, par opposition à *turbidus,* comme ἤπιος.

Mittere. Legare. Amittere. Dimittere. Omittere. 1. *Mittere,* exprime l'idée générique, comme envoyer; *legare,* a un sens spécial et politique, comme déléguer. Le *missus* est un serviteur ou un messager; le *legatus,* un représentant.

2. *Amittere* et *dimittere,* laisser échapper de ses mains ce qu'on tenait en son pouvoir : *amittere,* contre sa volonté, comme perdre; *dimittere,* après en avoir usé, comme congédier. *Omittere,* laisser passer quelque chose devant soi sans en prendre possession. Et, pour préciser : *amittimus inviti et casu, omittimus volentes et sponte. Amittere occasionem,* c'est perdre une occasion et se mettre hors d'état de l'utiliser par indolence, tandis qu'*omittere,* c'est renoncer à en tirer parti et ne pas vouloir l'utiliser pour en faire peu de cas. Et *vitam amittere,* c'est perdre la vie, mais *omittere,* c'est la sacrifier.

Moderatus, Modestia, v. *Mo-* Modicus, v. *Medius.* dus.

Modo—modo. Nunc—nunc. *Modo—modo* ne devrait s'appliquer à la rigueur qu'à des actions passées ou futures; *nunc—nunc* à des actions présentes. Cette distinction est tombée en désuétude, mais *nunc—nunc* a du moins un tour plus vif et appartient à la poésie et à la prose élevée, comme tantôt... tantôt; *modo—modo* est, comme une fois... une autre fois, le terme propre de la prose dont Cicéron se sert constamment.

Modo, v. *Nuper.*

Modus. Modestia. Moderatio. Temperatio. Continentia. Abstinentia. 1. *Modus*, l'idée de la mesure et de la règle prise comme un précepte moral indépendant de toute personnalité, ce que les Grecs entendent par μέτριον, μηδὲν ἄγαν; *modestia* et *moderatio*, la même idée par rapport au sujet qui la possède ou la pratique : *modestia*, sous forme de sentiment, et *moderatio* sous la forme d'une conduite que dirige ce sentiment de la mesure et de la règle.

2. *Moderatio*, la modération qui est fille de l'intelligence, du calcul et de la réflexion, elle est parente de la *prudentia; temperatio* et *temperantia*, qualité qui pénètre l'homme entier et ennoblit tout son être, elle est parente de la *sapientia*. La *moderatio* suppose, comme l'empire sur soi-même, une lutte des passions avec la raison dans laquelle la raison a le dessus; la *temperatio* suppose, comme la tranquillité d'esprit, une raison qui a déjà pris le dessus, soit par un effet de la nature, soit par progrès moral.

3. *Temperatus, temperatio*, expriment simplement une qualité louable qui peut appartenir aux choses ; *temperans, temperantia*, une vertu dont les êtres raisonnables sont seuls susceptibles.

4. *Moderatio*, la modération dans l'action par opposition à *cupiditas; continentia*, dans la jouissance par opposition à *libido*.

5. *Continentia*, l'empire qu'on exerce sur les désirs sensuels, la continence; *abstinentia*, sur la convoitise de la propriété d'autrui, l'honnêteté stricte. Il est moins exact de traduire *abstinentia* par désintéressement, cette dernière vertu n'étant imposée que par la morale, tandis que l'*abstinentia* est commandée par la loi.

6. La *modestia* craint de dépasser la juste mesure ou *modus* par égard pour la morale qui la prescrit; la *vere-*

cundia et la *reverentia*, par égard pour des personnes auxquelles le *verecundus* craint de déplaire et auxquelles le *reverens* croit devoir du respect ; enfin, la *pudor*, par égard pour elle-même afin de ne pas s'exposer au mépris. Varron, dans Non. Non te tui saltem *pudet*, si nihil mei *revereare?* N'as-tu point de honte pour toi-même, si tu n'as plus aucun respect pour moi ? Terent. Phorm. I, 5, 3, ou II, 1, 3. Non simultatem meam *revereri?* Saltem *pudere?* Ne pas reculer par respect devant mon inimitié ? Ne pas rougir pour lui-même ?

Mœnia, v. *Murus.*   Mœstitia, v. *Dolor.*

Moles. Onus. Pondus. Gravitas. *Moles* et *onus,* la pesanteur envisagée par son côté désavantageux : *moles,* au sens absolu, comme un obstacle, en parlant d'un objet difficile à remuer à cause de sa grandeur, ὄγκος ; *onus,* au sens relatif, comme une charge ou un fardeau qui accable le porteur, φόρτος. *Pondus,* la pesanteur envisagée par son côté avantageux, comme puissance et comme force, le poids, ἄχθος. Enfin, *gravitas* réunit ces deux rapports et exprime tantôt la pesanteur qui est à charge, tantôt le poids qui devient une force active, βάρος.

Molestia, v. *Labor.*   Moliri, v. *Audere.*
Monere, v. *Hortari.*   Moneta, v. *Pecunia*

Mons. Jugum. *Mons,* la montagne, par rapport à sa dimension en hauteur, ὄρος ; *jugum,* par rapport à ses dimensions en largeur et en longueur. *Jugum* a deux sens. Il se dit de la courbe supérieure de la montagne, courbe qui prend encore les noms plus précis de *dorsum* et de *cacumen,* selon qu'elle est aplatie ou pointue, par opposition à *radices montis.* Il se dit aussi des contre-forts d'une montagne et particulièrement des hauteurs par lesquelles différentes montagnes sont réunies de manière à former une chaîne, par opposition à *mons.* Liv. XXII, 18. Sub *jugo montis* prælium fuit. Le combat eut lieu au-dessous de la crête de la montagne. Comparez avec XLI, 18. Petilius adversus Balistæ et Leti *jugum*, quod eos *montes* perpetuo *dorso* conjungit, castra habuit. Pétilius campa en face des contre-forts du Baliste et du Létus qui réunissent ces montagnes par une crête continue.

Monstra, v. *Auguria.*   Monstrare, v. *Ostendere.*
Morari, v. *Manere.*   Morbidus, Morbus, v. *Æger.*
Morigerari, v. *Parere.*   Morosus, v. *Austerus.*

Mors. Letum. Nex. Obitus Interitus. Perire. Oppetere. Demori. Intermori. Emori. 1. *Mors* et *letum,* la mort naturelle : *mors,* qui est le terme ordinaire, se prend simplement au sens physique ; c'est le chemin qui mène à la dissolution, θάνατος ; *letum* est le terme choisi, solennel, la mort imposée par le destin, οἶτος ; *nex,* la mort violente, terme passif, par opposition au terme actif de *cœdes.*

2. *Mors, letum, nex,* sont des termes propres ; *obitus* et *interitus,* des euphémismes. *Obitus* désigne, comme *exitus,* une mort naturelle ; *interitus* et *perire* désignent habituellement, comme *exitium,* une mort violente. Plin. Ep. III, 7. Silius ultimus ex Neronianis consularibus *obiit,* quo consule Nero *periit.* De tous les consulaires du règne de Néron, Silius fut le dernier à partir ; la mort violente de Néron date de son consultat. Plaut. Epid. III, 4, 56. Malo cruciatu *pereas* atqua *obeas* cito. Va-t'en périr dans les tourments, pars au plus vite.

3. *Perire* présente la mort comme une destruction et une corruption ; *interire,* comme une disparition, en sorte qu'à la rigueur celui-là regarde plutôt le corps, celui-ci

plutôt l'âme. PLAUT. Capt. III, 5, 32. Qui per virtutem *periit*, at non *interiit*, c'est-à-dire : celui qui meurt par un noble trépas, de celui-là le corps seul périt, l'essence de son être (il ne s'agit pas ici de l'âme, mais de la renommée et de la gloire) ne passe point. En outre, *perire* désigne une mort prompte et tragique, particulièrement par suicide ; *interire*, une mort lente et douloureuse ou encore une mort paisible. TAC. Ann. XV, 44. Et *pereuntibus* Christianis addita ludibria, ut ferarum tergis contecti laniatu canum *interirent*. Et pour se faire un jeu de la mort violente des chrétiens, on les couvrait de peaux de bêtes sauvages, et ils mouraient lentement déchirés par les chiens. SERV. ap. CIC. Famm. IV, 5. Si quis nostrum *interiit* aut *occisus* est. Si l'un de nous est mort tranquillement ou s'il a été tué.

4. *Obire mortem* présente la mort comme un accident physique ; on reste tout à fait passif ; *oppetere*, comme un acte moral : si l'on ne va pas chercher la mort, on l'attend du moins avec une fermeté méprisante.

5. *Demori*, sortir par la mort d'une société dans laquelle on laisse un vide ; *intermori*, être frappé pour un temps de mort apparente, ἐκθανεῖν ; *emori*, mourir tout à fait, par opposition à un semblant de vie passée dans le malheur, l'esclavage et la honte, πανδίκως θανεῖν. CIC. Pis. 7. Ut *emori* potius quam *servire* præstaret. Plutôt mille morts que l'esclavage.

Mos, v. *Consuetudo*.	MOSTELLUM, v. *Spectrum*.
MUCRO, v. *Acies*.	MULCARE, v. *Verberare*.

MULCERE. PALPARE. *Mulcere*, passer légèrement la main sur un corps rude, par exemple, sur des chevaux pour les lisser ; au figuré, adoucir un homme en colère, comme καταψῆν ; *palpare*, toucher légèrement un corps lisse, par exemple, la peau nue, pour causer par l'attouchement une sensation agréable; au figuré, se mettre en frais d'amabilité, cajoler, comme ψηλαφᾶν.

MULCTA, v. *Vindicta.*   MULIER, v. *Femina.*
MUNDUS, v. *Purus.*   MUNIFICUS, v. *Largus.*
MUNIMENTA, v. *Murus.*   MUNUS, v. *Donum* et *Officium.*

MURUS. PARIES. MŒNIA. MACERIA. PARIETINÆ. MUNIMENTA. 1. *Murus,* toute espèce de bâtisse en forme de mur, au point de vue exclusif de la forme, sans égard à la destination, τεῖχος; *paries,* mur latéral, mur mitoyen ou cloison servant à établir des séparations, τοῖχος; *mœnia,* murs d'une ville pour servir de défense contre l'ennemi, περίβολος; *maceria,* le mur qui entoure une pièce de terre pour en marquer les limites et pour la protéger contre les voleurs, la clôture d'un jardin, d'un vignoble, θριγκός. VIRG. Æn. VI, 549. *Mœnia* lata videt triplici circumdata *muro.* Il voit une vaste enceinte entourée d'un triple mur. TAC. Ann. XV, 43. Nero instituit, ut urbis domus non communione *parietum* sed propriis quæque *muris* ambirentur. Néron décida que les maisons de Rome n'auraient plus de murs mitoyens, que chacune aurait les siens.

2. *Muri, mœnia,* etc., murs en bon état d'entretien; *parietinæ,* murs en ruine.

3. *Mœnia,* remparts d'une ville propres à résister à un coup de main; *munimenta,* fortifications régulières d'une place forte ou d'un camp retranché, capables de braver un assaut.

MUTILARE. TRUNCARE. *Mutilare* se dit de mutilations légères, comme de briser les cornes, de couper le nez, les doigts, etc.; *truncare,* de mutilations graves, comme de trancher les bras, les pieds, les mains. On peut comparer les *mutilata membra* à des rameaux et à des scions rompus; les *truncata*, à de grosses branches abattues.

Mutuo, v. *Vicissim.*   Mutuum, v. *Commodare.*
Mysteria, v. *Arcana.*

N

Nancisci, v. *Invenire.*   Nares, v. *Nasus.*

Nasus. Nares. *Nasus*, le nez, partie saillante du visage, ῥίν; *nares*, les fosses nasales ou narines, organe actif du sens de l'odorat, μυκτῆρες.

Natio, v. *Gens.*

Navigium. Navis. Celox. Lembus. Liburna. Scapha, Cymba. Linter. *Navigium* est le terme général, comme bâtiment; *navis*, véritable vaisseau destiné à de longues traversées; *celox*, *lembus* et *liburna*, bateaux qu'on peut équiper et armer en guerre; *scapha*, *cymba* et *linter*, canots ou nacelles destinés à de courtes excursions et à un simple trajet d'un bord à l'autre : *scapha* et *cymba*, larges, en forme de chaloupe; *linter*, long et effilé, en forme de pirogue.

Necessarius. Propinquus. Cognatus. Consanguineus. Affinis. 1. *Necessarius*, toute personne à laquelle on est lié par un rapport durable, par des relations d'affaires en qualité de *collega*, de *patronus*, de *cliens*, ou par des relations privées en qualité de *familiaris*, d'*amicus*, comme προσήκοντες; *propinquus*, toute personne à laquelle on tient par des rapports de famille, parent quelconque, comme ἀγχιστεῖς et ἔται : c'est le terme générique qui comprend, outre le *cognatus* et le *consanguineus* ou parents par le sang, l'*affinis* ou parent par mariage ou alliance, comme κηδεστής.

Cognatio, la parenté par le sang entre membres de la famille, comme σύναιμος; *consanguinitas*, celle de nations qui appartiennent à la même race, comme συγγενής. CÆS. B. G. VII, 32. Hominem summæ potentiæ et magnæ *cognationis*. Personnage très-puissant et de grande famille. Comparez avec I, 11. Ambarii necessarii et *consanguinei* Æduorum. Les Ambariens attachés aux Éduens et de même race qu'eux.

NECESSE EST. OPORTET. OPUS EST. DEBERE. 1. *Necesse est* exprime une exigence de la nature et de la nécessité, comme ἀνάγκη ἐστίν; *oportet*, une exigence de la morale et de l'honneur, comme χρή; *opus est*, de la prudence, comme δεῖ. CIC. Orat. II, 25. Jure omnia defenduntur quæ sunt ejus generis, ut aut *oportuerit*, aut licuerit, aut *necesse fuerit*. On excuse tous les faits de ce genre en se rejetant sur une obligation morale, sur une liberté consacrée par l'usage ou sur la nécessité. Att. IV, 6. Si loquor de republica quod *oportet*, insanus, si quod *opus est*, servus existimor. Si je parle honneur à propos des affaires publiques, je passe pour un insensé; si je parle prudence, je passe pour un esclave. SEN. Ep. 94. Emo non quod *opus est*, sed quod *necesse est*; quod non *opus est*, asse carum est. Je ne fais ponit tous les achats qu'exigerait la prudence, mais seulement ceux qu'exige la nécessité; pour une acquisition que la prudence ne commande pas, c'est trop d'une pièce de cuivre. SALL. Jug. 31. Nihil vi, nihil secessione *opus est*; *necesse est* suomet ipsi more præcipites eant. La prudence n'exige de vous ni violence ni retraite sur le mont sacré; il faut de toute nécessité que leur propre conduite les entraîne à leur perte.

2. *Oportet* exprime le droit que les autres exercent sur nous au nom de la morale; *debere*, l'obligation morale à laquelle nous nous sentons soumis, comme ὀφείλειν. TAC.

H. **IV, 7.** Accusatores etiamsi puniri non *oporteat*, osten-
tari non *debere*. Si on n'était point obligé en droit à punir
les accusateurs, du moins ne devait-on pas les montrer
au public.

Nectere, v. *Ligare.*

Nefas, v. *Delictum.*

Nefandus, Nefarius, v. *Scelestus.*

Negare. Infitiari. Infitias ire. Denegare. Pernegare.
Recusare. Abnuere. Renuere. Repudiare. 1. *Negare*, nier
au nom de la vérité qu'on voit ou qu'on prétend voir,
comme ἀποφάναι, οὐ φάναι ; *infiteri, infitiari* et *infitias ire,*
renier, désavouer pour quelque raison d'intérêt personnel, comme ἀρνεῖσθαι. Cic. Fr. Tog. cand. p. 525. Or. Denique illi negare potuerunt et *negarunt;* tu tibi ne *infi-
tiandæ* quidem impudentiæ locum reliquisti. Pour eux,
ils pouvaient nier et ils ont nié le fait ; pour toi, tu ne t'es
même pas réservé le moyen de désavouer ton effronterie.

2. *Infiteri*, terme vieilli ; *infitiari*, terme usuel et général. *Infitias ire* ne se construit en prose qu'avec une négation et répond alors à ne pas disconvenir.

3. *Negatio*, négation qui a pour but ou pour effet
d'instruire l'auditeur ; *pernegatio* ou *negitatio*, de le con-
vaincre quand il se montre incrédule ; *denegatio*, de le
chagriner, particulièrement à propos d'une prière qu'on
n'exauce pas. Mart. Ep. IV, 82. *Negare* jussi, *pernegare*
non jussi. J'ai voulu un non tout court, je n'ai pas voulu
de non répétés. Cic. Phil. XI, 8, 19. In quo maximum nobis onus imposuit; *assensero :* ambitionem induxero in
curiam; *negaro :* videbor suffragio meo tanquam comitiis
honorem homini amicissimo *denegasse.* L. César nous a
mis là sur les épaules un pesant fardeau. Dire oui, c'est
introduire des cabales dans le palais du sénat ; dire non,

c'est paraître dénier par mon vote, comme par une décision des comices, cet honneur à mon meilleur ami.

4. *Negare* ne suppose qu'une demande, ou faite ou faisable, à laquelle on répond non; *recusare* suppose une insinuation qu'on repousse, d'où il résulte que *negare* est une manière de parler plus répandue et plus douce que *recusare*; car le *negans*, qu'on questionne ou qu'on prie, nie simplement la possibilité de la chose; le *recusans* se retranche sur-le-champ dans son droit, il proteste contre l'insinuation en homme qu'on menace ou sur lequel on empiète. Aussi *negare, denegare*, sont-ils plus usités à propos d'affaires particulières; *recusare*, à propos d'affaires publiques.

5. *Negare* et *recusare* exigent des paroles ou des discours; *abnuere* et *renuere* n'exigent guère que des signes ou des gestes : *abnuere*, un geste de la main pour congédier, comme ἀπονεύω; *renuere*, un signe qui consiste à retirer la tête en arrière, comme ἀνανεύω.

6. *Abnuere* est une manière amicale; *renuere*, une manière hautaine de dire non.

7. *Recusare* se rapporte à un objet qui s'annonce comme un fardeau et qui entreprend sur la résignation des gens, par opposition à *suscipere*; *repudiare*, à un objet qui s'annonce comme un bien et qui promet du profit ou du plaisir, par opposition à *assumere*. Cic. Finn. I, 10,33. Sæpe eveniet ut et *voluptates repudiandæ* sint et *molestia* non *recusanda*. Il y aura souvent lieu et de congédier les plaisirs et de ne pas repousser la peine.

Negligere, v. *Spernere*.　　　Nemus, v. *Silva*.
Nepos, v. *Prodigus*.　　　　Nequaquam, v. *Neutiquam*.
Nequidquam, v. *Frustra*.　　Nequitia, v. *Malitia*.
Nescius, v. *Cognitio*.

Neutiquam. Nequaquam. Minime. *Neutiquam*, en aucun cas, par opposition à *utique ; nequaquam*, en aucune façon ; *minime*, pas le moins du monde.

Nex, v. *Mors.*   NIGER, v. *Teter.*
Nihil agere, v. *Vacare.*

Nihil est. Nihili est. Nullus est. *Nihil est* exprime le comble de l'impuissance et de l'incapacité, comme être autant que rien ; *nihili est*, le défaut absolu de valeur, l'inutilité complète, comme ne compter pour rien ; enfin, *nullus est*, la négation de l'existence : n'être plus.

Nitere, v. *Lucere.*   Niti, v. *Fulciri.*
Nobilis, v. *Celeber.*   Nocens, v. *Culpa.*

Nominare. Nuncupare. Vocare. Appellare. *Nominare* et *nuncupare*, désigner une personne par son nom : *nominare*, par un nom qui lui appartient de vieille date ; *nuncupare*, donner un nom à un objet qui n'en a pas encore, dénommer, surnommer. *Appellare* et *vocare*, désigner une personne ou un objet par un nom, un titre ou un attribut quelconque.

Nonnunquam. Interdum. Aliquando. *Nonnunquam*, de temps à autre, opposé à *nunquam* et *semper*, se rapproche de l'idée exprimée par *sæpius*, comme ἔσθ' ὅτε ; *interdum*, parfois, opposé à *crebro*, se rapproche de l'idée exprimée par *rarius*, comme ἐνίοτε ; enfin, *aliquando*, quelquefois, une ou deux fois, opposé à *semel*, se rapproche de l'idée exprimée par *propenunquam*, comme ποτέ. Les *interdum facta* sont des faits isolés ; les *nonnunquam facta*, des faits qui se répètent ; les *aliquando facta*, des faits rares. Cic. Sext. 54. Comitiorum et concionum significationes *interdum* veræ sunt, *nonnunquam* vitiatæ et corruptæ. Les manifestations de comices et des autres assemblées sont parfois vraies ;

ne sont-elles pas, de temps à autre, entachées de fraude et de violence?

NOTARE, v. *Animadvertere.* NOTITIA, *Cognitio.*
NOVISSIMUS, v. *Extremus.*

NOVUS. RECENS. NOVICIUS. 1. *Novus*, nouveau, se dit de ce qui n'existait pas précédemment, par opposition à *antiquus*, comme νέος; *recens*, récent, de ce qui n'existe pas depuis longtemps, comme χαινός.

2. *Novus* se prend généralement pour tout ce qui est nouveau; il y a, de plus, dans *novicius*, l'idée accessoire du novice qui a de nouvelles habitudes à prendre ou du nouveau venu auquel il faut que les autres s'habituent.

NOXIA, NOXIUS, v. *Culpa.* NULLUS SUM, v. *Nihil est.*

NUMEN. DEUS. DIVUS. SEMO. HEROS. *Numen*, pris dans son acception générale, tout être divin, δαίμων. C'est le terme générique, par rapport à *deus*, anciennement *divus*, le dieu, θεός, et à *semideus*, le demi-dieu, ἡμίθεος, ou *semo*, moitié homme, moitié dieu. L'usage a donné pour équivalent à ces deux mots, outre *heros*, qui est d'origine étrangère, *numen*, pris dans son acception restreinte. PLIN. Pan. 2, 3. Nusquam ut *deo*, nusquam ut *numini* blandimur. Nous ne cherchons aucune occasion de lui complaire comme à un dieu, ni même comme à un demi-dieu.

NUMMUS, v. *Pecunia.* NUNC—NUNC, v. *Modo—modo.*
NUNCUPARE, v. *Nominare.*

NUPER. MODO. *Nuper*, il y a quelques jours, quelques mois, même quelques années, dernièrement, νεωστί; *modo*, il y a quelques instants, à l'instant même, ἄρτι. CIC. Verr. IV, 3, 6. *Nuper* homines nobiles ejusmodi; sed quid dico *nuper?* Imo vero *modo* ac plane paulo ante vidimus. De ces hommes illustres nous en avons vu dernièrement. Et que signifie ce dernièrement? Ne les voyions-nous pas encore tout à l'heure, à l'instant? Tusc. I, 24. Quanta memoria fuit *nuper* Charmadas! quanta qui *modo* fuit Scepsius Metrodorus! Et, dans ces derniers temps, quelle mémoire chez Charmadas! quelle encore chez Scepsius Métrodorus, qui vient à peine de s'éteindre!

Nuptiæ, v. *Conjugium.*　　　Nutare, v. *Labare.*
Nutrire, v. *Alere.*

O

Obambulare, v. *Ambulare.*　　　Obedire, v. *Parere.*
Obesus, v. *Pinguis.*　　　Obex, v. *Sera.*

Objicere. Exprobrare. *Objicere*, adresser à quelqu'un un reproche dont il peut se justifier comme d'une accusation; *exprobrare*, un blâme qu'il est obligé de laisser peser sur lui. L'*objiciens* entend qu'on s'explique; l'*exprobrans* ne cherche qu'à couvrir de honte. Cic. Verr. V, 50, 132. Num casus bellicos tibi *exprobrare* aut *objicere* videor? Est-ce que j'ai l'air de tirer contre toi des hasards de la guerre un sujet de blâme ou de reproche?

Obitus, v. *Mors.*

Oblectatio. Delectatio. *Oblectatio*, occupation agréable, passe-temps, amusement qui préserve de l'ennui et procure quelque plaisir; *delectatio*, véritable divertissement qui procure une jouissance positive et un plaisir solide. Cic. Orat. I, 26. In iis artibus, in quibus non utilitas quæritur necessaria, sed animi libera quædam *oblec-*

tatio. Dans les études qui n'ont point un but d'utilité et de nécessité, qui amusent l'esprit sans l'assujettir. Et Ep. Qu. Fr. II, 14. Satis commode me *oblectabam.* J'étais assez agréablement occupé. Comparez avec Famm. IX, 24. Magna te *delectatione* et voluptate privavisti. Tu as perdu par ta faute un plaisir vif et charmant.

OBLIGARE, **v.** *Ligare.*   OBLIQUUS, **v.** *Transversus.*

OBLITUS, **v.** *Delibutus.*

OBSCURUM. TENEBRÆ. CALIGO. TENEBRICOSUS. OPACUS. UMBROSUS. 1. *Obscurum,* sombre, s'entend d'une simple privation d'éclairage, comme σκότος, par opposition à *illustre; tenebræ,* d'une privation de lumière, c'est l'obscurité, ζόφος, κνέφας, par opposition à *lux;* enfin, *caligo* signifie quelque chose de réel et d'opposé à la lumière et à la clarté, les ténèbres, ἄχλυς. *Caligo* renchérit sur *tenebræ,* qui renchérit sur *obscuritas,* qui renchérit sur *opacum* et *umbrosum.* CIC. Acadd. IV, 23, 72. Sensus quidem non *obscuros* facit sed *tenebricosos.* Les sens, loin de nous éclairer, nous retiennent dans l'obscurité. PLIN. Ep. VII, 21. Cubicula obductis velis *opaca,* nec tamen *obscura* facio. Mes tentures donnent de l'ombre à mes pièces sans les rendre sombres. TAC. H. II, 32. Senatum et populum nunquam *obscurari* nomina, etsi aliquando *obumbrentur.* Rien ne ternira jamais les noms du sénat et du peuple, quoiqu'une ombre puisse passer dessus. Au figuré, *obscurus* désigne ce qui n'a point de prix, ce que personne ne remarque; *tenebricosum* marque quelque chose de positivement mauvais qui recherche l'obscurité pour passer inaperçu.

2. *Opacus,* ombragé, avec l'idée d'une fraîcheur agréable et bienfaisante, par opposition à *apertus* et *apricus,* comme εὔσκιος; *umbrosus,* plein d'ombre, presque sombre, σκιόεις.

Obsécrare, v. *Rogare.*

Obsecundare, Obsequi, v. *Parere.*

Observare, v. *Vereri.*

Obstinatio, v. *Pervicacia.*

Obtemperare, v. *Parere.*

Obtingere, v. *Accidere.*

Obtruncare, v. *Interficere.*

Obvenire, v. *Accidere.*

Obstinare, v. *Destinare.*

Obstringere, v. *Ligare.*

Obtestari, v. *Rogare.*

Obtrectatio, v. *Invidia.*

Obtutus, v. *Videre.*

Occasio. Opportunitas. Potestas. Copia. Facultas. *Occasio* et *opportunitas*, l'occasion offerte par la fortune et le hasard : *occasio*, en général, celle d'entreprendre quelque chose, καιρός; *opportunitas*, celle d'entreprendre une chose avec facilité et avec des probabilités de succès, comme εὐκαιρία. *Potestas* et *copia*, l'occasion offerte par les hommes et par leur complaisance : *potestas*, la possibilité de faire quelque chose légitimement; *copia*, celle de le faire commodément; enfin, *facultas*, qui est le terme le plus général, la simple possibilité.

Occidere, v. *Interficere.*

Oculi, v. *Facies.*

Occulere, v. *Celare.*

Odium. Invidia. Inimicitia. Simultas. 1. *Odium* et *invidia* expriment le sentiment de l'aversion ; *inimicitia* et *simultas*, les rapports extérieurs qui dérivent de ce sentiment.

2. L'*invidia* a un caractère négatif, comme la malveillance, δύσνοια, c'est un sentiment temporaire qui s'oppose à *gratia* ou *favor* ; l'*odium* a un caractère positif, comme la haine, μῖσος, c'est un sentiment profondément enraciné qui s'oppose à *amor.* L'*invidia* est le commencement de l'*odii.* L'*invidia* ne s'attache qu'aux personnes ; l'*odium* s'attache aux personnes et aux choses. Tac. Ann. II, 56. Armenii... sæpius discordes sunt, adversus Romanos *odio*

et in Parthum *invidia*. Les Arméniens sont très-souvent partagés entre leur haine pour les Romains et leur malveillance pour les Parthes. XIII, 15. Nero intellecta *invidia odium* intendit. Ces symptômes de malveillance que Néron discerna portèrent sa haine au comble. PLIN. Pan. 84, 2. Exardescit *invidia* cujus finis est *odium*. Elle s'enflamme au contact de la malveillance qui aboutit à la haine.

3. *Inimicitia*, toute espèce d'inimitié fondée sur l'antipathie ou sur de mauvais rapports, δυσμένεια, ἔχθρα ; *simultas*, inimitié politique entre rivaux de pouvoir, φιλονειχία. SUET. Vesp. 6. *Simultas* quam ex *æmulatione* non obscure gerebat. Licinius Mucianus, qui ne se cachait point d'être par esprit de rivalité l'ennemi politique de Vespasien.

ODORARI, ODORUS, v. *Olere*.
OFFENDERE, v. *Lædere*.　　　　OFFENSIO, v. *Contumelia*

OFFICIUM. MUNUS. *Officium*, tâche considérée comme une obligation morale qu'on remplit par conscience ; *munus*, comme une obligation politique imposée par délégation. CIC. Mur. 35. Hæc sunt *officia* necessariorum, commoda tenuiorum, *munia* candidatorum. C'est un devoir d'affection pour les parents, un profit pour les petites gens, une charge imposée aux candidats.

OLERE. OLFACERE. FRAGRARE. ODORARI. OLIDUS. ODORUS. REDOLERE. PEROLERE. 1. *Odor* et *olere* expriment l'odeur qu'un corps répand, par opposition à *sapor*, etc., comme ὀσμή ; *olfactus* et *olfacere*, la sensation de cette odeur ou le sens de l'odorat, par opposition à *gustus*, etc., comme ὄσφρησις.

2. *Olere*, sentir, par opposition à n'avoir point d'odeur, et par préférence sentir fort et mauvais, empester ; *fra-*

grare, sentir bon, embaumer. *Redolere* et *perolere* jouent le rôle de fréquentatifs ; mais *redolere* marque une odeur forte, bonne ou mauvaise, indifféremment ; *perolere* se prend en mauvaise part pour une odeur pénétrante.

3. *Olfactus*, l'odeur perçue par un effet involontaire du sens de l'odorat ; *odoratus*, odeur saisie par un effort du même sens.

4. *Olfacere*, sentir et flairer, est passif, comme *audire*, l'odeur monte au nez d'elle-même ; *odorari*, aspirer, renifler, ῥινηλατεῖν est actif, comme *auscultare*, on attire soi-même l'odeur au nez. *Olfaciens* sentit odorem, *odorans* captat.

5. *Olidus*, qui sent, et par préférence qui sent mauvais ; *odorus*, qui parfume. Par rapport à puer, *bene olidus* n'est qu'un opposé négatif, comme : qui ne sent pas mauvais ; *odorus* est l'opposé positif, comme : qui sent bon. Et de même, le vieux mot *olor* désignait la puanteur, comme *oletum ; odor* ne marque que l'odeur.

OLETUM, v. *Lutum.*

OMINA, v. *Auguria.*

OMITTERE, v. *Intermittere, Mittere* et *Relinquere.*

OMNES, v. *Quisque.*

ONUS, v. *Moles.*

OPEM FERRE, v. *Auxilium.*

OLFACERE, OLIDUS, v. *Olere.*

OMNINO, v. *Plane.*

OPACUS, v. *Obscurum.*

OPERA. LABOR. INDUSTRIA. GNAVITAS. ASSIDUITAS. DILIGENTIA. 1. *Opera*, activité qui est loin d'astreindre, simple action, simple occupation matérielle, par opposition aux moments d'inaction ou encore à la pensée, au discours, au conseil, comme ἐργασία ; *labor*, activité pleine d'efforts et suivie de fatigue, le travail, par opposition au plaisir, comme πόνος. PLAUT. Aul. II, 3, 7. *Opera* huc est conducta vestra, non *oratio*. On a loué vos bras, non votre langue.

Cic. Rep. I, 9. Otiosiorem *opera* quam *animo*. Plutôt désœuvré que libre d'esprit. Liv. XXII, 22. Ut *opera* quoque impensa *consilium* adjuvem meum. Pour mettre la main à l'exécution de mon dessein. Mais V, 4. *Labor voluptasque* dissimillima natura, societate quadam naturali inter se sunt conjuncta. Le travail et le plaisir dont la nature a fait deux extrêmes et qu'elle n'a pas laissé d'unir entre eux par une sorte d'association.

2. *Industria, gnavitas* et *sedulitas* présentent l'activité comme une qualité habituelle, par opposition à la paresse : *industria*, activité qui se déploie dans de grandes entreprises, celle qui anime le héros et l'homme d'État, par opposition à *ignavia* ; *gnavitas*, activité utile, application de l'homme rangé et de l'industriel ; enfin, *sedulitas*, l'activité dans les petites choses qui risque souvent de paraître comique, l'agitation perpétuelle d'une ménagère diligente, d'une nourrice dévouée, de l'homme qui fait sa cour. Colum. XII, præf. 8. Ut cum forensibus negotiis matronalis *sedulitas industriæ* rationem parem faceret. La femme attentive au détail d'une maison vaut l'homme qui consacre ses forces aux affaires publiques.

3. *Assiduitas* et *diligentia*, l'application : mais *assiduitas* marque plutôt, comme συνέχεια, la continuité : on arrive au but par des efforts longs et soutenus ; *diligentia* marque plutôt l'intensité, comme ἀκρίβεια : on arrive par un travail soigneux et exact.

4. *Studium*, le zèle, marque exclusivement le goût et l'amour de la chose, le penchant intérieur.

Operæ, v. *Mercenarii.*	Opes, v. *Divitiæ.*
Opifex, v. *Faber.*	Opimus, v. *Pinguis.*
Opinari, v. *Censere.*	Opinio, v. *Sententia.*
Opitulari, v. *Auxilium.*	Oportet, v. *Necesse est.*
Opperiri, v. *Manere.*	Oppetere, v. *Mors.*

Opportunitas, v. *Occasio.*

Opprobrium, v. *Ignominia.*

Optimates, v. *Primores.*

Opus est, v. *Necesse est.*

Ora, v. *Margo et Ripa.*

Oratio, v. *Sermo.*

Opprimere, v. *Vincere.*

Optare, v. *Velle.*

Opulentia, v. *Divitiæ.*

Opus, v. *Agere.*

Orare, v. *Rogare.*

Oræ, v. *Laqueus.*

Orbis. Circulus. Gyrus. *Orbis,* mouvement circulaire, périphérie décrite dans le cours de ce mouvement; *circulus,* surface circulaire; *gyrus,* ligne courbe et particulièrement ligne serpentine. L'expression in *orbem* consistere (serrer les rangs sur la circonférence d'un cercle) ne pourrait pas être échangée contre in *circulum* (se masser dans l'intérieur d'un cercle), et le cercle formé par une société close, *circulus,* ne pourrait point s'appeler *orbis.* Tac. G. 6. Equi nec variare *gyros* nostrum in modum docentur; in rectum aut uno flexu dextros agunt, ita conjuncto *orbe* ut nemo posterior sit. Les Germains ne dressent point, comme nous, les chevaux à suivre différentes courbes; ils les poussent droit devant eux; quand ils les font tourner, c'est toujours par la droite, et ils se suivent alors de si près sur une ligne circulaire, qu'on ne distingue pas le premier cavalier du dernier.

Ordiri, v. *Incipere.*

Oræ, v. *Frenum.*

Ornatus, v. *Præditus.*

Ordo, v. *Series.*

Ornare, v. *Comere.*

Os, v. *Facies.*

Osculum. Suavium. *Osculum,* baiser d'amitié; *suavium,* de tendresse.

Ostendere. Monstrare. Declarare. *Ostendere,* montrer en ce sens qu'on fait remarquer une chose, qu'on la fait voir, qu'on ne la tient pas cachée, comme φῆναι, ἐμφανίσαι; *monstrare,* indiquer en ce sens qu'on communique un renseignement, comme δεῖξαι; enfin, *declarare,* mettre en évidence en ce sens qu'on tire quelque chose au clair et qu'on dissipe des doutes, comme δηλῶσαι.

OSTENTA, v. *Auguria.*   OSTENTATIO, v. *Jactatio.*

OSTIUM. JANUA. FORES. VALVÆ. *Ostium* et *janua*, porte, ouverture qui sert à entrer et à sortir : *ostium*, terme général pour toute espèce de porte, θύρα ; *janua*, terme spécial, porte de maison. *Fores* et *valvæ*, battants destinés à fermer l'ouverture : *fores*, à des portes ordinaires, comme θυρίδες ; *valvæ*, à des édifices et à des temples qui ont des portes doubles, à deux battants. TAC. Ann. XIV, 8. Anicetus refracta *janua* obvios servorum adripit ; donec ad *fores* cubiculi veniret. Anicétus enfonce la porte de la maison et se fait suivre par les esclaves qu'il rencontre jusqu'à la porte de la chambre d'Agrippine.

OTIARI, v. *Vacare.*

OTIUM. PAX. CONCORDIA. *Otium*, la tranquillité en général, tandis que *pax* se rapporte aux relations extérieures, et *concordia* à la situation intérieure.

P

PÆDOR, v. *Lutum.*

PÆNE. PROPE. FERE. FERME. *Pæne* et *prope* servent à adoucir une expression trop forte et à faire passer une hyperbole : *pæne*, qui est opposé à *plane*, se traduit par presque ; *prope*, par peu s'en faut que. *Fere* et *ferme* ne servent qu'à se précautionner contre la lettre de l'assertion, comme à peu près, environ.

PÆTUS, v. *Strabo.*   PALAM, v. *Aperire.*

PALARI, v. *Errare.*
PALUS, v. *Lacuna.*
PANDUS, v. *Curvus.*
PARATUS, v. *Præditus.*

PALPARE, v. *Mulcere.*
PALUS, v. *Stipes*
PAR, v. *Æquus.*
PARERE, v. *Creare.*

PARERE. OBEDIRE. DICTO AUDIENTEM ESSE. OBSEQUI. OBSE-CUNDARE. MORIGERARI. OBTEMPERARE. *Parere, obedire* et *dicto audientem esse* présentent l'obéissance comme une obligation, un devoir, une sujétion : *parere*, avec une idée d'humilité, l'obéissance du serviteur à son maître, du sujet à son prince, par opposition à *imperare; obedire, obedire,* avec un certain air de liberté, celle de l'inférieur au supérieur, du citoyen à la loi et à l'autorité ; *dicto audientem esse,* avec l'idée de la subordination stricte, l'obéissance passive du soldat à son général. *Obsequi, obsecundare, obtemperare* et *morigerari* expriment une obéissance volontaire et libre, comme être docile. L'*obsequens* et l'*obsecundans* sont dociles par amour et complaisance; ils se montrent pleins de bonne volonté; le *morigerans* et l'*obtemperans* le sont par conviction, estime ou crainte; ils font preuve de déférence. HIRT. B. Afr. 57. Jubæ barbaro potius *obedientem fuisse* quam nuntio Scipionis *obtemperasse.* Obéir à un barbare, à Juba, plutôt que d'écouter le messager de Scipion. TAC. H. II, 14. Parata non arma modo, sed *obsequium* et *parendi* amor, c'est-à-dire de la docilité inspirée par l'estime et l'amour qu'ils portaient au général et du plaisir à obéir, parce qu'ils sentaient que leur cause ne pouvait pas se soutenir sans subordination et sans ordre. CIC. Orat. 71. Dum tibi *roganti* voluerim *obsequi.* Voulant aller au-devant de ta prière. Comparez avec Famm. IX, 25. *Obtemperare* cogito *præceptis* tuis. Je pense me conformer à tes prescriptions.

PARIES, PARIETINÆ, v. *Murus.*
PARILIS, v. *Æquus.*

PARMA, v. *Scutum.*

Pars. Portio. *Pars*, la partie, par rapport au tout; *portio*, la portion ou la part, par rapport à celui qui en a la jouissance. Plin. H. N. XI, 15. Æstiva mellatione decimam *partem* apibus relinqui placet, si plenæ fuerint alvi; sin minus, pro rata *portione*. Cassius Dionysius veut qu'on laisse aux abeilles le dixième de la récolte d'été, lorsque les ruches sont pleines, et une part proportionnée lorsqu'elles ne sont pas entièrement remplies. (Traduction de Guéroult.)

Partes. Factio. *Partes*, parti qui se forme de lui-même en vertu de la différence des principes et des intérêts; *factio*, faction qui se forme par une association étroite entre ses membres, et qui agit de concert avec une ardeur aveugle jusqu'à recourir à la violence pour assurer la suprématie de sa cause. Sall. Jug. 31. Inter bonos *amicitia*, inter malos *factio* est. Cette union, qui serait amitié entre des gens de bien, n'est qu'une faction entre des scélérats.

Particeps, v. *Socius.*   Participare, v. *Impertire.*
Partiri, v. *Dividere.*

Parumper. Paulisper. *Parumper*, pour un peu de temps; *paulisper*, pendant un peu de temps. Il suit de là que *parumper* se dit par préférence des actes de l'esprit, *paulisper*, des faits matériels, parce que l'idée de futur contenue dans *parumper* s'associe presque nécessairement à ces actes de l'esprit, tandis que *paulisper* marque un état et une simple durée, par exemple *paulisper morari*, s'arrêter quelque temps, mais *parumper dubitare*, hésiter pour un temps.

Parvus. Minutus. Exiguus. Pusillus. *Parvus* et *minutus* expriment la petitesse dans un sens indifférent et purement mathématique, sans idée accessoire : *parvus*, une petitesse naturelle et inhérente, par opposition à *magnus*, comme μικρός; *minutus*, une petitesse factice, artificielle. *Exiguus* et *pusillus* expriment en outre une idée accessoire de mépris : *exiguus*, avec une nuance de pitié, comme misérable, insignifiant, par opposition à *amplus* ou à *grandis; pusillus*, avec une nuance de ridicule, comme tout petit, nain, par opposition à *ingens*, comme τυτθός.

Pascere, v. *Alimenta*.

Passi. Prolixi. Sparsi. *Passi capilli*, cheveux dénoués par opposition à ceux qui sont retenus par un nœud, *cohibiti nodo; prolixi*, cheveux flottants par opposition à ceux qui sont relevés sur le haut de la tête, *religati in verticem;* enfin *sparsi*, cheveux épars et en désordre par opposition à des cheveux bien peignés, *pexi*.

Passus, v. *Gradus*.   **Patefacere**, v. *Aperire*.
Pati, v. *Ferre*.

Paternus. Patrius. *Paternus*, πατρῷος, ce qui appartient au père et ce qui vient de lui, comme paternel; *patrius*, πάτριος, ce qui appartient aux ancêtres ou à la patrie et ce qui vient d'eux.

Paulatim. Sensim. Gradatim. Pedetentim. *Paulatim* et *sensim* présentent la gradation sous l'image d'un progrès qui passe inaperçu : *paulatim*, comme peu à peu, par opposition à *semel* d'une seule fois; mais *sensim* comme insensiblement, par opposition à *repente*, toup à coup; *gradatim* et *pedetentim*, sous l'image d'un progrès visible : *gradatim*, comme pas à pas et βάδην, par opposition à *cursim, saltuatim*, etc.; *pedetentim*. en avançant avec peine et pied à pied par opposition à *cursu, equo, volatu, velis*.

Paulisper, v. *Parumper*.

Paupertas. Inopia. Egestas. Mendicitas. *Paupertas*, modicité de ressources qui oblige à se restreindre, par opposition à *dives*, comme πενία; *inopia* et *egestas*, pauvreté accablante qui impose des souffrances et des privations : mais *inopia* exprime comme ἀπορία le dénûment en lui-même, le défaut de ressources qui empêche de se tirer d'affaire, par opposition à *copia* ou *opulentia*; et *egestas* comme ἔνδεια la pauvreté besoigneuse et nécessiteuse, par opposition à *abundantia*; enfin *mendicitas*, l'indigence qui réduit les gens à mendier, πτωχεία. Le *pauper* n'a pas grand'chose, l'*inops* et l'*egenus* ont trop peu de chose, le *mendicus* n'a rien du tout. Dans la classification des rangs par échelle de richesse les *pauperes* forment la classe moyenne qui est obligée de vivre bourgeoisement et parcimonieusement; les *inopes* et les *egeni*, quand ces deux mots ne s'appliquent point à une gêne passagère, forment la classe des pauvres qui vivent au jour le jour de leur travail et sont même exposés à souffrir la faim; les *mendici*, la classe des mendiants qui ne vivent que d'aumônes, également dépourvus de toute propriété et de toute industrie. Cic. Parad. 6. Istam *paupertatem* vel potius *egestatem* et *mendicitatem* tuam nunquam obscure tulisti. Médiocrité de fortune, pauvreté besoigneuse, indigence, tu as constamment porté ton sort au grand jour. Suet. Gr. 11. Vixit in summa *pauperie* et pæne *inopia*. Il vécut dans une extrême médiocrité qui était presque du dénûment. Plin. Ep. IV, 18. *Inopia* vel potius, ut Lucretius ait, *egestas* patrii sermonis. La stérilité ou plutôt, comme parle Lucrèce, l'impuissance de la langue maternelle. Cic. Inv. I, 47. Propter *inopiam* in *egestate* esse. Tomber du dénûment dans la gêne.

PAVIRE, v. *Verberare.*
PECCATUM, v. *Delictum.*
PECULIARIS, v. *Privus.*

PAX, v. *Otium.*
PECULARI, v. *Vastare.*

PECUNIA. NUMMUS. MONETA. *Pecunia,* terme collectif, somme d'argent; *nummus,* la pièce d'argent par rapport à sa valeur et à son usage; *moneta,* la monnaie par rapport à son empreinte et à son aspect.

PECUS. JUMENTUM. ARMENTUM. GREX. 1. *Pecus, pecoris,* terme général pour tous les animaux domestiques; *jumenta* et *armenta,* gros bétail, bœufs, ânes, chevaux; *pecus, pecudis,* petit bétail, cochons, chèvres, et par préférence les moutons.

2. *Jumenta,* bêtes de trait, bœufs, ânes, chevaux; *armenta,* bêtes de labour, bœufs et chevaux, à l'exclusion des vaches, des ânes de bât, des chevaux de selle qui ne vont ni à la voiture ni à la charrue.

3. Pris au singulier et comme nom collectif, *armentum* signifie un troupeau de gros bétail, ἀγέλη; *grex* est un troupeau de petit bétail, comme ποίμνη, πῶυ. PLIN. Ep. II, 16. Multi *greges* ovium, multa ibi equorum boumque *armenta.* De nombreux troupeaux de petit et de gros bétail, moutons, chevaux, bœufs.

PECUS, v. *Animal.*
PEDICA, v. *Vincula.*
PEJOR, v. *Deterior.*
PELLEGERE, PELLICERE, v. *Perlucidus.*
PELLUCIDUS, v. *Perlucidus.*
PENITUS, v. *Plane.*
PENUS, v. *Alimenta.*
PERCUSSOR, v. *Homicida.*

PEDETENTIM, v. *Paulatim.*
PEJERARE, v. *Perlucidus.*
PELAGUS, v. *Mare.*
PELLIS, v. *Tergus.*
PENDERE, v. *Hærere.*
PENNA, v. *Ala.*
PERCONTARI, v. *Rogare.*
PERCUTERE, v. *Interficere.*

PERDERE. PESSUNDARE. PERVERTERE. EVERTERE. *Perdere* et *pessundare,* anéantir : *perdere,* en brisant l'objet, par destruction; *pessundare*, par submersion ou par quelque autre manière de faire disparaître l'objet. *Evertere, pervertere* et *subvertere*, renverser : *evertere*, en déterrant ou en arrachant ce qui est assujetti par le pied, il est opposé à *fundare; pervertere*, en jetant à bas ce qui se tient debout; *subvertere*, par une voie secrète et souterraine, en sapant la base. Cic. Pis. 24. Provincia tibi ista manupretium fuerit non *eversæ* per te sed *perditæ* civitatis. Ce sera ton salaire pour avoir causé la chute et même la ruine de l'État.

PERDERE, v. *Amittere.*

PEREGRINUS, v. *Externus.*

PERFERRE, v. *Ferre.*

PERFIDIOSUS, PERFIDUS, v. *Fidus.*

PEREGRINARI, v. *Proficisci.*

PEREMTOR, v. *Homicida.*

PERFICERE, v. *Finire.*

PERFUGA. TRANSFUGA. PROFUGUS. FUGITIVUS. EXTORRIS. EXUL. PERFUGIUM. SUFFUGIUM. REFUGIUM. 1. *Perfuga* et *transfuga*, le déserteur qui fuit d'un parti vers l'autre, αὐτόμολος : mais le transfuge, *perfuga*, passe à l'ennemi en criminel qui trahit son parti; le *transfuga* n'est qu'un homme irrésolu qui abandonne les siens pour aller ailleurs. *Profugus* et *fugitivus*, le fugitif qui abandonne sa demeure : le *profugus* est un infortuné qui cède à la force en fuyant sa patrie et qui court le monde comme un banni, φυγάς; le *fugitivus* est un coupable qui se dérobe à son devoir, à son poste, à sa prison, à son maître, δραπέτης. On entend généralement par *perfuga* et *transfuga* un soldat, par *profugus* un citoyen, par *fugitivus* un esclave. Liv. XXX, 43. De *perfugis* gravius quam de *fugitivis* consultum. Les transfuges furent plus sévèrement traités que les esclaves fugitifs.

2. *Perfugium*, asile public et sûr dans des dangers sé-

rieux; *suffugium,* asile sinon secret, du moins fortuit et temporaire contre des contrariétés; *refugium,* asile préparé ou du moins choisi d'avance en cas de retraite.

3. *Profugus* marque un état de fait, celui d'un homme ,qui fuit hors de son pays; *extorris,* un état politique, comme proscrit; *exul,* un état légal comme exilé. L'*extorris* subit un malheur, il ne peut plus rester dans sa patrie; l'*exul* subit un châtiment, il n'a plus le droit d'y rester. APPUL. Met. V, p. 101. *Extorres* et... velut *exulantes.* Proscrits et comme exilés.

PERICLITARI, PERICULUM, v.
   Tentare.
PERIMERE, v. *Interficere.*   PERIRE, v. *Mors.*

PERLUCIDUS. PELLUCIDUS. PERLEGERE. PELLEGERE. PERLICERE. PELLICERE. PERJURARE. PEJERARE. Examinant ces mots par couples, le premier des deux, qui est la forme primitive, a chaque fois l'accent sur l'adverbe *per;* le second, qui est une forme adoucie par l'assimilation de l'*r* en *l* ou par l'élimination de l'*r,* a l'accent sur le nom ou sur le verbe, et la racine accentuée prédomine dans la signification du composé. 1. *Perlucidus,* très-lumineux; *pellucidus,* transparent.

2. *Perlegere,* lire d'un bout à l'autre; *pellegere,* parcourir, feuilleter.

3. *Perlicere,* attirer avec une force irrésistible; *pellicere,* séduire.

4. *Perjurare,* prêter un faux serment; *pejerare,* violer un serment.

PERMITTERE, v. *Concedere* et PERNEGARE, v. *Negare.*
   Fidere.
PERNICIES, v. *Lues.*   PERNIX, v. *Citus.*

PERPERAM. FALSO. FALSE. FALLACITER. 1. *Perperam*

s'entend de la fausseté du fait, comme inexactement; *falso*, de la personne qui se trompe, comme par erreur, par méprise.

2. *Falso agere* ne se dit que d'une erreur où l'on est ou d'une illusion qu'on se fait; *false* et *fallaciter agere* supposent qu'on va contre ce qu'on sait et contre sa conscience : *false*, comme faussement, par crainte et faiblesse de caractère; *fallaciter*, comme fallacieusement, avec la mauvaise intention de duper et de trahir. Comparez TACITE, Ann. I, 1. Tiberii res... ob metum *false* compositæ sunt (d'après le texte de Wolf). La peur a dicté des faussetés aux historiens de Tibère ; avec Germ. 36. Inter impotentes et validos *falso* quiescas. Entre des voisins puissants et forts un peuple ne goûte qu'un repos trompeur.

3. Les idées exprimées par *falso* et *false* sont réunies dans l'adjectif *falsus*, qui ne se distingue que de *fallax*. CIC. Phil. XII, 2. Spes *falsa* et *fallax*. Fausse et perfide espérance. TAC. Ann. XVI, 32. Specie bonorum *falsos* et amicitiæ *fallaces*. La fausseté sous un semblant de vertu, la perfidie sous un semblant d'amitié.

PERPETI, v. *Ferre.*   PERPETUUS, v. *Continuus.*

PERQUAM. VALDE. ADMODUM. MAGNOPERE. *Perquam*, extraordinairement, avec une nuance de surprise chez la personne qui parle; *valde*, très, *admodum*, assez, et *multum*, servent simplement à renforcer le sens de l'attribut ou du verbe, *magnopere*, du verbe seul.

PERSEVERANTIA, v. *Pervicacia.*   PERSONA, v. *Larva.*
PERTINACIA, v. *Pervicacia.*   PERVERTERE, v. *Vertere* et *Perdere.*

PERVICACIA. PERSEVERANTIA. PERTINACIA. CONTUMACIA. DESTINATIO. OBSTINATIO. 1. *Pervicacia* et *perseverantia* présentent comme une vertu l'attachement à un sentiment dans lequel on est entré : la *pervicacia* est fondée sur une énergie naturelle, c'est l'ardeur opposée à la lassitude ; la *perseverantia*, sur le développement des qualités sérieuses, c'est la persistance opposée à la versatilité. *Pertinacia* et *contumacia* expriment un défaut : la *pertinacia* provient d'un attachement opiniâtre à une résolution prise comme l'entêtement et la présomption, par opposition à la condescendance ; la *contumacia*, de l'orgueil qu'on met à défendre son libre arbitre, même contre une autorité compétente et légitime, comme l'arrogance et l'esprit de résistance par opposition à la docilité ou *obsequium*. Accius dans Non. Tu *pertinaciam* esse, Antiloche, hanc prædicas, ego *pervicaciam* esse aio et a me uti volo. Tu soutiens que c'est de l'entêtement ; je dis que c'est une fermeté généreuse que je tiens à montrer. Cic. Inv. II, 54. Unicuique virtuti finitimum vitium reperietur, ut *pertinacia* quæ finitima *perseverantiæ* est. On rencontrera un défaut dans le voisinage de toutes les vertus ; c'est ainsi que l'entêtement est voisin de la persévérance.

2. *Pervicacia*, etc., marquent la stabilité dans une résolution prise ; *destinatio* et *obstinatio* ont plus de rapport à l'acte qui consiste à la prendre : *destinatio*, lorsqu'elle est irrévocable, c'est de la décision ; *obstinatio*, lorsqu'on s'y attache en dépit de tous les obstacles, même insurmontables, et de toutes les représentations raisonnables, c'est de l'endurcissement.

PESSULUS, v. *Sera*.   PESSUNDARE, v. *Perdere*.
PESTILENTIA, PESTIS, v. *Lues*.

PETERE. ROGARE. POSTULARE. EXIGERE. POSCERE. FLAGITARE. 1. *Petere* et *rogare*, termes généraux pour toute

espèce de demande, soit qu'on prie, soit qu'on exige ; ils
tiennent le milieu entre *poscere* et *orare*, sauf à se rappro-
cher quelque peu du dernier : *petere* se rapporte à l'objet
qu'on souhaite; *rogare*, à la personne à laquelle on s'a-
dresse, d'où *petere aliquid ab aliquo*, mais *rogare aliquem
aliquid*. Cic. Verr. IV, 28, 64. Iste *petit* a rege et eum
pluribus verbis *rogat*, ut id ad se mittat. Il tâche d'obtenir cela du roi et l'en sollicite longuement. Famm. II, 6.
Ne id quod *petat, exigere* magis quam *rogare* videatur.
Pour tâcher d'en venir à ses fins sans se donner des airs
de créancier plutôt que de solliciteur.

2. *Postulare* et *exigere* se disent d'une demande pure
et simple par laquelle on fait tranquillement connaître sa
volonté : *postulare* s'entend plutôt de ce qu'on veut et
souhaite ; *exigere*, de ce qu'on prétend. *Poscere* et *flagitare* se disent d'une demande pressante : *poscere*, d'une
demande faite d'un ton décidé, avec le sentiment de son
droit ou de sa puissance; *flagitare*, d'une demande faite
avec impétuosité dans la passion et dans l'impatience du
désir. Tac. H. II, 39. Othone per literas *flagitante* ut ma-
turarent, militibus ut imperator pugnæ adesset *poscenti-
bus*; plerique copias trans Padum agentes acciri *postula-
bant*. La lettre d'Othon exprimait une vive impatience
d'en finir; les soldats exigeaient que l'empereur payât de
sa personne au jour de la bataille; un très-grand nombre
souhaitaient qu'on fît venir les troupes établies au delà
du Pô. Cic. Verr. III, 34. Incipiunt *postulare, poscere*, mi-
nari. Viennent les demandes, les exigences, les menaces.
Planc. 19. *Poscere* atque etiam *flagitare* crimen. Exiger,
vouloir emporter une accusation. Legg. I, 5. *Postulatur* a
te jam diu vel *flagitatur* potius historia. Voilà longtemps
qu'on te demande ou plutôt qu'on brûle de t'arracher
cette histoire.

PETRA, v. *Saxum*.

PETULANS. PROCAX. PROTERVUS. LASCIVUS. Le *petulans* blesse le sentiment des convenances, *modestia*, par caprice, par des agaceries et des provocations inutiles; le *procax*, par indiscrétion, impertinence et importunité; le *protervus*, par impétuosité, par un laisser-aller qui ne respecte rien; le *lascivus*, par une joie bruyante et folâtre. Il faut chercher l'origine de la *petulantia* dans l'aversion pour le repos et la paix ou même dans la méchanceté; celle de la *procacitas* dans la hardiesse ou l'impudence; celle de la *protervitas* dans le sentiment exagéré de sa force ou dans l'orgueil; celle de la *lascivia* dans la gaieté du caractère ou dans le défaut de gravité. LIV. XXXVIII, 24. Flagitatum quoque stipendium, *procacius* quam ex more et *modestia* militari erat. On réclama vivement la solde avec une impudence contraire à tous les usages et à la subordination.

PIETAS, v. *Diligere*.

PIGET. TÆDET. PŒNITET. *Piget* se dit en général de ce qu'on ne se soucie ni de faire ni de souffrir; *tædet*, de ce qu'on ne se soucie point de faire ni de souffrir plus longtemps; *pœnitet*, de ce qu'on aimerait mieux n'avoir jamais fait ni souffert.

PIGRITIA, v. *Ignavia*.   PILUM, v. *Missile*.
PILUS, v. *Crinis*.

PINGUIS. OPIMUS. OBESUS. CORPULENTUS. 1. *Pinguis*, gras dans un sens indifférent ou défavorable, la graisse étant de toutes les parties constituantes du corps la plus insensible et la moins élastique, d'où au figuré mou; *opimus*, gras dans le bon sens, quand c'est un signe que les chairs sont pleines et qu'on est bien nourri, d'où au figuré abondant.

2. *Obesus* se dit de l'embonpoint, mais en associant à l'idée principale une idée accessoire de pesanteur par opposition à *gracilis; corpulentus* se dit de l'embonpoint pris par son beau côté, par rapport à la prestance qui l'accompagne.

PINNA, v. *Ala.*

PLACIDUS, v. *Mitis.*

PLANCÆ, v. *Axis.*

PIRATA, v. *Præda.*

PLAGA, v. *Locus, Rete* et *Vulnus.*

PLANE. OMNINO. PRORSUS. PENITUS. UTIQUE. *Plane,* nettement, *netto* par opposition à *pæne* ou à *vix; omnino,* entièrement, et en général par opposition aux subdivisions, aux cas isolés, aux exceptions, à *magna ex parte* ou à *separatim,* comme ὅλως; *prorsus,* précisément, par opposition à en quelque sorte ou à pour ainsi dire; *penitus,* de fond en comble, jusqu'au fond, par opposition à dans une certaine mesure ou à superficiellement, πάντως; *utique,* dans tous les cas, il a pour opposés à tout hasard, peut-être, ὁπωσδήποτε.

PLERIQUE. PLURIMI. *Plerique,* superlatif absolu, un très-grand nombre; *plurimi,* superlatif relatif, la plupart. TAC. Ann. XIII, 27. *Plurimis* equitum, *plerisque* senatorum non aliunde originem trahi. La plupart des chevaliers, un très-grand nombre de sénateurs n'avaient pas d'autre origine.

PLORARE, v. *Lacrimare.*

PLURIMI, v. *Plerique.*

PLUMA, v. *Ala.*

PLUVIA. IMBER. NIMBUS. *Pluvia,* phénomène bienfaisant, pluie générale qui abreuve le sol altéré, ὑετός; *imber* et *nimbus,* phénomène désagréable, pluie locale qui vient gâter une belle journée : *imber,* lorsqu'elle est accompagnée d'un temps froid et orageux; *nimbus*, d'un temps couvert.

POCULUM. CALIX. SCYPHUS. SIMPUVIUM. CYATHUS. CRATER.
1. *Poculum* et *calix*, qui appartiennent à la vieille langue latine, se disent de tout vase à boire, sans autre idée que celle de l'usage auquel il sert : *poculum*, vase ordinaire pour les repas; *calix*, vase, coupe plus riche pour les festins. *Scyphus, cantharus, cymbium, culigna*, mots étrangers empruntés au grec, se disent de certaines espèces de vases par rapport à leur forme.

2. *Poculum*, etc. servent tous de vases à boire; le vieux mot romain *simpuvium* et *cyathus* qui est venu plus tard, vases à puiser pour remplir les *pocula* en prenant au *crater*, comme on remplit les verres à punch en puisant avec la cuiller dans le bol.

POEMA, v. *Canere.* **PŒNA**, v. *Vindicta.*
PŒNITET, v. *Piget.* **POETA**, v. *Canere.*
POLLERE, v. *Posse.*

POLLICERI. PROMITTERE. SPONDERE. RECIPERE. *Polliceri*, promettre de plein gré, par un acte de complaisance et de prévenance, ἐπαγγέλλεσθαι; *promittere*, à la suite d'une demande, par un acte de consentement, avec l'intention de tenir, ὑπισχνεῖσθαι; *spondere* et *despondere*, promettre formellement, à la suite d'une *stipulatio* par un engagement qui lie en justice, ἐγγυᾶν; *recipere*, prendre sur soi et s'engager d'honneur pour tranquilliser une personne qui est dans la peine, ἀναδέχεσθαι. Le *pollicens* fait des offres agréables; le *promittens* ouvre une perspective satisfaisante; le *spondens* donne une garantie judiciaire; le *recipiens* nous ôte nos soucis. CIC. Att. XIII, 1. Quoniam de æstate *polliceris* vel potius *recipis*. Puisque tu t'avances sur ce sujet ou plutôt puisque tu te fais fort; car le *polli-*

cens n'engage que sa bonne volonté, le *recipiens* répond du succès. Sen. Ep. 19. Jam non *promittunt* de te sed *spondent*. Ils ne se bornent plus à promettre, ils s'engagent pour toi. Cic. Famm. VII, 5. Neque minus ei prolixe de tua voluntate *promisi* quam eram solitus de mea *polliceri*. Et je lui ai promis ta bienveillance avec autant d'assurance que si je n'avais eu qu'à m'avancer pour mon compte : car Cicéron ne pouvait donner au nom de Trébatius que des espérances, mais il pouvait faire de son chef des promesses positives.

Polluere, v. *Contaminare.*   Pompa, v. *Funus.*
Pondo, v. *Libra.*   Pondus, v. *Moles.*
Pontus, v. *Mare.*   Popina, v. *Deversorium.*
Populari, v. *Vastare.*   Populus, v. *Gens.*

Porca. Sulcus. Lira. *Porca*, billon, terre relevée entre deux sillons; *sulcus*, creux du sillon, trace faite dans la terre par la charrue; *lira*, tantôt l'un, tantôt l'autre.

Porcus, v: *Sus.*   Portare, v. *Ferre.*
Portenta, v. *Auguria.*   Portio, v. *Pars.*
Poscere, v. *Petere.*

Posse. Quire. Valere. Pollere. 1. *Posse* et *quire* sont originairement transitifs : *posse*, être apte par vigueur et par force, δύνασθαι ; *quire*, par le concours de toutes les qualités qu'on possède, comme οἷόν τ' εἶναι. Cic. Tusc. II, 27. Barbari ferro decertare acerrime *possunt*, viriliter ægrotare non *queunt*. Les barbares peuvent bien se battre à outrance le fer à la main; aux prises avec la maladie, ils sont incapables d'être hommes. *Valere* et *pollere* sont neutres, d'où *possum* ou *queo* vincere, mais *valeo* ou *polleo* ad vincendum.

2. *Valere*, posséder une juste mesure de forces, valoir

un autre homme, par opposition à des forces insuffisantes,
comme σθένειν; *pollere*, avoir un excès de forces et de ressources et se distinguer par là de la foule, par opposition
à des forces ordinaires, comme ἰσχύειν.

POSSIDERE, v. *Tenere.*   POSTERITAS, v. *Stirps.*
POSTREMUS, v. *Extremus.*   POSTULARE, v. *Petere.*
POTARE, v. *Bibere.*

POTENTIA. POTENTATUS. POTESTAS. VIS. ROBUR. *Potentia*, *potentatus* et *potestas*, puissance qui vient du dehors,
qui a des hommes pour instruments et pour sujets; *vis* et
robur, puissance, force intérieure, indépendante du concours et de la bonne volonté d'autrui. *Potentia*, pouvoir de
fait qui se fait sentir à volonté, δύναμις; *potentatus*, rang
du souverain reconnu par le peuple, δυναστεία; *potestas*,
autorité légitime et légalement déférée, ἐξουσία. TAC. Ann.
XIII, 19. Nihil tam fluxum est quam fama *potentiæ* non
sua vi nixæ. Rien de si fragile que le crédit d'un pouvoir
qui n'a point en lui-même les éléments de sa force. *Vis*,
la force active et agressive, comme faculté de contraindre
les autres, κράτος; *robur*, la force au repos, comme faculté
de résister et de durer, ῥώμη.

POTESTAS, v. *Occasio.*

PRÆBERE. EXHIBERE. PRÆSTARE. REPRÆSENTARE. *Præbere* et *exhibere*, aller spontanément au-devant d'un besoin
ou d'un désir : le *præbens* cède son bien à quelqu'un ;
l'*exhibens* se dessaisit du sien en faveur du public. *Præstare* et *repræsentare*, s'exécuter pour remplir un devoir :
le *præstans* se libère, pour ainsi dire, d'une dette en se
rangeant à son devoir; le *repræsentans* accomplit une promesse, au lieu de tarder encore à la tenir.

PRÆCEPTOR, v. *Doctor.*   PRÆCIPERE, v. *Jubere.*
PRÆCLARUS, v. *Eminens.*

PRÆDA. MANUBIÆ. SPOLIA. EXUVIÆ. RAPINA. PRÆDO. LA-
TRO. PIRATA. 1. *Præda* et *manubiæ*, le butin considéré
comme un bien de conquête et comme un profit; *spolia*
et *exuviæ*, considéré en outre comme une marque de
victoire et d'honneur.

2. *Præda*, toute espèce de butin ; *manubiæ*, le butin légitime du soldat, fait à la guerre ; *rapina*, le butin illégi-
time du *prædo*, qui trouble la paix publique, le fruit du
vol.

3. *Prædo*, brigand en général, celui qui exerce le brigandage comme un métier, λῃστής. C'est le terme générique, par rapport à *latro*, le voleur de grands chemins,
σίνις, et à *pirata*, le pirate. *Raptor*, le ravisseur d'une personne ou d'un objet déterminé, ἁρπακτήρ.

PRÆDICERE, v. *Divinare*.

PRÆDITUS. INSTRUCTUS. EXSTRUCTUS. ORNATUS. 1. *Præditus* s'entend d'une qualité éminente qui est un titre
d'honneur ; *instructus* et *exstructus*, d'une qualité solide
qui rend propre à certains usages. Les deux idées sont
réunies dans *ornatus*. L'*instrumentum* sert, le *decus* donne
de l'éclat, l'*ornamentum* semble tirer son lustre d'une utilité éminente. *Instructus* suggérera, par exemple, l'image
d'un armement complet qui est un gage de protection et
de sécurité ; *ornatus*, celle d'un armement parfait et imposant. Il faut se placer à un point de vue élevé et viser à
l'idéal pour juger l'*ornatus* indispensable ; c'est du luxe,
par rapport aux besoins ordinaires de la vie. Cic. Phil. X,
4. Græcia copiis non *instructa* solum, sed etiam *ornata*.
La Grèce, qui abonde en ressources solides et même ap-
parentes. SEN. Tranq. 9. Sicut plerisque libri non studio-
rum *instrumenta*, sed cœnationum *ornamenta* sunt. Pour
beaucoup de gens, une bibliothèque n'est point un instru-

ment d'étude, c'est un décor indispensable dans une salle à manger.

2. *Instructus* se rapporte à des personnes et à des objets destinés à jouer un rôle offensif ou défensif; *exstructus*, à des objets dont la destination est passive, par exemple, *instructæ naves*, mais *exstructæ mensæ*. Les *exstructa* ne laissent plus rien à faire; les *instructa* ont reçu un premier achèvement, une préparation complète et n'ont plus qu'à remplir leur destination.

3. *Instructus* se rapporte à la simple possession des moyens ; *paratus*, au propriétaire de ces moyens, prêt lui-même à en tirer parti.

Prædium, v. *Villa.*

Præmium. Pretium. Merces. *Præmium*, récompense honorable destinée à distinguer celui qui la reçoit, par opposition à *pœna*, ἆθλον, γέρας ; *pretium* et *merces*, payement destiné à acquitter une dette : *pretium*, prix d'achat pour une marchandise qu'on nous cède, par opposition à *gratia*, ὦνος; *merces*, ce qu'on paye pour tout ce qu'on prend ou tient à louage, hommes et choses, μισθός.

Præs, v. *Sponsor.* Præsagire, v. *Divinare.*
Præsentem esse, v. *Adesse.* Præsentire, v. *Divinare.*
Præstans, v. *Eminens.* Præstolari, v. *Manere.*

Præterea. Insuper. Ultro. *Præterea*, de plus, marque simplement qu'on ajoute ce qu'il faut pour compléter un compte, comme πρὸς τούτοις; *insuper*, en sus, par-dessus le marché, qu'on fait mesure comble, comme προσέτι; enfin, *ultro*, en outre, que ce qu'on ajoute va fort au delà de ce qu'on avait déjà fait, en sorte que tout ce qui a précédé n'a plus aucune valeur.

Prævidere, v. *Divinare.* Pravitas, v. *Malitia.*

PRECARI, v. *Rogare.*   PREHENDERE, v. *Sumere.*
PRETIUM, v. *Præmium.*

PRIDEM. DIU. DUDUM. DIUTURNUS. DIUTINUS. **1.** *Pridem* marque un point dans le temps, une époque, comme il y a longtemps ; *diu* et *dudum* marquent un espace, une période, comme depuis longtemps : *diu*, depuis bien des jours, des mois, des annécs ; *dudum*, depuis plusieurs minutes ou plusieurs heures. *Jam pridem mortuus est* veut dire : il est mort il y a très-longtemps, c'est un aoriste ; mais *jam diu mortuus est :* il est depuis longtemps dans la tombe, c'est un parfait. Cɪc. Cat. I, 1. Ad mortem te duci *jam pridem* oportebat ; in te conferri pestem illam quam tu in nos omnes *jam diu* machinaris. Il y a longtemps que j'aurais dû te faire conduire au supplice et amasser sur ta tête tous les maux que tu nous prépares depuis longtemps. Tᴀc. Ann. XV, 64. Seneca Statium Annæum *diu* sibi amicitiæ fide et arte medicinæ probatum orat, provisum *pridem* venenum promeret. Sénèque prie Statius Annæus, qui avait depuis longtemps sa confiance comme ami et comme médecin, de lui apporter le poison dont ils étaient autrefois convenus.

2. *Diuturnus* se dit d'une longue durée, soit indifféremment, comme de quelque chose de long, en général, soit par éloge, comme de quelque chose de durable et de solide, par opposition à ce qui passe vite, χρόνιος ; *diutinus* exprime un blâme et se dit de ce qui pèse ou ennuie, comme αἰανός. Cɪc. Senect. 19. Nihil mihi *diuturnum* videtur, in quo est aliquid extremum. Une durée dont je vois le terme ne me paraît jamais longue. Comparez avec Famm. XI, 8. Libertatis desiderio et odio *diutinæ* servitutis. Par regret de la liberté et par haine d'un esclavage prolongé.

Primordium, v. *Initium*.

Primores. Principes. Proceres. Optimates. *Primores* et *principes*, les personnages qui jouent un rôle dans l'État, la classe des citoyens influents et notables, par opposition à la foule : *primores*, ceux qui sont tout portés à cette hauteur par le privilége de la naissance, de la fortune et du rang ; *principes*, ceux qui, par leur esprit, leurs talents politiques, leur activité, deviennent orateurs, chefs de parti, et s'élèvent aux premières places parmi les *primores* même et dans tout l'État. *Proceres*, les grands envisagés dans leur condition naturelle, comme noblesse, par opposition au commun du peuple ; *optimates*, les mêmes grands considérés comme parti politique, comme aristocrates, par opposition aux démocrates. Accius dans Non. *Primores procerum* provocaret nomine. Nommer, en les défiant, les premiers personnages de la noblesse.

Primus. Princeps. Imperator. Cæsar. 1. *Primus*, le premier à paraître dans l'espace ou dans le temps, en sorte que les autres lui succèdent ; *princeps*, le premier à faire une chose, celui dont les autres suivent l'exemple.

2. *Princeps*, l'empereur investi en matière civile de l'autorité suprême qui lui avait été insensiblement dévolue en sa qualité de prince du sénat, *princeps senatus ; imperator*, l'empereur investi de la plus haute autorité militaire, personne, hors lui et les membres de sa famille, ne pouvant plus être proclamé *imperator ;* enfin, *Cæsar*, l'empereur, comme membre, et à partir de Galba, comme simple successeur de la famille et de la dynastie de César.

Principium, v. *Initium*.   **Priscus, Pristinus**, v. *Antiquus*.

Privus. Proprius. Peculiaris. *Privus* se dit de la propriété de fait, par opposition à ce que les autres possèdent, à *alienus*, comme οἰκεῖος ; *proprius*, de la propriété exclusive, par opposition aux biens de droit commun, à *communis*, comme ἴδιος; enfin *peculiaris*, des biens qu'on a en propre, par opposition à ceux qu'on partage avec tout le monde, à *universalis*.

PROBRUM, v. *Ignominia* et *Maledictum*.

PROBUS, v. *Bonus*.

PROCAX, v. *Petulans*.

PROCELLA, v. *Ventus*.

PROCERES, v. *Primores*.

PROCERUS, v. *Altus*.

PROCLIVIS, v. *Pronus*.

PROCRASTINARE, v. *Differre*.

PROCUL. LONGE. EMINUS. E LONGINQUO. 1. *Procul*, à une certaine distance qui permet encore de voir les objets, par opposition à *juxta*, comme ἄποθεν; *longe*, à une grande distance, hors de la portée de la vue, par opposition à *prope*, comme τῆλε.

2. *Eminus*, de loin, d'une distance dont la mesure est donnée par la portée des traits; il est opposé à *cominus*, comme πόῤῥωθεν; *e longinquo*, de très-loin, d'une forte distance, par opposition à *e propinquo*, comme τηλόθεν.

PRODIGIA, v. *Auguria*.

PRODIGUS. PROFUSUS. HELLUO. NEPOS. *Prodigus* et *profusus* présentent la dissipation comme un trait de caractère : *prodigus*, en ce sens qu'on ne connaît pas la valeur de l'argent et du bien, qu'on n'est ni désireux ni capable de les faire valoir parcimonieusement, comme le prodigue; *profusus*, en ce sens que rien ne paraît trop cher pour satisfaire des fantaisies, par frivolité, comme le dissipateur. *Helluo* et *nepos* s'entendent d'un caractère qui se résume tout entier en une seule manie, celle de la dissipation : *helluo*, le viveur et le libertin émérite; *nepos*, le fils de famille qui mange son avoir et celui de ses parents.

PRÆLIUM, v. *Pugna*.

PROFERRE, v. *Differre*.

PROFICISCI. ITER FACERE. PEREGRINARI. 1. *Proficisci* désigne le commencement du voyage, comme partir, πορεύεσθαι; *iter facere* et *peregrinari* en comprennent toute la durée, comme voyager, ὁδοιπορεῖν.

2. *Iter facere* se dit également d'un voyage dans le pays ou à l'étranger; mais *peregrinari*, ἐκδημεῖν, suppose toujours qu'on passe la frontière; dans ce dernier cas, la *peregrinatio* continue même quand on est arrivé à destination et que l'*iter* est fini.

PROFITERI, v. *Fateri.*

PROFUSUS, v. *Prodigus.*

PROHIBERE, v. *Arcere.*

PROLIXI, v. *Passi.*

PROMITTERE, v. *Polliceri.*

PROFUGUS, v. *Perfuga.*

PROGENIES, v. *Stirps.*

PROLES, v. *Stirps.*

PROLOQUI, v. *Eloqui.*

PRONUNTIARE, v. *Eloqui.*

PRONUS. PROCLIVIS. PROPENSUS. *Pronus*, au sens moral, marque un penchant en général; *proclivis* marque le plus souvent un penchant au bien; *propensus*, au mal.

PROPALAM, v. *Aperire.*

PROPENSUS, v. *Pronus.*

PROPINQUUS, v. *Necessarius.*

PROROGARE, v. *Differre.*

PROSAPIA, v. *Stirps.*

PROSPER, v. *Felix.*

PROTINUS, v. *Repente.*

PSALLERE, v. *Canere.*

PROPE, v. *Pœne.*

PROPERUS, v. *Citus.*

PROPRIUS, v. *Privus.*

PRORSUS, v. *Plane.*

PROSEQUI, v. *Comitari.*

PROTERVUS, v. *Petulans.*

PRUDENS, v. *Sapiens.*

PUDENS, PUDIBUNDUS, PUDICUS, v. *Castus.*

PUELLA, v. *Virgo.*

PUER. INFANS. ADOLESCENS. JUVENIS. VIR. VETUS. SENEX. *Puer*, dans son acception générale, l'homme dans ses années de dépendance, tant qu'il n'est ni ne peut être père de famille, en trois périodes : 1° comme *infans*, enfant, νήπιος, παιδίον, à partir de la première année; 2° comme *puer*, au

sens restreint, jeune garçon, παῖς, à partir de la septième;
3° comme *adolescens*, à l'ouverture de l'adolescence, jeune
homme, μειράκιον, νεανίας, à partir de la seizième. *Juvenis*,
dans son acception générale, l'homme tant que durent
les années pendant lesquelles il possède et retient la plénitude de ses forces, à peu près depuis l'époque de la
majorité jusqu'aux premières atteintes de l'âge, l'homme
jeune, νέος, en trois périodes : 1° comme *adolescens*, au
déclin de l'adolescence, à partir de la dix-huitième année; 2° comme *juvenis*, au sens restreint, νεανίας, à partir
de la vingt-quatrième; 3° comme *vir*, homme fait, ἀνὴρ,
à l'ouverture de la virilité, à partir de la trentième. *Ma-
turus* se dit des années de maturité avancée quand le feu
de la jeunesse s'est évaporé, en trois périodes : 1° de
l'homme fait, *vir*, ἀνὴρ, au déclin de la virilité, à partir de
la quarantième année; 2° de l'homme âgé, *vetus*, γέρων, à
partir de la cinquantaine; 3° du vieillard, *senex*, πρεσβύτης,
à partir de la soixantaine.

Pugio, v. *Gladius*.

Pugna. Acies. Prœlium. *Pugna*, terme général pour
toute espèce de combat, depuis le duel jusqu'à la bataille
rangée la plus sanglante, μάχη; *acies*, action décisive, conduite selon les règles de la tactique entre les parties bel-
ligérantes, bataille rangée; *prœlium*, combat d'occasion
entre des détachements, rencontre, engagement, escar-
mouche, comme συμβολή.

Pugnare. Confligere. Dimicare. Digladiari. 1. *Pugnare* et *confligere*, vider un différend de vive force; ils
s'appliquent presque toujours à l'emploi des masses, à
une bataille; *dimicare* et *digladiari*, le vider par la voie
des armes et presque toujours en combat singulier.

2. *Pugnare* marque de préférence une bataille en règle,

livrée à dessein et envisagée par son beau côté, comme exigeant à la fois de l'art et du courage ; *confligere*, un combat de rencontre, pris du vilain côté, comme occasion de meurtre et de carnage. Cic. Balb. 9. Qui cum hoste nostro cominus sæpe in acie *pugnavit*. Il s'est souvent mesuré de près avec notre ennemi en bataille rangée. Comparez avec Off. I, 23. Temere in acie versari et manu cum hoste *confligere* immane quiddam et belluarum simile est. Se jeter follement dans la mêlée d'une bataille et se prendre corps à corps avec l'ennemi, c'est un excès de courage qui tient de la brute.

3. *Dimicare* présente l'image d'une lutte soutenue à l'aide de la première arme venue, épée, lance, pique, massue, par un homme qui défend sa vie ; il se prend indifféremment en bonne et en mauvaise part ; *digladiari* se dit d'un combat à l'épée ou au poignard et présente l'image odieuse d'un gladiateur consommé dont la vocation et l'art consistent dans l'escrime et dans le meurtre. Cic. Tusc. IV, 19. Convenit *dimicare* pro legibus, pro libertate, pro patria. Il faut savoir se battre pour les lois, la liberté, la patrie. Comparez avec Legg. III, 9. Iis sicis, quas ipse se projecisse dicit in forum, quibus inter se *digladientur* cives. Ces poignards qu'il se vante d'avoir jetés dans le Forum pour forcer ses concitoyens à s'entr'égorger.

PULCHER, v. *Formosus*.
PULPA, v. *Caro*.
PULVINAR, v. *Culcita*.
PULLUS, v. *Ater*.
PULSARE, v. *Verberare*.

PUNGERE. STIMULARE. *Pungere*, piquer pour blesser, pour faire mal ; *stimulare*, aiguillonner pour réveiller et stimuler par la douleur.

PUNIRE, v. *Vindicta*.

PURGATIO. EXCUSATIO. SATISFACTIO. La *purgatio* consiste, comme la justification, à se laver par des raisons péremptoires d'un soupçon ou d'une accusation ; l'*excusatio* ou excuse à reconnaître qu'il y a eu une faute de commise, mais en donnant des assurances ou des preuves de l'innocence de ses intentions ; la *satisfactio* ou satisfaction, à apaiser la partie offensée ou lésée, en cas d'innocence, par la *purgatio* ou l'*excusatio*, en cas de culpabilité, par la *veniæ petitio* ou par la *pœna*.

PURUS. MUNDUS. MERUS. PUTUS. MERACUS. 1. *Purus*, synonyme d'*integer* et opposé de *contaminatus*, pur et sans tache, καθαρός ; *mundus*, synonyme de *nitidus* et opposé de *spurcus* et de *sordidus*, pur et net, κομψός ; enfin, *merus*, synonyme de *simplex* et opposé de *mixtus*, pur et sans mélange, comme ἀκήρατος, ἀκέραιος.

2. *Purus*, terme général et populaire ; *putus* ou ordinairement *purus putus*, *purus ac putus*, terme technique pour exprimer la pureté de l'or et de l'argent massifs.

3. *Merus* se dit de tout ce qui est pur, soit indifféremment, soit avec éloge, comme si tout mélange était une falsification ; *meracus* se dit particulièrement de la pureté du vin qui n'est point trempé et, transporté au figuré à d'autres objets, il exprime une idée de blâme, comme si la matière pure et sans addition n'était pas comme elle doit être, par opposition à *temperatus*. C'est le sens de l'ancien allemand *eitel*.

PUS, v. *Sanies*.   PUSILLUS, v. *Parvus*.
PUTARE, v. *Censere*.   PUTUS, v. *Purus*.

Q

Quærere. Scrutari. Rimari. Investigare. Indagare.
1. *Quærere*, chercher, en général, on éprouve le désir ou le besoin de trouver ; *scrutari, rimari, investigare* et *indagare* ajoutent à ce sens une idée accessoire de peine et de difficulté.

2. *Scrutari* et *rimari*, se mettre à la recherche d'un objet caché : *scrutari*, en fouillant de tous les côtés, on s'intéresse à la découverte, on se passionne ; *rimari*, en creusant pour déterrer, la découverte exige des efforts et de la sagacité. *Investigare* et *indagare*, se mettre à la recherche d'un objet éloigné : *investigare*, à la façon du chasseur qui suit en connaissance de cause la piste ou la trace visible du gibier; *indagare*, à la façon du limier qui suit l'odeur guidé par son instinct. Curt. IX, 10, 11. Famem sentire cœperunt, radices palmarum ubique *rimantes*. Ils éprouvèrent les atteintes de la faim et ils cherchaient partout, pour les déterrer, des racines de palmiste. Comparez avec IX, 9, 5. *Scrutati* omnia tuguria tandem latentes reperere. A force de fouiller toutes les cabanes, ils finirent par les trouver dans leur cachette. Tac. Ann. VI, 3. *Rimans* secreta omnium. Déterrant les secrets de tout le monde. Et XII, 52. Quasi finem principis per Chaldæos *scrutaretur*. Furius Scribonianus est exilé sous prétexte qu'il avait eu la curiosité de s'adresser aux Chaldéens pour découvrir quand et comment l'empereur mourrait. Il n'y avait pas d'obstacles à surmonter.

Quæstus, v. *Lucrum.*   Quare, v. *Cur*
Que, v. *Et.*

Questus. Quiritatio. Querimonia. Querela. *Questus* et

quiritatio, expression de la douleur : *questus*, par des gémissements rares ; *quiritatio*, par des gémissements sui-
vis. *Querimonia* et *querela*, expressions du chagrin : la
querimonia part d'un sentiment estimable, celui d'une
personne lésée qui ne veut pas souffrir une injustice ; la
querela, d'un sentiment presque toujours blâmable, celui
du mécontent qui ne sait supporter aucune contrariété.
La *querimonia* est une affaire de raisonnement, elle vise à
obtenir assistance ou satisfaction, comme la plainte ; la
querela est une affaire de sentiment ; elle ne tend guère
qu'à soulager le cœur, comme les lamentations. Cic.
Cæcil. 3. In populi Romani quotidiana *querimonia*. La
plainte journalière du peuple romain. Comparez avec
Famm. V, 14. Tu non intelliges te *querelis* quotidianis nihil
proficere? Ne veux-tu point comprendre que tu ne gagnes
rien à tes lamentations journalières ? ·

Quies. Tranquillitas. Requies. 1. *Quies*, le repos, l'i-
nactionabsolue, par opposition à toute espèce d'activité,
ήσυχία ; *tranquillitas*, le calme dans le mouvement opposé
à l'agitation et à la passion, comme ἐκηλία. Sen. Ep. 3. Et
quiescenti agendum et agenti *quiescendum* est. Il faut que
l'action succède au repos et le repos à l'action. Comparez avec Cic. Top. 3. Ut aut *perturbentur* animi aut *tran-
quillentur*. Pour remuer ou calmer les esprits. *Quietus*
offre une analogie de signification avec *otiosus, segnis, lan-
guidus*, et *tranquillus* avec *lenis, placidus, moderatus*.

2. *Quies*, le repos en lui-même, indépendamment de
toute relation ; *requies*, le repos par lequel on se délasse
au sortir de l'action ou de la fatigue. Curt. IX, 6, § 2. Ne
quies corpori invalido adhuc necessaria pulsu remorum
impediretur. Pour ne point déranger par le bruit des
rames le repos dont la faiblesse du malade avait toujours
besoin. Comparez avec § 3. Placuit hic locus ad suam et

militum *requiem*. Il trouva le lieu à son gré pour se livrer au repos avec son armée.

Quire, v. *Posse*.   Quiritatio, v. *Questus*.

Quisque. Quivis. Quilibet. Unusquisque. Omnes. Universi. Cuncti. Totus. 1. *Quisque, quivis* et *quilibet* désignent la totalité des individus qui constituent l'espèce ; *omnes, universi* et *cuncti*, la totalité de l'espèce qui comprend et réunit les individus.

2. *Quisque*, tout individu pris à part ; *quivis*, tout individu choisi par préférence entre tous les autres, sans exclure personne de ce choix, qui n'en est que plus marqué, comme πᾶς τις ; *quilibet*, le premier venu, sans choix, avec une nuance de mépris, comme ὁστισοῦν ; il est synonyme de *primus quisque*, ὁ τυχών. Cic. Famm. VIII, 10. *Quidvis quamlibet*, tenue munusculum. Ce que vous voudrez, le moindre petit présent.

3. *Quisque* est enclitique ; on ne le trouve jamais en prose à la tête de la proposition ; *unusquisque* est accentué et se place partout.

4. *Unusquisque*, chacun en particulier, par opposition à quelques individus ; *singuli*, les individus, par opposition à un tout indivisible, comme ἕκαστος.

5. *Omnes*, tout le monde, sans exception ; ce n'est qu'une totalité physique, par opposition à *nemo, unus, aliquot*, comme πάντες ; *universi*, l'universalité des êtres que l'espèce peut embrasser et contenir ; c'est une totalité morale, par opposition à *singuli* et *unusquisque*, comme σύμπαντες ; enfin, *cuncti*, tous ceux qui sont rassemblés et réunis ; c'est une totalité de rencontre et de fait, par opposition à *dispersi*, comme ἅπαντες. Liv. VII, 35. Admiratione paventibus *cunctis*, quum *omnium* in se convertisset oculos Decius. Toute l'assistance était étonnée et émue,

tous les regards tournés vers Décius. Nep. Dat. 5. Qui illum *unum* pluris quam se *omnes* fieri videbant. Quo facto *cuncti* ad eum opprimendum consenserunt. Les courtisans voyaient qu'à lui seul il les effaçait tous auprès du roi. Ils entrèrent tous tant qu'ils étaient dans une conspiration qui devait l'accabler.

6. *Totus, solidus* et *integer* s'appliquent à un tout primitif qui ne vient que par extraordinaire à se diviser en parties, comme ὅλος; *omnis, universus* et *cunctus*, à des individus primitivement isolés qui ne forment un tout que par leur réunion, πᾶς, σύμπας, ἅπας.

Quotidie. In singulos dies. *Quotidie* s'entend de ce qui revient tous les jours; *in singulos dies*, de ce qui va tous les jours en augmentant. Cic. Att. V, 7. *Quotidie* vel potius in *singulos dies* breviores litteras ad te mitto. Les lettres que je t'envoie deviennent plus courtes tous les jours ou plutôt de jour en jour.

R

Rabies, v. *Amens.*   Radiare, v. *Lucere.*

Rami. Ramalia. Virga. Termes. Turio. Surculus. Sarmentum. Stolo. Virgultum. Fruticetum. 1. *Rami* et *ramalia*, les branches de l'arbre : *rami*, les branches vivantes et vertes, θαλλοί; *ramalia*, les branches mortes et sèches. *Virga, termes, turio, surculus, talea, sarmentum* et *stolo* ne se disent que des rameaux : *virga* et les termes rares de *termes olivæ* et *turio lauri*, simples rameaux sans idée accessoire, κλάδος, κλὼν, κλῆμα; *surculus* et *talea*, rameaux considérés comme des membres et des rejetons de l'arbre qui servent à la propagation en qualité de greffes et de boutures, les pousses, ὀρσός; *sarmentum* et *stolo*, rameaux considérés comme des excroissances dont il faut débarrasser l'arbre et qui ne sont bonnes qu'à jeter : *sarmentum*, rameau inutile, sauvage ; *stolo*, branche folle, gourmande, parasite.

2. *Virgultum*, lieu couvert de buissons, qui n'est point nu ; *fruticetum*, lieu embarrassé de halliers, impraticable.

RAPINA, RAPTOR, v. *Præda.*

RECIPERE, v. *Polliceri* et *Sumere.*

RECONDERE, v. *Celare.*

RECUPERARE, v. *Sumere.*

RECUSARE, v. *Negare* et *Spernere.*

REDIRE, v. *Reverti.*

REDUNCUS, v. *Curvus.*

REFELLERE, v. *Refutare.*

RECENS, v. *Novus.*

RECITARE, v. *Eloqui.*

RECORDARI, v. *Meminisse.*

RECURVUS, v. *Curvus.*

REDIMERE, v. *Emere.*

REDOLERE, v. *Olere.*

REDUNDARE, v. *Abundare.*

REFUGIUM, v. *Perfuga.*

RÉFUTARE. CONFUTARE. REFELLERE. 1. *Refutare* et *confutare*, réfuter par toute sorte de moyens ; *refellere*, par des raisons solides et par une discussion lumineuse. CIC. Orat. II, 50, 203. Neque hæc solum in defensione, sed etiam in Scauro cæterisque meis testibus, quorum testimonia non *refellendo*, sed ad eumdem impetum populi confugiendo *refutasti*. C'est toujours le même artifice et dans ta défense et à propos de Scaurus et de mes autres témoins ; ce n'est point par une vraie réfutation, mais par un nouveau recours aux passions populaires que tu réponds à leurs témoignages.

2. Le *refutans* se tient sur la défensive et rétorque les arguments qu'on lui oppose ; le *confutans* prend l'offensive ; il en fait voir la nullité et les réduit en poussière. CIC. Font. 1. Plus laboris consumo in poscendis testibus quam defensores in *refutandis*. Je me donne plus de peine

pour interroger les témoins que les défenseurs pour leur répondre. Comparez avec N. D. II, 17. *Cujus opinionis levitas confutata a Cotta non desiderat orationem meam.* Ce sentiment n'a aucun poids, et Cotta l'a pulvérisé de manière à me dispenser de parler. Top. 25. *Refutatio* accusationis in qua est depulsio criminis. Répondre à un acte d'accusation en repoussant les charges. Comparez avec Rhet. ad Her. I, 13. *Confutatio* est contrariorum locorum dissolutio. La réfutation consiste à réduire à néant les arguments contraires.

REGALIS, v. *Regius.*   REGIO, v. *Locus.*

REGIUS. REGALIS. *Regius*, ce qui appartient à un roi, ce qui vient d'une suite de rois; *regalis*, ce qui convient à un roi, ce qui est digne de lui.

RELIGIO. FIDES. *Religio*, probité scrupuleuse fondée sur une obligation intérieure, toute de conscience; *fides*, même qualité fondée sur une obligation extérieure, sur une promesse.

RELINQUERE. DESERERE. OMITTERE. DESTITUERE. DESOLATUS. 1. *Relinquere*, quitter, s'applique à un objet auquel on ne tient que par un rapport de lieu et de voisinage; *deserere* et *omittere*, à un objet auquel on tient par une obligation morale en qualité de possesseur ou d'ami. Il y a au fond de la *desertio*, de l'abandon, une lâcheté, un oubli de quelque devoir, par opposition à *defensio, tutatio;* au fond de l'*omissio* une conviction que l'on a d'être autorisé à s'abstenir, comme dans renoncer, par opposition à *obtinere.* TAC. Dial. 16. Partes quas intellexerimus te non tam *omisisse* quam nobis *reliquisse*, ce qui ne veut pas dire qu'on renonce à voir le sujet traité, mais qu'on le quitte pour le laisser traiter par un autre. Et 9. *Relinquenda* conversatio amicorum et jucunditas urbis, *dese-*

renda cætera officia. Il faut quitter le commerce de ses amis, les plaisirs de la ville; il faut abandonner ses devoirs. Cic. Verr. I, 4, 11. *Desertum* exercitum, *relictam* provinciam. Abandonner l'armée, quitter la province.

2. *Deserere*, quitter et trahir dans un danger possible et éloigné; *destituere*, dans un danger réel et prochain. Curt. IV, 2, 32. *Desertus*, *destitutus*, hostibus deditus. Abandonné, délaissé, livré aux ennemis. Liv. VI, 2. Quod defensores suos in ipso discrimine periculi *destituat*. Il délaisse ses défenseurs dans la crise même du péril.

3. *Desertus* et *destitutus* marquent particulièrement l'oubli du devoir; *desolatus*, la dureté impitoyable de cet oubli. Suet. Cal. 12. *Deserta desolataque* reliquis subsidiis aula. La cour abandonnée et anéantie par l'abandon de ses derniers appuis.

Reliqui, v. *Cæteri.*	Remedium, v. *Mederi.*
Reminisci, v. *Meminisse.*	Renidere, v. *Ridere.*
Renuere, v. *Negare.*	Repagulum, v. *Sera.*
Repandus, v. *Curvus.*	

Repente. Subito. Extemplo. E vestigio. Illico. Statim. Protinus. Confestim. Continuo. *Repente* et *subito*, tout à coup : *repens*, par opposition à l'attente, à *exspectatus*, à *sensim*, comme ἐξαπίνης; *subitus*, par opposition à des préparatifs, à *ante provisus, meditatus, paratus*, comme παραχρῆμα. *Extemplo* et *e vestigio* se disent par opposition à un délai : *extemplo* marque un rapport de temps, comme dans l'instant; *e vestigio*, un rapport de lieu, comme sur-le-champ. *Illico, ilicet*, à la hâte, se prennent par opposition à la lenteur : *illico*, en prose, comme παραυτίκα; *ilicet*, chez les comiques et les poëtes. *Statim* et *protinus* s'opposent au temps qui suit : *statim*, aussitôt, à *deinde, postea*, comme εὐθύς; *protinus*, de suite, comme πρόκα. Enfin, *confestim* et *continuo* s'opposent à *ex intervallo.*

Repere. Serpere. Serpens. Anguis. Coluber. **1.** *Repere*, avancer à l'aide de pieds très-courts, à petits pas, lentement, se traîner; *serpere*, sans pieds, par une ondulation du corps entier, et sans bruit, ramper.

2. *Serpens*, nom général pour tout ce qui rampe, à la façon des serpents, ἑρπετόν; *anguis*, serpent redoutable par la grandeur de sa taille, ὄφις; *coluber*, serpent dangereux, quoique de petite taille, ἔχις, ἔχιδνα.

Reperire, v. *Invenire.*　　　Repetere, v. *Iterum.*

Reprehensio. Vituperatio. *Reprehensio*, blâme destiné à corriger, à ramener dans la bonne voie, remontrance, μέμψις; *vituperatio*, blâme destiné à servir de châtiment, à reprocher une faute à celui qui l'a commise, réprimande, ψόγος. La *reprehensio* a son opposé dans la *probatio*, la *vituperatio* dans la *laudatio.*

Repudiare, v. *Negare.*

Repudium. Divortium. *Repudium*, renvoi de la fiancée ou de l'épouse du chef du mari futur ou actuel; *divortium*, dissolution du mariage ou divorce en forme fondé sur un consentement réciproque, à la suite duquel chacune des deux parties tire de son côté. La formule du *repudii* était : Conditione tua non utor; celle du *divortii* : Res tuas tibi habeto. On dit : *repudium* mittere, remittere, renunciare, dicere alicui, mais *divortium* facere cum aliqua.

Requies, v. *Quietus.*

Requirere. Desiderare. *Requirere*, réclamer, par un mouvement de l'esprit qui voit le côté utile des choses; *desiderare*, regretter, par un mouvement du cœur qui s'at-

tache avec amour et sympathie. Le *requirens* a des prétentions, il espère qu'on fera droit à sa réclamation; le *desi-
derans* choie un désir et en attend l'accomplissement du
cours des choses, de la fortune. Cic. Famm. VII, 26. Magis tuum officium *desiderari*, quam abs te *requiri* putavi
meum. On est plus porté selon moi à regretter ton intervention que tu ne l'es à réclamer la mienne.

Reri, v. *Censere.*   Reserare, v. *Aperire.*

Respectum. Rationem habere. *Respectum habere*, tenir
compte de quelque chose par la pensée et par la réflexion,
juger digne d'attention; *rationem habere*, en tenir compte
dans sa conduite et dans ses mesures, comme d'un moyen
qui peut concourir à conduire au but.

Restare. Superesse. *Restare* modifie l'idée exprimée
par rester en y associant celle d'une tâche qui n'est point
achevée; *superesse*, en y associant celle d'une réserve qui
n'est point épuisée. Cic. Cat. III, 10. Cum hostes vestri
tantum civium *superfuturum* putassent, quantum infinitæ
cædi *restitisset*. Quand vos ennemis avaient réduit dans
leur calcul le surplus des citoyens à ce qui échapperait au
massacre général. Hor. Sat. I, 9, 28. Nunc ego *resto*,
confice. C'est moi qui vais te servir à présent de victime,
achève.

Restaurare, v. *Instituere.*   Restis, v. *Laqueus*
Restituere, v. *Instituere.*

Rete. Cassis. Plaga. *Retia*, rets, terme général pour
les filets de pêche et de chasse; *casses* et *plagæ*, engins
réservés à la chasse : *casses*, filets destinés à s'emparer du
petit gibier qui y entre comme dans un sac; *plagæ*, à s'emparer du gros gibier qui s'y empêtre. Hor. Ep. 2, 32. Aut
trudit acres... apros in obstantes *plagas*, aut amite levi

rara tendit *retia*. Il pousse l'impétueux sanglier vers les rets qui lui barrent le passage, il tend au bout d'une perche légère des filets déliés.

RETICERE, v. *Silere*.

RETURARE, v. *Aperire*.

REVERERI, v. *Vereri*.

RETINACULA, v. *Laqueus*.

REVERTI. REVENIRE. REDIRE. *Reverti* et *revenire*, pris au propre, marquent des actions qui ne durent qu'un moment : *reverti*, opposé à *proficisci*, celle qui consiste à se retourner pour revenir sur ses pas ; *revenire*, opposé à *advenire*, celle qui consiste à rattraper le point d'où on était parti. *Redire*, opposé à *porro ire*, s'entend de toute la durée de l'action comprise entre ces deux extrêmes, comme revenir. CIC. Att. XVI, 7. p. m. Quam valde ille *reditu* vel potius *reversione* mea lætatus effudit ille omnia quæ tacuerat. Dans le transport qu'il éprouvait à me voir revenir ou plutôt faire le premier pas pour revenir, il épancha tout ce qu'il n'avait jamais voulu dire.

RIDERE. CACHINNARE. RENIDERE. SUBRIDERE. IRRIDERE. DERIDERE. 1. *Ridere* et *cachinnare* se disent d'un rire qu'on entend : *ridere*, d'un rire gai et modéré, comme γελᾶν ; *cachinnare*, d'éclats de rire immodérés et discordants, comme καγχάζειν. *Subridere* et *renidere* désignent un sourire qu'on peut bien voir, mais non pas entendre : *subridere*, un sourire espiègle ou satirique ; *renidere*, amical ou mielleux, μειδιᾶν. CIC. Tusc. IV, 31. Si *ridere* concessum sit, vituperatur tamen *cachinnatio*. On nous permet de rire, mais on nous reprocherait de rire aux éclats.

2. *Deridere* s'entend, comme καταγελᾶν, d'un rire moqueur considéré comme un trait d'orgueil et de mépris ; on rit du haut de sa grandeur ; *irridere*, comme un trait d'insolence ou de malignité ; on rit à la barbe des gens, ἐγγελᾶν. CIC. Orat. III, 14. Istos omnes *deridete* atque con-

temnite. Riez dédaigneusement de tous ces gens-là et mé-
prisez-les. N. D. II, 3. Claudius etiam per jocum deos
irridens. Claudius, qui osait plaisanter et rire à la barbe
des dieux.

RIMARI, v. *Quærere.*

RIPA. LITTUS. ORA. ACTA. 1. *Ripa,* bord d'une rivière,
ὄχθη; *littus, ora, acta,* bord de la mer. MELA. III, 9. *Oras*
ad Eurum sequentibus nihil memorabile occurrit; vasta
omnia vastis præcisa montibus *ripæ* potius sunt quam *littora.* Le rivage suivi dans la direction de l'est n'a rien de
remarquable; des espaces arides coupés par des montagnes nues font songer aux bords d'un torrent et ne rap-
pellent guère les bords de la mer. VITRUV. II, 9, 14. Circa
ripam fluminis Padi et *littora* maris Adriatici. Au bord du
Pô et sur les côtes de l'Adriatique.

2. *Littus,* bord conçu comme une ligne qui sépare la
terre de la mer, ἠιών et ῥηγμίν, la côte; *ora* et *acta,* comme
un espace et une zone qui s'étend le long de la mer, le rivage, ἀκτή et αἰγιαλός : *ora,* au sens géographique, comme
terre riveraine, par opposition à l'intérieur des terres;
mais *acta,* au sens esthétique, celui d'un rivage qui offre
des paysages charmants et un séjour agréable. LIV. XXIV,
8. Classem paravimus ut Africæ *oram* popularemur, ut
tuta nobis Italiæ *littora* essent. Nous avons équipé une
flotte : c'est pour dévaster le rivage de l'Afrique et pour
mettre à l'abri de toute insulte les côtes de l'Italie. PLIN.
Ep. V, 6, 2. Gravis et pestilens *ora* Tuscorum, quæ per
littus extenditur. Il y a en Toscane, le long de la côte,
une zone malsaine et empestée. On trouve *littoris ora,*
c'est-à-dire *ora per littus extensa.* PRUDENT. contr. Symm.
IV, 136. Invenit expositum secreti in *littoris acta.* Il le
trouve exposé dans un enfoncement sur une côte retirée.

Cic. Famm. IX, 6. Ea tractes quorum et usus et delectatio est omnibus illis *actis* et voluptatibus anteponenda. Faites-vous des occupations utiles et attrayantes, préférables à tous les paysages, à tous les plaisirs qu'on demande aux bords de la mer. C'est un mot emprunté au grec que Tacite préfère remplacer, H. III, 76, par la péripharse *amœnâ littorum*.

Ritus, v. *Consuetudo.*   Rivalitas, v. *Imitatio.*
Rixa, v. *Disceptatio.*   Robur, v. *Potentia.*
Robustus, v. *Validus.*

Rogare. Orare. Obsecrare. Obtestari. Precari. Supplicare. 1. *Rogare* et *orare* se disent d'une demande, d'une requête; on exprime tranquillement un désir : le *rogans* se sent l'égal de celui auquel il s'adresse et ne veut qu'une complaisance, comme l'αἰτῶν; l'*orans* reconnaît la supériorité de l'autre et demande un bienfait, comme le δεόμενος. *Obsecrare* et *obtestari* expriment une requête passionnée, comme conjurer : l'*obsecrans* est vif, comme le λιπαρῶν; l'*obtestans* est pressant. Cic. Att. XVI, 16. Igitur, mi Plance, *rogo* te atque etiam *oro*. Oui, mon cher Plancus, c'est une demande et même une requête. Pseudocic. Red. 16. Pro mea vos salute non *rogavit* solum, verum etiam *obsecravit*. Il ne vous a pas demandé, il vous a adjurés de me sauver.

2. *Precari* se dit d'une prière faite avec calme en levant les mains au ciel, comme εὔχεσθαι; *supplicare*, d'une invocation passionnée, comme ἱκετεύειν; on se jette à genoux ou par terre, on se tord les mains. Mais *precor* se dit aussi par hyperbole de toute sollicitation, et *supplicare*, de toute humble requête adressée à des hommes. Cic. Parad. V, 3. Noctu venire domum ad eum, *precari*, denique *supplicare*. Aller le trouver la nuit dans sa maison, prier, supplier.

ROGARE. INTERROGARE. PERCONTARI. SCISCITARI. *Rogare, interrogare* et *quærere*, faire des questions : *rogare*, en comptant sur une réponse, on veut savoir ; *interrogare*, en espérant une réponse, on souhaite de savoir. *Percontari* et *sciscitari*, presser de questions : *percontari*, par envie de s'instruire, d'un ton sérieux et posé, il s'agit de s'éclairer ; *sciscitari*, avec un air de curiosité, d'indiscrétion, de précipitation, de finesse ; il s'agit de se renseigner.

ROGARE, v. *Petere.* RUDENTES, v. *Laqueus.*
RUDIS, v. *Fustis.*

RUINA. STRAGES. *Ruina*, écroulement de matériaux superposés avec ordre, dont la base vient à céder ; *strages*, chute d'un corps qui se tenait debout et qu'un choc renverse. LIV. IV, 33. *Strages ruinæ* similis. Un abatis qui ressemble à un écroulement.

RUMOR. FAMA. *Rumor*, bruit ou nouvelle qui se propage par des voies incertaines, obscures, clandestines, par opposition à la certitude ; *fama*, tradition que répand la voix publique, par opposition à ce qu'on sait pour l'avoir vu de ses propres yeux. Le bruit, *rumor*, intéresse par sa nouveauté ; c'est un sujet de curiosité, il passe avec la génération au milieu de laquelle il est né ; la tradition, *fama*, intéresse par son importance ; elle entre dans le domaine de la science et se transmet comme un héritage à la postérité.

RUMPERE, v. *Frangere.* RUPES, v. *Saxum.*
RURSUS, v. *Iterum.* RUS, v. *Villa.*

RUS. AGER. RUSTICUS. AGRESTIS. RUSTICANUS. 1. *Rus*, la campagne, par opposition à la ville, le village avec sa banlieue ; *ager*, la campagne, par opposition à une localité quelconque, les champs. Cels. Med. 1. Sanum oportet... modo *ruri* esse, modo in urbe, sæpiùsque in *agro*. Il faut, pour se porter bien, vivre tantôt à la campagne, tantôt à la ville, surtout aux champs.

2. *Rusticus*, ἀγροῖκος, celui qui habite le village ; *agrestis*, ἄγριος, celui qui a grandi aux champs, en sauvage, comme *ferus* : le terme est cependant plus doux, car *ferus* exprime directement la sauvagerie comme faisant le fond du caractère, et *agrestis* en rappelle seulement l'idée par la désignation du séjour ou de l'origine.

3. Transportant ces termes aux qualités de l'esprit, *rusticus* désigne plutôt la grossièreté intellectuelle ; *agrestis*, la grossièreté morale. *Rusticus* s'entend, comme champêtre, de la timidité et de la simplicité ; il se rapproche dans le bon sens de l'innocence et dans le mauvais de la gaucherie ; *agrestis* marque, comme rustique, l'effronterie et la bassesse ; il ne se prend jamais en bonne part, il confine à la *feritas*. Le *rusticus* (opposé *urbanus*) ne blesse que les conventions du savoir-vivre ; l'*agrestis* (opposé *humanus*) blesse les lois naturelles de la décence.

4. Quand Cicéron veut adoucir encore l'idée exprimée par *rusticus* et prévenir toute équivoque, il emploie de préférence *rusticanus*. *Rusticus* désigne alors le paysan qui naît, vit et meurt au village ; *rusticanus*, le citadin que les circonstances y relèguent. On peut ranger parmi ces derniers les provinciaux, *municipes*, en qualité de *rusticorum similes*.

S

Sabulo. Harena. Sabura. *Sabulo*, et dans Pline *sabulum*, le sable considéré comme une espèce de terre légère ; *harena*, *arena*, comme une terre sèche, pierreuse, comme des parcelles ou de la poussière de pierre, par opposition à un sol fertile ; enfin, *sabura, saburra* se rapporte particulièrement à l'usage qu'on fait du sable pour lester les vaisseaux.

Sacellum, v. *Templum.*

Sacer. Sanctus. *Sacer,* sacré, s'entend, comme ἱερὸς, de ce qui est la propriété des dieux, par opposition à *profanus ; sanctus,* saint, de ce qui est sous leur protection, à l'abri de toute souillure, pur et sans tache, par opposition à *pollutus,* comme ὅσιος. *Sanctus homo,* âme pure, agréable aux dieux ; *sacer,* mortel maudit, dévoué aux dieux à titre de victime expiatoire. Et de même *sancire* signifie mettre sous la protection immédiate des dieux, en parlant, par exemple, de lois et de traités d'alliance; *sacrare,* dédier aux dieux, en parlant, par exemple, de temples et d'autels.

Sacramentum, v. *Jusjurandum.*

Sacrare. Consecrare. Dicare. Dedicare. *Sacrare, consecrare,* mettre au nombre des choses saintes, on tient à marquer que tout usage profane de ces choses est et demeure retiré et interdit aux hommes; *dicare* et *dedicare,* consacrer, on tient à marquer qu'on attribue aux dieux la propriété de la chose. *Consecrare* peut s'employer absolument, mais *dedicare* exige qu'on nomme le nouveau propriétaire.

Sæpe. Crebro. Frequenter. Frequentare. Celebrare. 1. *Sæpe,* souvent, par opposition à *semel,* à *nonnunquam,* à *semper,* comme πολλάκις; il s'agit de la répétition des mêmes actes en des temps différents; *crebro* et *frequenter,* fréquemment, par opposition à *raro*; il s'agit de la pluralité des objets ou des événements : *crebro,* coup sur coup et plutôt trop que trop peu, comme θαμά; *frequenter*, bien des fois. *Creber* se dit en général d'une multitude pressée et entassée; *frequens*, d'une foule nombreuse. *Frequens* contient un éloge, comme *largus; creber*, un blâme, comme *spissus*. Et on dit du sénat *frequentes senatores*, lorsqu'il s'agit de marquer qu'il est au complet; on emploierait *crebri*, si la place manquait à cause de la presse et si les sénateurs étaient à l'étroit sur leurs siéges.

2. *Frequentare*, visiter souvent un lieu, ne le point négliger; *celebrare*, le visiter souvent et le rendre par là animé et bruyant.

Sævitia. Crudelitas. *Sævitia*, cruauté sanguinaire du tyran qui a, comme la bête féroce, du plaisir à tuer et à faire souffrir, par opposition à *mansuetudo; crudelitas*, cruauté froide du juge ou du souverain qui applique la loi dans toute sa sévérité, par opposition à *clementia*.

Sævus, v. *Atrox*.
Saltus, v. *Silva*.
Salsus, v. *Lepidus*.
Saluber, v. *Salus*.

Salus. Sanitas. Valens. Saluber. Sanus. Salutaris. 1. *Salus* marque en général la prolongation de l'existence, par opposition à *interitus; sanitas*, un état de bonne santé, par opposition à *ægritudo;* il s'entend du corps dans son acception primitive, de l'âme dans son acception usuelle.

2. *Sanus* et *valens*, qui approchent du sens d'*integer*, marquent un état sain, mais temporaire; *saluber* et *validus*, qui approchent du sens de *robustus*, un état sain et constant. *Salubris oratio*, langue saine par excellence, pleine d'une vigueur naturelle; *sana oratio*, langage sobre et réfléchi.

3. *Sanus* et *saluber* présentent la santé comme un état

de bien-être ; *valens* et *validus*, comme une faculté qui rend propre à l'action.

4. Au sens transitif, *saluber*, salubre, se dit de ce qui procure et conserve la santé, *sanitatem*, par opposition à *pestilens*, comme ὑγιεινός ; *salutaris*, salutaire, de ce qui sauve et conserve la vie, *salutem*, par opposition à *pestiferus*, comme σωτήριος. Caton, dans Plin., H. N. XVIII, 6. Nihil *salutare* est nisi quod toto anno *salubre*. Le seul régime salutaire, c'est un régime salubre d'un bout de l'année à l'autre.

Salus, v. *Vita.*   Salutaris, v. *Salus.*
Salve, v. *Ave.*

Salvus. Sospes. Incolumis. Integer. *Salvus* et *sospes*, σῶς, conservé et sauvé, par opposition à perdu : *salvus*, en langage ordinaire ; *sospes*, dans le style élevé. *Incolumis* et *integer*, ἀσκηθής, sain et sauf, entier, intact : *incolumis*, par opposition à une blessure, etc. ; *integer*, par opposition à une insulte. Tac. H. 1, 84. Mea cum vestra *salus incolumitate* senatus firmatur, c'est-à-dire notre salut dépend de ce qu'on ne touche pas à un seul cheveu du sénat. Et 1, 66. Verba Fabii *salutem incolumitatem*que Viennensium commendantis : *salus* se rapporte au danger de mort, *incolumitas*, au danger du pillage. Cic. Dejot. 15. Sunt tuæ clementiæ monumenta... eorum *incolumitates* quibus *salutem* dedisti. La preuve la plus solide de ta clémence, c'est que les personnes qui te doivent leur salut n'ont pas souffert le moindre dommage.

Sanare, v. *Mederi.*   Sanctus, v. *Sacer* et *Bonus.*

Sanguis. Cruor. Sanguineus. Sanguinolentus. Cruentus. 1. *Sanguis*, le sang qui circule dans le corps et qui entretient la vie, αἷμα ; *cruor*, le sang qui coule ou qui a coulé du corps, βρότος. Cic. N. D. II, 55. *Sanguis* pervenas in omne corpus diffunditur. Des vaisseaux distribuent le sang dans tout le corps. Comparez avec Rosc. Am. VII, 19. Ut cruorem inimici quam recentissimum ostenderet. Pour faire parade du sang encore tout frais versé de son ennemi. Tac. Ann. XII, 47. Mox ubi *sanguis* artus extremos suffuderit, levi ictu *cruorem* eliciunt atque invicem lambunt. Dès que le sang s'est porté aux extrémités, un coup léger le fait jaillir et chacun des deux lèche celui de l'autre. *Sanguis* est le principe de la vie physique, *cruor* le symbole du meurtre.

2. *Sanguineus*, qui se compose de sang; *sanguinolentus*, qui a l'odeur ou l'aspect du sang; *cruentus*, taché de sang.

· SANIES. PUS. *Sanies*, pus liquide et dégoûtant; *pus*, rongeur et pernicieux.

SANITAS, SANUS, v. *Salus*

SAPIENS. PRUDENS. CALLIDUS. SCITUS. SOLERS. CORDATUS. CATUS. 1. *Sapiens*, celui qui, n'ayant que des intentions pures, choisit les bonnes routes et s'attache imperturbablement à les suivre; *prudens* et *callidus*, celui qui sait choisir les meilleurs moyens et s'en servir avec circonspection : *prudentia*, sagacité ou prudence naturelle qui fait le fond du caractère; *calliditas*, connaissance du monde et des hommes acquise et gagnée par l'expérience et la pratique. Cic. Fr. Scaur. 5. Hominis *prudentis natura, callidi usu*, doctrina eruditi. Un homme que la nature a doué de finesse, que l'expérience a mûri, à qui la science a tout appris.

2. *Prudens*, celui qui possède un coup d'œil juste et pratique, par opposition à *stultus*, comme perspicace; *scitus*, celui qui a du tact, de l'esprit naturel et du savoirfaire, comme avisé; *solers, sollers*, celui qui possède un génie pratique et inventif, comme ingénieux, par opposition à *iners*; *cordatus*, celui qui a un sens droit, par oppo-

sition à *excors; catus,* celui qui découvre et connaît des
voies et des moyens secrets, comme délié.

SAPOR. GUSTUS. GUSTARE. LIBARE. 1. *Sapor,* la saveur
propre et particulière à un corps, par opposition à
odor, etc.; *gustus* ou *gustatus,* la perception de cette saveur ou le sens du goût, par opposition à *olfactus,* etc.
SEN. Ep. 109. Debet esse aptatus ad hujus modi *gustum,*
ut ille tali *sapore.*capiatur. Il faut être accoutumé au goût
du miel pour en apprécier la saveur.

2. Le *libans* ne fait que porter les choses aux lèvres ou
à la bouche; le *gustans* en perçoit la saveur et en distingue le goût. OVID. Am. I, 4, 34. Si tibi forte dabit, quæ
prægustaverit ipse, rejice *libatas* illius ore dapes. S'il arrive qu'il commence par goûter au morceau qu'il t'offre,
rejette le mets qui a effleuré ses lèvres.

SARMENTUM, v. *Rami.* SATIARE, v. *Satis.*

SATELLES. STIPATOR. *Satelles,* garde du corps considéré
comme un mercenaire; *stipator,* comme un défenseur.
CIC. Rull. II, 13. Ex equestri loco ducentos in singulos
annos *stipatores* corporis constituit, eosdem ministros et
satellites potestatis. Il tire tous les ans de l'ordre des chevaliers une compagnie de deux cents gardes qui deviennent les serviteurs et les satellites du pouvoir.

SATIS. AFFATIM. ABUNDE. 1. *Satis* désigne, comme suffisamment et ἱκανῶς, la juste mesure sans idée accessoire;
affatim et *abunde* y ajoutent cette idée qu'il y a plutôt trop
que trop peu; mais *abunde,* copieusement, ἅλις, se prend
au sens absolu par rapport à la chose, il y a assez; *affatim,* ἀφθόνως, jusqu'à pleine satisfaction, se prend au sens
relatif, par rapport à la personne, on en a assez. On peut
avoir à son avis assez travaillé, *affatim,* sans que la quantité de travail soit suffisante et que ce soit *satis.* CIC. Att.

II, 16. Puto enim me Dicæarcho *affatim satis* fecisse. Je me suis donné suffisamment de mal pour Dicéarque, et je trouve que c'est assez. Et XVI, 1. *Satis* est et *affatim* prorsus. Cela suffit très-amplement. Liv. IV, 22. Frumentum non necessitati *satis*, sed copiæ quoque *abunde* ex ante confecto sufficiebat. Les anciens magasins fournissaient du blé en suffisance, et même fort au-delà, en abondance.

2. *Satiare*, satisfaire, apaiser un besoin en général, la faim, un désir vif; *saturare*, apaiser une envie contre nature, manie, faim canine, haine, soif du sang.

Satis habere. Contentum esse. Boni consulere. Contentus, æquus animus. 1. *Satis habere*, estimer suffisant, exprime un jugement : il n'y a point de passion qui soit en jeu et qui empêche d'apprécier la juste mesure; *contentum esse*, se contenter, exprime un sentiment : c'est une marque de modestie et d'empire sur soi-même; enfin, *boni consulere*, se déclarer satisfait, exprime un acte de volonté : on renonce à voir un vœu se réaliser, on s'accommode résolûment de ce qui ne peut être évité. *Satis habere* se construit avec l'infinitif; *contentum esse*, avec l'ablatif ou avec *quod*.

2. *Contentus animus* marque un contentement relatif : on prend son parti d'une chose, on ne murmure point de ce que le bonheur reste incomplet; *æquus animus* exprime le contentement absolu : on se sent complétement satisfait et on n'aspire point à un état plus heureux.

Satisfactio, v. *Purgatio.*   Saturare, v. *Satis.*
Saucius, v. *Vulnus.*

Saxum. Rupes. Cautes. Petræ. Scopuli. Lapis. Calculus. Scrupulus. 1. *Saxum, rupes* et *cautes*, grandes masses; *lapis, calx* et *scrupus*, petites masses de pierre. Plin H.

N. XXXVI, 22. Silex viridis ubi invenitur, *lapis*, non *saxum* est. Le jade vert est une pierre qu'on ne trouve qu'en morceaux, ce n'est point une roche.

2. *Saxa*, grandes masses de pierre de toute forme, πέτραι ; *rupes* et *petræ*, masses de pierre escarpées et hautes, rochers qui peuvent être un obstacle ; *cautes* et *scopuli*, masses de pierre pleines d'aspérités et de pointes, dangereuses, écueils : *cautes*, roches basses, invisibles sous l'eau, perfides ; *scopuli*, écueils qui se dressent au-dessus des eaux, qui menacent, qui annoncent le danger, σκόπελοι.

3. *Lapis*, terme général, la pierre comme matière, sans égard à sa forme, λίθος ; *calculus*, pierre polie et ronde, galet ; *scrupus, scrupulus*, pierre raboteuse et anguleuse, caillou ; mais ce sens de *scrupus* n'a pour lui que l'autorité des grammairiens, et il ne se rencontre guère dans les auteurs qu'au sens figuré de scrupule.

SCANDERE. ADSCENDERE. ESCENDERE. CONSCENDERE. INSCENDERE. *Scandere*, gravir une hauteur escarpée, grimper avec effort, en s'aidant des pieds et des mains. *Adscendere*, *escendere*, *conscendere* et *inscendere*, monter en général : *adscendere*, sans idée accessoire, simplement par opposition à *descendere* ; *escendere*, escalader une hauteur qui sert de défense, comme un rempart, des murailles, ou encore monter en quelque lieu où l'on doit être en vue, comme une tribune aux harangues ; *conscendere*, monter à plusieurs, par exemple, sur un vaisseau ; *inscendere*, monter dans un lieu fermé, par exemple, dans une voiture.

SCAPHA, v. *Navigium*.

SCELESTUS. SCELERATUS. NEFARIUS. NEFANDUS. IMPIUS. *Scelestus* se rapporte aux intentions, comme *ad scelera pro-*

nus et *promptus; sceleratus,* aux actions, comme *sceleribus pollutus atque opertus.* C'est toujours l'adjectif *sceleratus* qui accompagne des termes physiques, comme *porta, campus, vicus,* porte, champ, quartier de ville où un crime a été commis, et en général des objets ne peuvent pas s'appeler *scelesta,* à moins d'être personnifiés. Et de même *nefarius* et *impius* ont trait à l'impiété de la personne, avec cette seule différence que la perversité de l'*impius* éclate dans ses sentiments, celle du *nefarius* dans ses sentiments et ses actions; mais *nefandus* se rapporte exclusivement au caractère exécrable de l'action.

SCELUS, v. *Delictum.*	SCHOLA, v. *Ludus.*
SCIENTIA, v. *Cognitio.*	SCINDERE, v. *Findere.*
SCIPIO, v. *Fustis.*	SCISCITARI, v. *Rogare.*
SCITUS, v. *Sapiens.*	SCOBINA, v. *Lima.*
SCOPULI, v. *Saxum.*	SCROPHA, v. *Sus.*
SCROBS, v. *Specus.*	SCRUTARI, v. *Quærere.*
SCRUPULUS, v. *Saxum.*	

SCUTUM. CLYPEUS. PARMA. *Scutum,* grand bouclier qui couvre l'homme entier, σάκος; *clypeus* et *parma,* bouclier de grandeur moyenne et de forme ronde, ἀσπίς : *clypeus,* pour l'infanterie; *parma,* pour l'infanterie et la cavalerie; enfin, *pelta,* petit bouclier en forme de demi-lune; *cetra,* petit bouclier de cuir. LIV. IX, 19. Macedonibus *clypeus,* Romano *scutum,* majus corpori tegumentum. Les Macédoniens ont le bouclier rond, les Romains le grand bouclier droit, qui couvre bien mieux le corps. XXXI, 36. *Cetratos,* quos *peltastas* vocant, in insidiis abdiderat. Il avait mis en embuscade une troupe de ces soldats qui portent de petits boucliers de cuir et qu'on appelle ordinairement peltastes.

SCYPHUS, v. *Poculum.*	SECESSIO, v. *Turbæ.*

SECRETA, v. *Arcana.* SECURIS, v. *Ascia.*
SECURUS, v. *Tutus.*

SEDES. SEDILE. SELLA. *Sedes*, siége offert par la nature, ἕδος; *sedile* et *sella*, meuble fait pour s'asseoir : *sedile*, quelle que soit la forme, chaise ou banc, mobile ou à demeure, ἕδρα; *sella*, de forme déterminée, chaise ou fauteuil, θρόνος.

SEDITIO, v. *Turbæ.* SEGNITIA, v. *Ignavia.*
SEMITA, v. *Iter.* SEMO, v. *Numen.*

SEMPER. USQUE. *Semper*, toujours et éternellement, sans restriction ni limite, au sens absolu; *usque*, toujours, mais dans des limites déterminées, au sens relatif, *usque dum, donec*, etc. ; on le rencontre sans complément dans les poëtes, par exemple : HOR. Sat. I, 9, 19. *Usque* sequar te. Je te suivrai jusqu'au bout.

SEMPITERNUS, v. *Continuus.*
SENECTA, SENECTUS, SENIUM, v.
Vetus.
SENEX, v. *Puer* et *Vetus.* SENSIM, v. *Paulatim.*

SENTENTIA. OPINIO. SUFFRAGIUM. 1. *Sententia*, manière de voir fondée sur ce qu'on sait clairement, conviction acquise, γνώμη; *opinio*, opinion fondée sur un simple sentiment, δόξα.

2. *Sententia*, vote motivé du sénateur, etc., γνώμη ; *suffragium*, simple suffrage qui se réduit à un oui. à un non ou à un nom propre, ψῆφος.

SENTES, v. *Dumi.* SENTIRE, v. *Intelligere*

SEORSUM. SEPARATIM. *Seorsum*, à part, pour empêcher de tomber dans le domaine commun, avec une idée accessoire de secret; *separatim*, séparément, pour prévenir la confusion, avec une idée accessoire d'ordre.

Sepelire. Condere. *Sepelire* et *condere* s'entendent de la cérémonie funèbre prise dans toute son étendue; c'est conduire un mort à sa dernière demeure, avec plus ou moins de pompe, qu'on ait ou non commencé par brûler les restes : *sepelire* est le terme propre et technique; *condere*, le terme général et euphémique. *Humare*, mettre en terre; c'est le dernier acte des funérailles, par opposition à *cremare*.

Sera. Claustrum. Pessulus. Repagulum. Obex. *Seræ* et *claustra*, serrures : *sera*, serrure mobile, cadenas; *claustrum*, serrure fixe. *Pessuli*, *repagula* et *obices*, verrous qui tiennent lieu de serrures : *pessulus*, petit verrou pour les *fores*; *repagulum*, grand verrou pour les *valvas*, et *obex* pour les *portas*.

Series. Ordo. *Series*, série, succession mécanique, accidentelle d'objets de même nature et de même espèce; *ordo*, suite, enchaînement nécessaire, conçu comme tel, de choses qui vont ensemble par destination. *Series* exprime une notion mathématique; *ordo*, une idée morale.

Serius. Severus. *Severus* se prend au sens actif, on ne plaisante pas; *serius* a le sens neutre et s'entend de ce qui ne saurait être un sujet de plaisanterie. *Severe* veut dire gravement; *serio*, sérieusement. *Severus* se joint, comme épithète, à des noms de personnes; *serius*, à des noms de choses. Hor. A. P. 107. Decent vultum *severum seria* dictu. Un rôle grave ne souffre que des propos sérieux. Sen. Tranq. 15. Nihil magnum, nihil *severum* nec *serium* quidem ex tanto apparatu putat. Tout compte fait, il ne reste à ses yeux rien de grand, rien de grave ni même de sérieux sur ce vaste théâtre du monde. *Severus* s'oppose à *hilaris*, à *remissus*, à *luxuriosus*; *serius*, à *jucundus*, *jocosus*, et *serio*, à *joco*, *per jocum*. Tout cela n'empêche pas qu'on ne rencontre à la place de *serius* le positif *severus* et surtout le comparatif *severior*, le superlatif *severissimus*, le substantif *severitas*, parce que la langue latine n'a point tiré de *serius* des formes correspondantes.

SERMO. COLLOQUIUM. ORATIO. *Sermo*, conversation qui a lieu par hasard ou du moins sans but déterminé et sérieux; *colloquium*, entretien prémédité qui roule sur un point convenu.

2. *Sermo*, discours familier; *oratio*, discours travaillé et conforme aux règles de l'art. Qu'une personne prenne et conserve un certain temps la parole dans une compagnie, c'est un *sermo;* on ne doit guère qu'au hasard de ne pas être interrompu; mais l'*oratio* a une étendue déterminée, un commencement, un milieu et une fin; on compte qu'on ne sera pas interrompu. Le langage de la vie commune est celui qui règne dans le *sermo*, soit en prose, soit en vers, comme chez les comiques et dans les *Sermonibus* d'Horace; dans l'*oratio*, c'est une langue choisie et savante. Cic. Orat. 19. Mollis est *oratio* philosophorum et umbratilis... Itaque *sermo* potius quam *oratio* dicitur. Les discours des philosophes ont un fond de douceur et un goût de retraite. Ils méritent plutôt le nom de causeries que celui de discours. Tac. H. I, 19. Apud senatum non comptior Galbæ, non longior... *sermo;* Pisonis comis *oratio.* Qu'il fût au sénat ou à l'armée, Galba ne mettait ni plus de façon ni plus de temps à ses discours; Pison soignait fort les siens.

SERMO, v. *Lingua.*   SERPENS, SERPERE, v. *Repere.*
SERVILIS, v. *Vernalis.*

SERVUS. FAMULUS. MANCIPIUM. MINESTER. ANCILLA. SERVITUS. SERVITIUM. 1. *Servus, ancilla, famulus* et *mancipium*, personne qui n'est point libre, esclave; *minister,* serviteur libre, subalterne. PLIN. Ep. X, 97. *Ancillæ* quæ *ministræ* dicebantur. Des femmes esclaves qu'on appelait des servantes. Il s'agit des réunions des chrétiens.

2. *Servus*, l'esclave au sens politique et légal, comme soumis au joug, par opposition à *dominus*, δοῦλος et δμώς; *famulus*, au sens patriarcal, comme membre et partie de la famille, par opposition à *herus*, οἰκέτης; enfin, *mancipium*, au sens économique, comme propriété et marchandise, ἀνδράποδον.

3. *Serva*, la femme esclave, quand il s'agit de faire ressortir l'état légal; *ancilla*, la femme esclave dans la vie ordinaire, comme féminin usuel de *servus*.

4. *Servitus*, l'esclavage, au sens indifférent, comme une condition régulière, naturelle, légale; *servitium*, comme un état extraordinaire, violent, honteux, avec une idée de mépris ou de compassion. Mais la plupart des prosateurs n'emploient, comme terme abstrait, que *servitus*, et ils se servent de *servitium*, particulièrement de *servitia*, comme d'un terme concret en lieu et place de *servi*.

SEVERITAS. GRAVITAS. STRENUITAS. *Severitas*, la gravité qui tient à la manière de penser et de juger; *gravitas*, celle qui impose aux gens; *strenuitas*, celle qui paraît dans les actions.

SEVERUS, v. *Austerus* et *Serius*.

SICARIUS, v. *Homicida*.

SIDUS, v. *Stella*.

SICA, v. *Gladius*.

SICCUS, v. *Aridus*

SIGNUM, v. *Imago*.

SILERE. TACERE. RETICERE. OBTICERE. 1. *Silere*, ne faire aucun bruit, σιωπᾶν, par opposition à *strepere*; *tacere*, ne dire mot, se taire, σιγᾶν, par opposition à *loqui*, *dicere*. Le composé *reticere* signifie se taire quand on a quelque chose à dire et qu'on le garde pour soi, par opposition à *eloqui*, *proloqui*; le composé *obticere*, *obticescere*, rester muet en face d'une personne qui adresse une question ou qui attend une explication, par opposition à *respondere*. Cic. Harusp. 28. Sed tamen facile *tacentibus* cæteris *reticuissem*. Il m'eût été facile d'être discret, si les autres avaient su se taire.

2. *Tacens* et *tacitus* présentent le silence comme un état temporaire : *tacens* se dit de toute personne qui ne parle point; *tacitus*, de celle qui, ayant sujet de parler, à dessein ne parle point et observe un silence significatif; *taciturnus* marque une qualité habituelle, comme silencieux et taciturne.

Silva. Saltus. Nemus. Lucus. *Silva*, forêt en général, abondante en arbres qui fournissent du bois, ὕλη; *saltus*, forêt considérée comme un lieu sauvage, bois de montagnes, νάπη; *nemus*, comme un lieu agréable, bocage, parc; *lucus*, comme un lieu saint, bois consacré aux dieux, ἄλσος, ἄλτις.

Simpuvium, v. *Poculum.*
Simul, v. *Una.*
Simulatio, v. *Imitatio.*
Sinere, v. *Ferre.*
Simulacrum, v. *Imago.*
Simultas, v. *Odium.*
Singularis, v. *Eminens.*
Singuli, v. *Quisque.*

Sinister. Lævus. Ils s'entendent tous les deux du côté gauche. *Sinister* est le terme usuel et prosaïque, comme ἀριστερός; *lævus*, le terme choisi et poétique, comme σκαιός. Au figuré *sinister* est le symbole de la défaveur et de la mauvaise chance; *lævus*, celui de la perversité et de la maladresse.

Sinus, v. *Gremium.*

Sistere. Inhibere Statuere. *Sistere* et *inhibere*, rendre immobile, arrêter : *sistere*, en parlant d'un être qui vit et qui court ; *inhibere*, d'un objet inanimé qui a été mis en mouvement. *Statuere*, fixer à demeure, établir sur un pied solide.

Sɪᴛᴜᴍ ᴇssᴇ, v. *Cubare*.　　　Sɪᴛᴜs, v. *Lutum*.
Sᴏᴄɪᴇᴛᴀs, v. *Fœdus*.

Sᴏᴄɪᴜs. Sᴏᴅᴀʟɪs. Sᴏᴄɪᴇɴɴᴜs. Aᴍɪᴄᴜs. Fᴀᴍɪʟɪᴀʀɪs. Pᴀʀ-
ᴛɪᴄᴇᴘs. Cᴏɴsᴏʀs. 1. *Socii*, gens unis pour agir en commun par des intérêts mutuels, compagnons, etc. ; *sodales et so-cienni*, ἑταῖροι, pour jouir en commun de la vie, parce qu'ils se plaisent mutuellement, camarades : *sodalis*, terme noble ; *sociennus*, terme comique. *Socius* se joint à un génitif qui marque le but de l'association ou *sociatio ;* *sodalis*, à un génitif ou à un adjectif possessif qui désigne l'autre *sodalis : socius periculi, culpæ*, mais *sodalis meus*.

2. *Sodalis*, camarade avec lequel on a des rapports de société et surtout des rapports agréables ; *amicus*, ami avec lequel on fait échange des sentiments sacrés de l'amour et de l'estime ; *familiaris*, ami intime avec lequel on n'a qu'un cœur et qu'une âme, étant lié pour les affaires frivoles comme pour les affaires sérieuses.

3. Le *socius rei* travaille ou souffre avec un autre ; le *particeps* et le *consors* partagent une jouissance ou une possession : le *particeps*, par une intervention volontaire, par opposition à *expers*, comme μέτοχος ; le *consors*, parce qu'il lui échoit une part, par opposition à *exsors*. Cɪᴄ. Balb. 28. Fuit hic multorum illi *laborum socius* aliquando ; est fortasse nunc nonnullorum *particeps commodorum*. Il a été à plusieurs reprises le compagnon de ses nombreux travaux ; peut-être veut-il bien partager à présent quelques avantages avec lui. L'associé à l'empire est un *socius impe-rii*, en ce sens qu'il aide à expédier les affaires du gouverne-

ment ; c'est un *consors*, en ce sens qu'il a dû être appelé à cette dignité.

SOCORDIA, v. *Ignavia.*　　　SODILIS, v. *Socius.*

SOLEMNIA. FERIÆ. DIES FESTI. FESTA. *Solemnia*, les fêtes considérées comme des institutions solennelles et périodiques ; *feriæ*, comme des jours de repos et de délassement ; *festa*, ou en prose *dies festi*, comme des jours de joie.

SOLERE. CONSUEVISSE. ADSOLERE. 1. *Solere* s'emploie à propos d'événements et de toute sorte d'actions, comme avoir coutume, φιλεῖν ; *consuevisse* ne se dit que d'une action personnelle, comme être habitué, εἰωθέναι. Dans LIV. XXXVIII, 17. Hæc quibus *insolita* atque *insueta* sunt Græci timeant. Les Grecs ne sont ni accoutumés ni habitués aux maux qui les menacent : *insolitus* ne fait allusion qu'à la fréquence du fait ; *insuetus* marque qu'il faut que le sujet soit actif, soit passif, se familiarise avec lui.

2. *Solet* se prend en bonne ou en mauvaise part ; *assolet* contient un éloge et revient à *recte* ou *rite solet.*

SOLERS, v. *Sapiens.*　　　SOLLICITARE, v. *Lacessere.*
SOLLICITUDO, v. *Cura.*

SOLITUDO. VASTA. DESERTA. TESCA. *Solitudo* exprime la solitude d'un lieu dans un sens indifférent ou avec éloge ; *vasta, deserta, tesca loca* se prennent en mauvaise part : *vasta loca*, lieux sans culture, par opposition à *culta* ; *deserta*, espaces inhabités, par opposition à *habitata* ; et *tesca, tesqua*, désert où règne un silence effrayant, par opposition à *celebria loca.*

SOLUM. FUNDUS. VADUM. FUNDAMENTUM. *Solum, fundus* et *vadum*, base et fond naturel : *solum*, le sol sur lequel on a le pied ferme, par opposition aux éléments mobiles, à l'air, à l'eau ; *fundus*, fond d'un vase, par opposition au reste de l'espace que le vase enferme ; *vadum*, fond d'un cours d'eau, d'un lac, de la mer, par opposition à l'eau qui coule ou porte dessus. *Fundamentum*, fondement, base artificielle sur laquelle repose un édifice, etc., et qui n'est pas moins nécessaire que le sol même, *solum*, lorsqu'il s'agit d'élever une construction. On dit proverbialement : Omnis res jam in *vado* est, couler une affaire à fond, par une métaphore empruntée d'un nageur qui atteint le fond de l'eau ; mais : Largitio *fundum* non habet : Profusion n'a pas de fond, par une métaphore empruntée au tonneau des Danaïdes. Cic. Brut. 74. *Solum* et quasi *fundamentum* oratoris vides. Tu as sous les yeux le sol et même le fondement sur lequel bâtit l'orateur.

Solum, v. *Tellus.*

Somnus. Sopor. Somnium. Insomnium. 1. *Somnus*, terme usuel, prosaïque ; *sopor*, terme choisi, poétique, pour désigner le sommeil. *Sopor* n'a en prose que la signification causative : c'est une drogue ou une influence soporifique ; ce n'est point un profond sommeil.

2. *Somnium*, le rêve, en prose, ὄναρ ; *insomnium*, en poésie, ἐνύπνιον.

Sonitus, v. *Fragor.*

Sopor, v. *Somnus.*

Sospes, v. *Salvus.*

Spatiari, v. *Ambulare.*

Spectare, v. *Videre.*

Sons, v. *Culpâ.*

Sordes, v. *Lutum.*

Sparsi, v. *Passi.*

Species, v. *Figura.*

Spectrum. Mostellum. Manes. Lemures. Ces quatre termes se disent également d'un esprit qui revient après la mort. Ils diffèrent en ce que *spectrum* renferme l'idée d'une apparition surnaturelle ; *mostellum*, celle d'une apparition effrayante; *manes*, celle d'un esprit bienfaisant; *lemures*, d'un esprit taquin.

Speculator, v. *Explorator.*

Specus. Caverna. Antrum. Spelunca. Spelæum. Fovea. Scrobs. 1. *Specus* et *caverna*, cavités soit souterraines, soit au niveau du sol, sorte de termes génériques, par rapport à *antrum*, *spelunca* et *spelæum*, cavités à ouverture verticale qui pénètrent dans une montagne, et à *scrobs, fovea* et *favissa*, fosses à ouverture horizontale qui s'enfoncent sous terre.

2. *Specus*, crevasse à ouverture longitudinale; *caverna*, trou à ouverture ronde.

3. *Spelunca*, caverne, au sens physique, avec allusion à son obscurité et à son aspect effrayant; *antrum*, grotte, au sens esthétique, avec allusion à son aspect pittoresque et à sa fraîcheur; enfin, *spelæum*, mot d'origine étrangère qui ne se trouve que chez les poëtes, tanière et repaire des bêtes.

4. *Fovea*, fosse qu'on laisse ouverte ou qu'on recouvre pour servir de magasin et surtout de piége pour prendre une bête sauvage; *scrobs*, fosse que l'on comble sur-le-champ et qu'on ne creuse que pour mettre quelque chose en terre, comme un plant d'arbre ou un cadavre.

Sperare, v. *Vereri.*

Spernere. Contemnere. Despicere. Aspernari. Recusare. Fastidire. Negligere. 1. *Spernimus* rejicienda, fugienda, ut libidines. Nous dédaignons ce qu'il convient de rejeter ou d'éviter, comme les caprices. *Contemnimus* magna, metuenda, ut pericula, mortem. Nous méprisons les maux qui effrayent par leur grandeur, comme les dangers et la mort. *Despicimus* infra nos posita, ut vulgi opiniones. Nous regardons de haut en bas ce qui est au-dessous de nous, comme les opinions du vulgaire (Lambin). En d'autres termes, *spernere*, *spernari*, *aspernari*, ne pas se soucier, par opposition à *appetere*, *concupiscere*, à peu près comme ἀποβάλλειν; *contemnere*, et chez les poëtes *temnere*, ne pas craindre, par opposition à *timere*, *metuere*, comme καταφρονεῖν; enfin, *despicere*, *despectare*, ne faire aucun cas, par opposition à *suspicere*, *revereri*, *admirari*, comme ὀλιγωρεῖν.

2. *Spernere* présente le dédain sous l'aspect d'un sentiment qui se contient; il est synonyme de *parvi putare*, *negligere*, comme mépriser et dédaigner; *spernari* et *aspernari*, qui est plus usité, se disent de l'expression du dédain; ils sont synonymes de *recusare*, *abnuere*, *rejicere*, comme repousser. L'idée saillante est dans *spernere* celle du peu d'estime; dans *aspernari*, celle de l'aversion. *Spernere* se rapporte à un objet qu'il ne tiendrait qu'à nous de posséder; *aspernari*, à un objet qui nous est offert ou imposé.

3. *Aspernari*, avouer son aversion sans pousser les choses plus loin; *recusare*, protester et refuser irrévocablement. Curt. VI, 6, 7. Principes *aspernantes* quidem, sed *recusare* non ausos Persicis ornaverat vestibus. Les chefs, qui ne cachaient point leur aversion, mais qui n'osaient aller jusqu'à un refus, se virent parés par ses mains du costume persan.

4. Le *spernens* obéit à une antipathie qu'autorisent la morale et la raison; il a plus ou moins conscience des motifs qui lui font dédaigner quelque chose; le *fastidiens* obéit à une antipathie physique et instinctive, innée ou accidentelle, qui provient d'un accès de satiété ou de quelque cause analogue; enfin, le *negligens* n'obéit ni aux suggestions de la raison ni à celles de l'instinct et du sentiment : il agit sans penser ni vouloir.

Sphæra, v. *Globus.*	Spica, v. *Culmus.*
Spiritus, v. *Anima.*	Spissus, v. *Angustus.*
Splendere, v. *Lucere.*	Spolia, v. *Præda.*
Spoliare, v. *Vastare.*	Spondere, v. *Polliceri.*

Sponsor. Vas. Præs. *Sponsor*, caution en général, garantissant n'importe quoi; *vas* et *præs*, caution judiciaire ou légale : *vas*, celui qui s'engage à faire comparaître en justice le demandeur ou le défendeur; *præs*, celui qui fournit une caution exigée par l'État.

Sponte. Ultro. Sua sponte. Voluntate. Libenter. 1. *Sponte*, de soi-même; *ultro*, soudainement. *Sponte* se rapporte à l'impulsion qui fait agir; *ultro*, à l'effet. Liv. X, 19. Orare ne collegæ auxilium, quod acciendum *ultro* fuerit, sua *sponte* oblatum sperneretur. On le prie de ne point dédaigner le secours de son collègue, qu'il aurait dû demander par une résolution soudaine et qu'on lui offrait de bon cœur. *Sponte accusare* veut dire être porté de soi-même à intenter une accusation; *ultro accusare*, aller jusqu'à prendre le rôle d'accusateur lorsqu'on devrait s'estimer heureux de n'être pas accusé soi-même. Cette expression elliptique *ultro accusavit* s'explique donc par la phrase complète : Haud contentus non accusari ab altero *ultro* etiam progressus est, ut ipse accusaret alterum, ou *ultro* progressus accusavit alterum.

2. *Sponte*, de propos délibéré, s'oppose à *casu*, à *necessitate; sua sponte*, par sa propre impulsion et par cette impulsion seule, αὐτομάτως, à *rogatus, provocatus* ou *invitatus.*

3. *Sponte* et *spontaneus*, ἑκών et ἑκούσιος, présentent une action volontaire et libre comme une affaire d'intelligence; *voluntate* et *voluntarius*, ἐθελοντὴς, comme une affaire de volonté, par opposition à *invite;* enfin, *libenter*

et *libens*, ἄσμενος, comme une affaire de sentiment, par opposition à *tædio*.

SQUALOR, v. *Lutum*.

STATIM, v. *Repente*.

STATUERE, v. *Destinare* et *Sistere*.

STAGNUM, v. *Lacuna*.

STATUA, v. *Imago*.

STATUS, v. *Conditio*.

STELLA. ASTRUM. SIDUS. *Stella*, toute étoile prise à part dans le nombre immense des globes que contient l'univers, ἀστήρ; *astrum*, chacun des grands corps lumineux qui sont au ciel, le soleil, la lune et les principales étoiles distinguées par un nom propre, ἄστρον; enfin, *sidus*, assemblage d'étoiles, constellation et même, à cause de la parenté qu'il y a entre les idées de foule et de grandeur, étoile de première grandeur, astre, τέρας, τείρεα. *Astrum* et *stella*, étoiles, au sens physique, comme des corps célestes lumineux; *sidus*, au sens astronomique et astrologique, comme des météores dont l'apparition possède un sens et exerce de l'influence sur les affaires de ce monde. SEN. Helv. 9. Dum *ortus siderum*, occasus intervallaque et causas investigare velocius meandi vel tardius, spectare tot per noctem *stellas micantes* liceat. Pourvu qu'on me permette d'observer le lever des constellations, leur coucher, leurs distances, les causes qui accélèrent ou retardent leur marche, d'arrêter mes regards sur cette foule d'étoiles qui brillent dans le cours de la nuit.

STERCUS, v. *Lutum*.

STIMULARE, v. *Pungere*.

STILLA, v. *Gutta*.

STIPATOR, v. *Satelles*.

STIPES. VALLUS. PALUS. SUDES. *Stipes* et *vallus*, gros pieu, poutre ou pilotis qui ne peut être enfoncé qu'à l'aide d'un mouton : *stipes*, bon à différents usages, à la guerre et ailleurs; *vallus*, façonné tout exprès pour servir de palissade. *Palus* et *sudes*, menu pieu, perche ou branche, facile à enfoncer : le *palus* s'emploie à toute sorte d'usages, comme pieu de haie, surtout comme piquet, échalas ou tuteur; le *sudes* sert spécialement par la pointe, comme palis, pique ou javelot.

STIPULA, v. *Culmus.*　　　　STIRIA, v. *Gutta.*

STIRPS. GENUS. GENS. PROSAPIA. POSTERITAS. PROGÉNIES. PROLES. SUBOLES. 1. *Stirps, genus* et *gens,* qui sont des termes abstraits et collectifs par rapport à *majores,* désignent ordinairement la race ou la ligne ascendante; *prosapia, progenies, propago, proles, suboles,* la lignée ou la ligne descendante, ce sont des termes abstraits et collectifs par rapport à *posteri.*

2. *Prosapia,* terme archaïque et pompeux qui n'est d'usage qu'en parlant de familles d'une antique noblesse; *posteritas,* terme usuel, prosaïque; *progenies,* terme choisi, noble; *proles* et *suboles,* termes poétiques : *proles* présente les enfants comme des fruits nouveaux, comme une jeune génération destinée à vivre à côté de l'ancienne; *suboles,* comme des rejetons destinés à remplacer la génération qui s'en va.

3. *Gens,* famille politique; *genus,* famille naturelle. La *gens* se compose de familles que le fondateur de l'État a réunies en communauté ou en association; le *genus,* d'espèces et d'individus qui, en vertu de leurs caractères communs, appartiennent à une seule et même classe.

STIRPS. TRUNCUS. *Stirps,* la tige ou partie essentielle par laquelle l'arbre vit et se conserve, par opposition aux branches et aux feuilles considérées comme des excroissances et des dépendances; *truncus,* le tronc, partie nue et sèche, par opposition aux branches, aux feuilles, à la couronne qui servent de parure à l'arbre. Il correspond au tronc du corps humain.

STOLIDUS, v. *Stupidus.*　　　STOLO, v. *Rami.*
STOMACHARI, v. *Succensere.*

STRABO. PÆTUS. *Strabo*, celui qui louche par nature, infirmité ou mauvaise habitude ; *pœtus*, celui qui fait des yeux louches à dessein et par espièglerie.

STRAGES, v. *Ruina.*　　　STRENUITAS, v. *Severitas.*
STREPITUS, v. *Fragor.*　　　STRUES, v. *Acervus.*

STUDIUM. BENEVOLENTIA. FAVOR. AMOR. GRATIA. 1. *Studium* désigne ordinairement l'amour et l'attachement de l'inférieur pour le supérieur, du soldat pour son général, du sujet pour son souverain, du disciple pour son maître, du partisan pour son chef et son parti ; *favor*, l'amour et la faveur du supérieur pour l'inférieur, du public pour un comédien, du peuple pour un candidat, du juge pour une des parties ; enfin, *benevolentia*, l'amour et la bienveillance pour un égal. Dans CIC. Rosc. Com. 10. Quod *studium* et quem *favorem* secum in scenam attulit Panurgus ! Quel zèle et quelle faveur quand Panurge entre en scène ! il faut se représenter le public d'abord comme auditeur, puis comme juge de l'acteur. Orat. I, 21. Ego qui incensus essem *studio* utriusque vestrum, Crassi vero etiam *amore*. Moi qui étais tout feu dans mon zèle pour vous deux, dans mon amour pour Crassus.

2. *Studium, favor et benevolentia* expriment une inclination passagère occasionnée et limitée par les circonstances, calme ou même tiède ; *amor*, un amour enraciné au fond de l'âme et voisin de la passion. CIC. Fam. I, 9. Nihil est quod *studio* et *benevolentia* vel potius *amore* effici non possit. Je ne sais rien que le zèle et la bienveillance ou plutôt l'amour ne soit capable d'accomplir. Att. V, 10. *Amores* hominum in te et in nos quædam *benevolentia*. L'amour qu'on te porte et une certaine bienveillance qu'on a pour nous.

3. *Favor*, faveur qu'on accorde, par opposition à *invidentia*; *gratia*, faveur dont on jouit, par opposition à *inidia*.

STUPIDUS. BRUTUS. BARDUS. STULTUS. FATUUS. STOLIDUS. *Stupidus, brutus* et *bardus* sont des termes exclusivement négatifs qui marquent un défaut d'intelligence : *stupidus*, celui de l'homme qui comprend difficilement, qui est épais, ἀναίσθητος; *brutus*, celui de la brute et de l'homme qu'un vice d'organisation ravale au niveau de la brute, qui n'entend rien, qui est dépourvu de raison, βλάξ, idiot; *bardus*, celui de l'homme qui ne comprend qu'avec lenteur, qui n'a aucun talent, βραδὺς, lourd. *Stultus, fatuus* et *stolidus* expriment une qualité positive de l'esprit qui a des idées fausses et qui juge de travers : *stultus*, un défaut de sagesse pratique qui est de la déraison, μωρὸς, sot, par opposition à *prudens*; *fatuus*, un défaut de bon sens qui est de la puérilité, comme nigaud; *stolidus*, un défaut de convenance et de modération qui est de la grossièreté, comme impertinent. LIV. XXV, 19. Id non promissum magis *stolide* quam *stulte* creditum. Promesse impertinente, sotte crédulité.

SUAVIS. DULCIS. *Suavis* s'entend, comme ἡδὺς, d'une odeur agréable, et au figuré d'un attrait qui se fait suivre; *dulcis* s'entend, comme γλυκὺς, d'une saveur agréable, et au figuré d'un charme qui entraîne; il sert à renchérir sur *suavis* dans PLIN. Ep. V, 8, 10. Hæc vel maxima vi, amaritudine, instantia; illa tractu et *suavitate* atque etiam *dulcedine* placet. L'historien ne plaît guère que par la force, l'austérité, la chaleur; l'orateur plaît par l'abondance, l'agrément et la grâce. PLIN. H. N. XV, $\frac{27}{82}$. *Dulce* et pingue et *suave*. Le lait, qui n'est point précisément un corps gras, ne flatte que médiocrement l'odorat et la langue.

11.

Suavium, **v.** *Osculum.*   Subito, **v.** *Repente.*
Sublime, v. *Aer* et *Altus.*   Soboles, v. *Stirps.*

SUCCENSERE. IRASCI. INDIGNARI. STOMACHARI. *Succensere,* garder rancune, et *ægre, graviter, moleste, difficiliter ferre,* prendre en mal, expriment un mécontentement contenu ; *irasci, indignari* et *stomachari,* un mécontentement qui éclate. La colère, *ira,* porte l'empreinte de la passion ; elle a soif de vengeance ; l'indignation, *indignatio,* offre l'image du sentiment moral qui se soulève ou se révolte ; elle proclame sa désapprobation ou son mépris ; l'emportement, *stomachatio,* est la marque d'un tempérament irritable, la bile déborde, la mauvaise humeur se fait jour, on est bruyant et querelleur. L'*iratus* se présente sous les traits d'un ennemi, il inspire de la crainte ; l'*indignabundus,* sous ceux d'un juge, il impose ; le *stomachans,* sous ceux d'un maniaque, il est ridicule.

Sudes, v. *Fustis* et *Stipes.*   Suffragium, v. *Sententia.*
Suffugium, v. *Perfuga.*   Sulcus, v. *Porca.*

SUMERE. CAPERE. PREHENDERE. ACCIPERE. EXCIPERE. RECIPERE. SUSCIPERE. RECUPERARE. 1. *Sumere,* se munir d'un objet pour s'en servir, comme αἱρεῖν ; *capere,* s'en saisir pour le posséder, comme λαβεῖν ; enfin, *prehendere,* mettre la main dessus pour en être physiquement maître. Cic. Phil. XII, 7. Saga *sumpsimus,* arma *cepimus.* Nous avons pris des habits de guerre, nous avons saisi nos armes.

2. *Accipere,* recevoir ce qu'on nous offre, δέχεσθαι, on y met de l'empressement ; *excipere,* accueillir ce qui vient à nous, ce que nous attendions, ὑποδέχεσθαι ; *recipere,* prendre sous sa protection, par générosité ; *suscipere,* prendre un fardeau sur soi, entreprendre par dévouement. L'*accipiens* prend dans la main ; l'*excipiens* dans les

bras, le *recipiens* sur son cœur, le *suscipiens* sur les bras ou sur le dos.

3. *Recipere*, recouvrer sans qu'il en coûte de la peine; *recuperare*, regagner par ses efforts. Liv. XLII, 53. Urbem *recipit*, par une simple occupation. Comparez XXVI, 39. Urbe *recuperata*, par conquête.

Summus. Supremus. *Summus*, marque le plus haut degré d'élévation dans un sens indifférent, ce n'est qu'une question de lieu, ἄκρος, par opposition à *imus*; *supremus*, terme poétique et pompeux, contient une idée accessoire de sublimité, comme ὕπατος, par opposition à *infimus*.

Sumptus. Impensæ. *Sumptus*, dépense qui ébrèche la fortune et le capital, voisine de la prodigalité; *impensæ*, dépenses qui servent à atteindre un but et qui tiennent du sacrifice.

Superare, v. *Vincere.*

Superbia. Arrogantia. Fastus. Insolentia. La *superbia* met les autres au-dessous d'elle par contentement de soi-même, elle ne voit dans leurs qualités que des reflets de ses propres mérites, c'est l'orgueil par opposition à l'humilité; l'*arrogantia* veut se prévaloir aux dépens des autres d'avantages ou de priviléges qui ne lui appartiennent point, c'est l'arrogance opposée à la modestie; le *fastus* repousse les hommes, comme s'ils n'étaient pas dignes d'entrer en relation avec lui, c'est l'air superbe par opposition à la simplicité; l'*insolentia* abuse grossièrement de sa supériorité pour humilier le faible, c'est la hauteur par opposition à l'humanité et à la générosité. Le *superbus* veut éclipser les autres; l'*arrogans*, empiéter sur eux; le *fastosus* les méprise; l'*insolens* les bafoue.

Superesse, v. *Restare.*   Supplementum, v. *Complementum.*

Supplicare, v. *Rogare.* Supremus, v. *Summus.*
Surculus, v. *Rami.* Surripere, v. *Demere.*

Sus. Verres. Scrofa. Porcus. *Sus,* terme général,
nom du cochon en histoire naturelle, ῦς; *verres, scrofa,
porcus,* termes d'économie rurale : *verres,* verrat; *scrofa,*
truie; *porcus,* jeune porc ou goret. Le mot *sus* contient
une idée accessoire de malpropreté; le mot *porcus,* de
graisse et d'embonpoint.

Suscipere, v. *Sumere.* Suspicere, v. *Vereri.*

Suspirare. Gemere. *Suspirare,* soupirer, s'entend d'une
aspiration profonde et d'une forte expiration, à la suite
d'un serrement de cœur; *gemere,* gémir, tient plus de la
volonté, on donne de l'air à une poitrine oppressée. Un
soupir, *suspirium* exprime la gêne; un gémissement, *ge-
mitus,* la douleur. Cic. Att. II, 21. Cum diu occulte *sus-
pirassent,* postea jam *gemere,* ad extremum vero loqui
omnes et clamare cœperunt. A des soupirs longtemps
étouffés succèdent les gémissements, puis enfin, un concert de plaintes et de cris.

Sustinere, Sustentare, v. *Ferre.*

T

Taberna, v. *Deversorium.* Tabulæ, v. *Axes.*
Tacere, Taciturnus, v. *Silere.*
Tæda, v. *Fax.* Tædet, v. *Piget.*
Tæter, v. *Teter.* Talea, v. *Rami.*
Talio, v. *Vindicta.* Tardare, v. *Manere.*

Tardus. Lentus. *Tardus,* marque la lenteur qui perd
du temps par opposition à *citus; lentus,* celle qui prend

ses aisés et marche à pas comptés, par opposition à *acer.*

TELLUS. TERRA. SOLUM. HUMUS. *Tellus,* la terre considérée comme un tout, comme le centre du monde, comme une déesse, par opposition à d'autres corps célestes ou à d'autres divinités, γαῖα, γῆ; *terra,* comme matière et élément par opposition aux autres éléments, γαῖα, γῆ; *solum,* comme l'élément solide opposé particulièrement à l'eau, πέδον; enfin *humus,* comme la partie la plus basse du monde visible par opposition à la région de l'air. Les désinences des dérivés *terrenus* opposé à *igneus, solidus* à *fluidus, humilis* à *sublimis,* correspondent à ces différentes significations.

TEMETUM, v. *Vinum.* TEMPERATIO, v. *Modus.*
TEMPESTAS, v. *Ventus.*

TEMPLUM. FANUM. DELUBRUM. ÆDES. SACELLUM. 1. *Templum, fanum* et *delubrum,* le temple avec le terrain consacré qui l'entoure, ἱερόν; *œdes,* l'édifice même, ναός; enfin, *sacellum,* emplacement consacré, sans édifice, avec un simple autel.

2. Au sens restreint *templum,* temple monumental d'une grande divinité; *fanum* et *delubrum,* temple modeste d'un dieu inférieur ou d'un héros.

TEMPUS, v. *Dies.* TEMULENTUS, v. *Ebrietas.*
TENEBRÆ, v. *Obscurum.*

TENERE. HABERE. POSSIDERE. *Tenere,* tenir dans sa main, c'est la possession physique; *habere,* avoir en son pouvoir, c'est la possession de fait; *possidere,* avoir en propriété, c'est la possession de droit. PLIN. Ep. I, 16. *Tenet, habet, possidet.* Saturninus m'attache, me domine, me possède.

TENTARE. PERICLITARI. EXPERIRI. PERICULUM. DISCRIMEN.
1. *Tentare* et *periclitari*, faire une tentative pour s'éclairer : *tentare*, avec le désir de s'instruire, en prenant de la peine, c'est un essai; *periclitari*, avec courage, en méprisant le danger qu'il peut y avoir, c'est une épreuve; *experiri*, acquérir des lumières par cette tentative, c'est une expérience.

2. *Periculum*, le danger considéré dans sa durée; *discrimen*, comme un simple point dans le temps, comme le moment critique et le point culminant du *periculi*. LIV. VI, 17. In ipso *discrimine periculi* destituat. Abandonner au plus fort de la crise.

TENUIS, v. *Exilis.* TERERE, v. *Lævis.*
TERGUM, v. *Dorsum.*

TERGUS. CUTIS. PELLIS. VELLUS. *Tergus* et *cutis*, couverture extérieure des chairs à l'état de membrane nue et lisse : *tergus*, peau grossière des animaux recouvrant une chair tendre et bonne à manger, le cuir. δέρμα; *cutis*, peau fine de l'homme protégeant la chair vive et sensible, χρώς. *Pellis* et *vellus*, peau avec sa garniture : *pellis*, peau garnie de poils ou *pili*, fourrrure, δορά; *vellus*, peau laineuse, garnie de flocons ou *villi*, toison, μαλλός. On dit en parlant des hommes, *cutem;* des éléphants, serpents, etc., *tergora;* des lions, chèvres, chiens, etc., *pelles;* des brebis, *vellera.* JUVEN. X, 192. Deformem pro *cute pellem.* Une peau fine autrefois, pleine à présent de rides et de poils.

TERMES, v. *Rami.* TERMINARE, TERMINUS, v. *Finire* et *Finis.*

TETER. FŒDUS. TURPIS. DEFORMIS. *Teter, tæter*, ce qui nous paraît odieux parce qu'il trouble notre sécurité en nous inspirant de la crainte ou en nous donnant des frissons, à peu près comme effroyable, épouvantable, βλοσυρός; *fœdus*, parce qu'il offense la nature, parce qu'il excite en nous du dégoût ou de l'horreur, comme affreux, μιαρός; *turpis*, parce qu'il offense le sens moral ou les convenances en provoquant notre désapprobation ou notre mépris, par opposition à *honestus, gloriosus*, comme laid, honteux, αἰσχρός; *deformis*, parce qu'il blesse le goût et déplaît, par opposition à *formosus*, comme mal fait, δυσειδής. Cic. Off. I, 34. Luxuria cum omni ætate *turpis*, tum senectuti *fœdissima* est. La débauche honteuse à tout âge est affreuse dans la vieillesse. Rep. II, 26. Tyrannus quo neque *tetrius* neque *fœdius*... animal ullum cogitari potest. Un tyran, l'être le plus effroyable, le plus affreux que l'imagination puisse concevoir. Vatin. 3. Quanquam sis omni *diritate teterrimus*. Quoique ta dureté fasse de toi un effroyable personnage. Vell. P. II, 69. In Vatinio *deformitas corporis* cum *turpitudine* certabat ingenii. Chez Vatinius la difformité allait de pair avec la turpitude.

Tesca, v. *Solitudo*.	Tetricus, v. *Austerus*.
Tignum, v. *Trabes*.	Timere, Timor, v. *Vereri*.
Titubare, v. *Labare*.	Tolerare, v. *Ferre*.
Tormentum, v. *Cruciatus*.	Torquere, v. *Vertere*.
Torridus, v. *Aridus*.	Torvus, v. *Atrox*.
Totus, v. *Quisque*.	

Toxicum. Venenum. Virus. *Toxicum*, terme d'histoire naturelle, poison, sans idée accessoire; *venenum*, liqueur ou potion empoisonnée qui peut être douce et séduisante; *virus*, liqueur ou breuvage malfaisant et repoussant. Liv. II, 52. Tribuni plebem agitare suo *veneno*, agraria lege. Le peuple que travaille le poison préparé par les tribuns, la loi agraire. Comparez Cic. Læl. 23. Evomat *virus* acerbitatis suæ. Qu'il vomisse le venin de sa misanthropie.

TRABES. TIGNUM. *Trabes, trabs,* poutrelle longue et mince qui se rapproche de la perche ; *tignum,* poutre courte et épaisse qui se rapproche de la bille. Un radeau se compose de *trabibus* et non point de *tignis ;* au contraire, les pièces de charpente destinées à servir de supports dans une construction se composent de *tignis* et non point de *trabibus,* car ce dernier terme désigne de préférence les traverses supportées. CÆS. B. C. II, 9. Supra eum locum duo *tigna* transversa injecerunt, quibus *suspenderent* eam contignationem, supraque ea *tigna* directo transversas *trabes* injecerunt, easque axibus religaverunt. Ils jetèrent par-dessus deux poutres [1] qui se croisaient à angle droit et qui devaient supporter la plate-forme, sur les poutres un grillage de poutrelles [2] reliées par des ais [3].

TRACTUS, v. *Locus.*   TRAGULUM, v. *Missile.*
TRAMES, v. *Iter.*   TRANQUILLUS, v. *Quietus.*

TRANS. ULS. ULTRA. *Trans* et *uls,* de l'autre côté, πέραν, par opposition à *cis ;* ce sont des prépositions qu'on n'accentue pas et qui servent simplement à distinguer un côté de l'autre, elles appartiennent à la même classe que *super : trans,* est le terme usuel ; *uls* a vieilli, il est tombé en désuétude. *Ultra,* au delà, πέρα, par opposition à *citra ;* on appuie sur le mot pour donner une haute idée de l'éloignement de cet autre côté au delà duquel il faut chercher l'objet, c'est une particule de la même classe que *supra.* La séparation exprimée par *ultra* fait songer à une frontière, la séparation exprimée par *trans* à un obstacle.

---

[1] Sablières. — [2] Longrines et traverses. — [3] Voliges.

Tac. Germ. 29. Protulit magnitudo populi Romani *ultra* Rhenum *ultra*que veteres terminos imperii reverentiam... Non numeraverim inter Germaniæ populos, quamquam *trans* Rhenum Danubiumque consederint, eos qui decumates agros exercent. La grandeur du peuple romain a porté au delà du Rhin et au delà des vieilles bornes le respect de son autorité... Je ne compte point parmi les peuples de la Germanie, quoiqu'établis de l'autre côté du Rhin et du Danube, ceux qui cultivent les champs soumis à la dîme.

Transfuga, v. *Perfuga.*

Transversus. Obliquus. *Transversum*, perpendiculaire, ce qui se dirige à angles droits à partir d'un point donné sur une droite; *obliquum*, oblique, ce qui s'éloigne du même point en faisant un angle aigu ou obtus.

Tribuere, v. *Impertire.*   Tristitia, v. *Dolor.*
Troicus, Troius, v. *Achivi.*   Trucidare, v. *Interficere.*
Truculentus, v. *Atrox.*   Trudis, v. *Fustis.*
Truncare, v. *Mutilare.*   Truncus, v. *Stirps.*
Trux, v. *Atrox.*

Tueri. Defendere. *Tueri* ne suppose qu'un danger possible, comme protéger, par opposition à *negligere;* *defendere*, suppose une attaque, comme défendre, par opposition à *deserere*. Les mineurs ont des protecteurs ou tuteurs, *tutores*, les accusés des défenseurs, *defensores*. Le *tuens* fait preuve de sollicitude et d'amour en cherchant à prévenir le danger; le *defendens*, de courage et de force en faisant face au danger. Sen. Tranq. 11. Neque ille solum militat qui in acie stat et dextrum lævumque *cornu defendit;* sed et qui *portas tuetur*. Le nom de soldat n'est pas exclusivement réservé à celui qui tient ferme à son rang de bataille et qui défend l'aile droite ou l'aile gauche; il convient également à celui qui garde les portes.

Tum. Tunc. *Tum*, adverbe qui correspond à *is*, comme en ce temps-ci; *tunc*, adverbe qui correspond à *ille*, comme en ce temps-là.

Tumere, v. *Turgere.*   Tumulus, v. *Collis.*
Turba, v. *Caterva.*

Turbæ. Tumultus. Seditio. Secessio. Deficere. Desciscere. 1. *Turbæ* et *tumultus*, désordres de police : *turbæ*, attentatoires au bon ordre; *tumultus*, à la tranquillité publique. *Seditio* et *secessio*, mouvements politiques par suite d'une différence d'opinions nette et tranchée, de principes contradictoires : *seditio*, quand l'union vient seulement d'être troublée et que la lutte des partis se passe encore en paroles; *secessio*, quand on a renoncé à tout espoir de conciliation et que les partis sont en présence prêts à se battre ou qu'ils ont du moins rompu tout commerce.

2. Les *seditiosi* et les *secedentes* sont citoyens et membres d'une communauté libre dont ils troublent seulement l'union; les *deficientes* et *desciscentes* violent un contrat en qualité de sujets qui se soulèvent ou d'alliés qui font défaut : *deficere*, terme général, présente la défection par son côté moral, comme une désertion qui provient d'infidélité, d'hésitation et de lâcheté; *desciscere*, par son côté politique, comme un changement de principes et de système.

Turbo, v. *Ventus.*

Turgere. Tumere. *Turgere*, exprime une augmentation de volume qui tient à un excès de force et d'abondance,

comme σπαργᾷν, σφριγᾷν; *tumere,* contient l'idée du néant
et du vide déguisés sous l'enflure, comme οἰδᾷν. On appelle
les voiles *turgida* lorsque le vent qui les gonfle est considéré comme un corps réel, capable en effet de les remplir, et *tumida,* lorsqu'on ne veut voir dans le même vent
que de l'air, un air qui n'est rien et qui paraît seulement
remplir les voiles.

TURIO, v. *Rami.*   TURPIS, v. *Teter.*

TUTUS. SECURUS. INCURIOSUS. 1. *Tutus* se rapporte à la
réalité de la chose et s'entend de celui qui est en sûreté,
comme ἀσφαλής; *securus* se rapporte à la persuasion de
l'esprit et s'entend de celui qui se croit en sûreté. Au sens
réfléchi, *tutus* arrive à exprimer l'idée de prévoyance, et
securus celle d'imprévoyance par euphémisme. SEN.
Ep. 97. *Tuta* scelera esse possunt, *secura* non possunt.
Le crime peut être en sûreté, mais il ne possède jamais
la sécurité. Cependant, comme il n'existe point de substantif tiré de *tutus, securitas* se prend aussi par catachrèse
dans le sens de sûreté.

2. *Securus, securitas* expriment l'absence d'inquiétude
et de soucis comme un état de l'âme, c'est la sécurité,
ἀμέριμνος, par opposition à *sollicitus; incuriosus, incuria,*
expriment le manque de soin et d'attention, au point de
vue pratique, comme insouciant, ὀλίγωρος, par opposition
à *cura.* SEN. Ep. 100. Fabianus non erat *negligens* in ora-
tione, sed *securus.* Il y avait dans les discours de Fabianus
un air je ne dis pas de négligence, mais d'assurance.

U

UBER, v. *Fœcundus.*

UDUS. UVIDUS. HUMIDUS. AQUOSUS. MADIDUS. 1. *Uvidum*

et *udum,* ὑγρὸν, humide, dans tout le sens du mot, ce qui est entièrement composé d'eau ou d'un autre liquide, en réalité, en apparence, ou encore par hyperbole, *humore constans; humidum* et *humectum,* humide au sens restreint, ce qui est seulement imprégné de parties aqueuses, *humore mixtum.* SEN. N. Q. II, 25. Dicis nubes attritas edere ignem cum sint *humidæ,* imo *udæ.* Tu dis qu'il sort du feu des nuages qui sont chargés ou plutôt composés d'eau. *Udus,* qui a pour opposés *sudus* et *solidus,* est synonyme d'*aquanus* dans Tertullien; mais *humidus,* qui a pour opposé *aridus,* est synonyme d'*aquosus,* à cette différence près qu'en employant *aquosus,* on se représente encore le sec et l'humide comme distincts; ils existent l'un à côté de l'autre, tandis qu'en employant *humidus,* on se les représente comme mélangés et confondus. *Pratum aquosum* signifierait une prairie où il y a des mares et des étangs; mais *pratum humidum,* une prairie arrosée.

2. *Udus* n'est qu'une contraction d'*uvidus; humectus* n'est que le participe d'*humidus.* PACUV. ap. Varr. Terra exhalabat auroram *humidam, humectam.* La terre exhalait une vapeur humide, chargée d'eau.

3. *Humidus, humens* se rapporte, comme humide, à la constitution intérieure du corps; *madidus, madens,* μυδαλέος, ruisselant, ne se rapporte qu'à l'extérieur et à la surface du corps, par opposition à *siccus.* CIC. Phil. XIV, 3. *Imbuti* sanguine gladii legionum exercituumque nostrorum, vel *madefacti* potius duobus consulum, tertio Cæsaris prælio. L'épée de nos légions et de nos armées est trempée dans le sang; elle a ruisselé de sang dans les deux combats livrés par les consuls, dans le troisième combat livré par César. *Imbuere,* causatif d'*imbibere,* se rapporte, en effet, à l'humidité qui pénètre à l'intérieur; *madefieri,* à celle qui s'amasse au dehors et qui peut provenir indif-

féremment de deux causes, savoir d'un trop-plein au dedans ou de la nature imperméable d'une surface.

Ulcus, v. *Vulnus.*   Uligo, v. *Lacuna.*

Ulna. Lacertus. Brachium. Cubitus. *Ulna*, le bras entier, depuis l'épaule jusqu'à la main, servant à mesurer l'aune; *lacertus*, le haut du bras, depuis l'épaule jusqu'au coude; *brachium*, l'avant-bras; *cubitus*, le pli entre deux, le coude.

Uls, Uttra, v. *Trans.*   Ultimus, v. *Extremus.*
Ultio, v. *Vindicta.*   Ultro, v. *Præterea* et *Sponte.*
Umbrosus, v. *Obscurus.*

Una. Simul. *Una*, ensemble, dans le même lieu, ὁμοῦ; *simul*, à la fois, dans le même temps ou le même instant, ἅμα.

Unctus, v. *Delibutus.*

Uncus. Hamus. *Uncus*, grand crochet comparable à une ancre; *hamus*, petit crochet comparable à un hameçon.

Uncus, v. *Curvus.*   Unda, v. *Aqua.*
Unicus, v. *Eminens.*   Universus, Unusquisque, v. *Quisque.*
Usque, v. *Semper.*   Usura, v. *Fœnus.*
Usurpare, v. *Uti.*

Uterque. Ambo. Utervis. Uterlibet. 1. *Uterque*, chacun des deux, s'applique à un tout dans lequel on distingue deux unités, comme ἑκάτερος; *ambo*, tous les deux, à un tout dans lequel on distingue deux moitiés, comme ἄμφω. Cic. Finn. II, 7. Hic, qui *utramque* probat, *ambobus* debuit uti. Puisqu'on admet les deux points de fait, on devrait les représenter tous les deux par un terme spécial.

TER. Ad. I, 2, 50. Curemus æquam *uterque* partem; tu alterum, ego item alterum; nam *ambos* curare propemodum reposcere illum est quem dedisti. Prenons chacun une part égale de la tâche; garde Ctésiphon, moi Eschine. T'occuper ainsi de tous les deux, c'est presque me redemander celui que tu m'as donné. La différence de construction est visible dans CIC. Muren. 18, 37. Duæ res in prætura desideratæ sunt, quæ *ambæ* in consulatu Murenæ profuerunt... *Horum utrumque* ei fortuna ad consulatus petitionem reservavit. Deux choses manquèrent à Muréna dans la demande de la préture; et toutes deux l'ont merveilleusement servi quand il a sollicité le consulat... La fortune lui réservait chacun de ces deux avantages dans ses démarches pour le consulat. Et Orat. III, 26. A *quibus utrisque* submittitur aliquid. Le poëte et le compositeur sacrifient chacun à la simplicité.

2. *Uterque* et *ambo* sont copulatifs et se décomposent en *unus* et *alter;* l'attribut est nécessairement commun; *utervis*, celui des deux que vous voudrez, et *uterlibet*, celui des deux qu'il vous plaira, sont disjonctifs et se décomposent en *unus vel alter;* l'attribut est commun par accident. TER. Andr. Prol. 10. Qui *utramvis* recte norit, *ambas* noverit. Il suffit de posséder une de ces deux pièces de Ménandre, celle que vous voudrez, pour les posséder toutes les deux.

UTI. USURPARE. FRUI. FRUNISCI. *Uti* et *usurpare* expriment l'action de faire usage d'une chose, d'en disposer à son avantage; mais *uti* se dit d'un usage permanent; *usurpare*, d'un acte isolé. *Frui* et la vieille forme *frunisci* expriment le sentiment agréable qui accompagne cet usage, comme jouir : *frui* est le verbe primitif, *frunisci*, le verbe inchoatif. SEN. Vit. B. 10. Tu voluptate *frueris*, ego *utor*. Tu ne cherches dans le plaisir que la jouissance, j'y cherche le profit. FLOR. II, 6. Hannibal quum victoria posset *uti*, *frui* màluit. Annibal pouvait user de sa victoire, il aima mieux en jouir. CIC. Rosc. Am. 45, 131. Commoda, quibus *utimur*, lucem, qua *fruimur*, spiritumque, quem ducimus, a Deo nobis dari. Les avantages dont nous profitons tous les jours, la lumière dont nous jouissons, l'air que nous respirons sont des dons de Dieu. CIC. Cat. III, 2, 5. Quorum opera... assidue *utor*. Je profite constamment de leur activité. Comparez avec Finn. II, 35, 118. In ea, quam *sæpe usurpabas*, tranquillitate degere omnem vitam. Laisser couler sa vie entière dans la tranquillité que tu as su trouver en mainte occasion. CIC. Orat. 51, 169. Post inventa conclusio est, qua credo *usuros* veteres illos fuisse, si jam nota et *usurpata* res esset. La période oratoire fut inventée plus tard; je crois que les anciens en auraient fait usage s'ils l'avaient connue et vu employer.

UTIQUE, v. *Plane.*   UVIDUS, v. *Udus.*
UXOR, v. *Fœmina.*

V

VACARE. OTIARI. FERIARI. CESSARE. NIHIL AGERE. *Vacare*, avoir son temps libre, par opposition à l'*occupatio*, qui oblige au travail; *otiari*, n'avoir point d'affaires, par opposition aux *negotia*, qui font du travail un devoir; *feriari*, jouir du repos des jours de fête, par opposition à la besogne journalière; *cessare*, cesser son travail et se reposer, par opposition à la peine qu'on vient de prendre; *nihil agere*, ne rien faire, par opposition à l'activité en général.

VACILLARE, v. *Labare.*
VADERE, v. *Ire.*
VAFER, v. *Astutus.*
VALDE, v. *Perquam.*
VALENS, v. *Salus.*
VALETUDO, v. *Æger.*

VACUUS, v. *Inanis.*
VADUM, v. *Solum.*
VAGARI, v. *Errare,*
VALE, v. *Ave.*
VALERE, v. *Posse.*

VALIDUS. FIRMUS. ROBUSTUS. 1. *Validus*, fort, au sens actif, pour l'attaque et l'exécution, vigoureux, par opposition à *imbecillis*, comme σθεναρός; *firmus* et *robustus*, fort, au sens passif, pour la défense, pour supporter quelque chose : le *firmum* tire sa force d'une assiette inébranlable, on y met sa confiance, il s'oppose à *labans*, *vacillans* et même à *imbecillus*, en grec βέβαιος, ferme; le *robustum* tire la sienne de sa nature compacte, de l'impénétrabilité de sa matière, il dure, par opposition à *tenerum*, comme ῥωμαλέος et ἰσχυρὸς, solide.

2. *Imbecillitas* convient à la faiblesse d'esprit; *infirmitas*, à la faiblesse corporelle. Cic. Finn. V, 45. In *infirma ætate imbecillaque* mente : un âge qui n'est point fait, une intelligence qui n'a point de ressort. Et quand ils ne se disent tous deux de l'esprit, *imbecillitas* signifie une faiblesse naturelle de tête ou de cœur, par exemple, un défaut de talent ou de courage; *infirmitas*, une faiblesse morale, par exemple, la versatilité qui empêche qu'on ne se fie à nous. Cæs. B. G. VII, 77. Nolite stultitia ac temeritate vestra aut *imbecillitate* animi omnem Galliam prosternere. Ne cédez ni à une folle hardiesse ni à une faiblesse d'esprit qui causerait la chute de toute la Gaule. Comparez avec IV, 5. Cæsar *infirmitatem* Gallorum veritus quod sunt in consiliis capiendis mobiles et rebus plerumque novis student. César avait peur de la versatilité des Gaulois, qui sont inconstants dans leurs desseins et amoureux de changements.

Vallum, v. *Agger*.   Vallus, v. *Stipes*.
Valvæ, v. *Ostium*.

Varius. Diversus. Contrarius. Versicolor. Variegare.
1. *Varium* exprime les différences qu'on remarque dans
un seul et même objet; *diversum*, celles qui distinguent
un objet d'un autre. Catull. 47, 10. Quos longe simul a
domo profectos *diverse variæ* viæ reportant, c'est-à-dire
que toutes sortes de voies ramènent chez eux dans des directions tout à fait différentes. Tac. H. I, 25. Otho post-
quam *vario* sermone callidos et audaces cognovit, pretio
et promissis onerat... Suspensos cæterorum animos *diver-
sis* artibus (i. e. spe et metu) stimulant. Othon cause avec
eux, varie l'entretien, s'assure qu'ils sont rusés et hardis,
les achète à prix d'or et les comble de promesses... Pour
les autres, on aiguillonne par divers moyens ces esprits
incertains.
2. Les *diversa* n'ont rien de commun entre eux et s'en
vont dans des directions divergentes ou même opposées;
les *contraria* se font face et sont diamétralement opposés.
D'où la gradation Cic. Divin. II, 55. *Diversas* aut etiam
contrarias. Tout ce qui est du domaine de la conjecture...
est sujet de la part des hommes aux interprétations les
plus diverses et souvent les plus opposées [1]. Vell. P. II,
75. *Diversa* præsentibus et *contraria* exspectatis sperare.
Avoir des espérances qui s'écartent des conjonctures et
qui sont contraires aux probabilités.
3. *Varium*, bigarré, qui offre plusieurs couleurs à la
fois, ποικίλον; *versicolor*, chatoyant, qui change autant de
fois de couleur qu'il y a de manières de l'exposer à la lumière, αἰόλον. Propert. III, 13, 32. Aut *variam* plumæ

---

[1] Traduction de la collection Panckoucke.

12

versicoloris avem. Un oiseau bigarré dont le plumage chatoie. Pline (XXXVII, 10) exprime les deux idées par des périphrases lorsqu'il appelle à la fois la pierre mithrax *multicolor* et *contra solem varie refulgens.*

4. *Variare* signifie en général donner un aspect varié; *variegare* signifie en particulier donner un aspect dont la variétéest dans les couleurs, barioler.

Vas, v. *Sponsor.*　　　　Vasta, v. *Solitudo.*

Vastare. Populari. Diripere. Agere ferre. Expilare. Spoliare. Peculari. 1. *Vastare*, ravager, détruire par fureur ou par politique la propriété de l'ennemi, πέρθειν, πορθεῖν; *populari, diripere* et *agere ferre*, piller par intérêt personnel : *populari*, en grand, par exemple, enlever la moisson entière, emmener les troupeaux; *diripere*, en petit, entrer dans les maisons, rompre les armoires ;*a gere ferre*, des deux manières, comme ἄγειν καὶ φέρειν.

2. *Spoliare* et *populari*, s'approprier des dépouilles en temps de guerre; *expilare* et *peculari, depeculari*, en temps de paix : *expilare*, par violence; *peculari*, par escroquerie et détournement de la propriété de l'État. Cic. Parad. VI, 1. Si socios *spolias*, ærarium *expilas*. Si tu dépouilles les alliés, si tu portes la main sur le trésor.

Vates, v. *Canere.*　　　　Vaticinari, v. *Divinare* et *Hariolari.*

Vecors, v. *Amens.*　　　　Vegetus, v. *Vigens.*
Vehemens, v. *Acer.*

Velle. Optare. Expetere. Cupere. Avere. Gestire. 1. *Velle, optare* et *expetere* expriment des actes de la raison qui se possède et se gouverne; *cupere, avere* et *gestire*, des actes du sentiment surexcité et de la passion. Sen. Ep. 116. Cum tibi *cupere* interdixero, *velle* permittam.

Après t'avoir interdit les désirs, je te permettrai d'avoir des volontés.

2. *Velle*, vouloir et coopérer à la réalisation de sa propre volonté, θέλειν et βούλεσθαι; *optare*, souhaiter et s'en remettre à d'autres ou au destin pour la réalisation du souhait, ποθεῖν; *expetere*, exiger et mettre les autres en demeure de remplir cette exigence, ὀρέγεσθαι. SEN. Ep. 95. Sæpe aliud *volumus*, aliud *optamus*. Nos volontés sont souvent en désaccord avec nos souhaits. CIC. Off. I, 20. Nihil nisi quod honestum sit homines aut admirari, aut *optare*, aut *expetere* oportet. Il convient que les hommes n'admirent, ne souhaitent, n'exigent rien qui ne soit honorable.

3. *Cupere* exprime un désir violent, passionné; *gestire*, un désir vif qui se manifeste par des gestes; *avere, havere*, un désir impatient, pressant. *Cupidus*, désireux, ἐπιθυμῶν; *gestiens*, qui se réjouit à l'idée d'avoir une chose, χρῄζων; *avidus*, avide. CIC. Sen. 8. Græcas litteras sic *avide* arripui, quasi diuturnam sitim explere *cupiens*. Je me suis jeté sur la littérature grecque avec avidité, avec la passion d'apaiser une soif qui durait depuis longtemps. Comparez avec Att. II, 18. Intellexi quam suspenso animo et sollicito scire *averes*, quid esset novi. J'ai compris tes incertitudes et tes soucis, ton impatience de connaître les nouvelles. Et IV, 11. Perge reliqua; *gestio* scire ista omnia. Continue, je me fais une fête de savoir tous ces détails.

VELLUS, v. *Tergus*.   VELOX, v. *Citus*.

VENDERE. VENUNDARE. MANCIPARE. *Vendere* et *venundare* présentent la vente comme une transaction commerciale : dans *vendere*, l'idée principale est, comme dans vendre, la livraison de l'objet, et le prix d'achat n'est qu'un accessoire; il est opposé à *emere*, c'est le grec ἀποδόσθαι; *venun-*

dare fait ressortir, comme étaler, la mise en vente, l'offre de la marchandise, πιπράσκειν, πωλεῖν, ἀπεμπολᾶν. *Mancipare*, aliéner, présente la vente comme un acte juridique par lequel on cède et transporte à un autre la propriété d'une chose avec toutes les prétentions qu'on y avait jusque-là, en due forme.

VENDITATIO, v. *Jactatio.* VENENUM, v. *Toxicum.*
VENERARI, v. *Vereri.* VENIAM DARE, v. *Ignoscere.*

VENTUS. PROCELLA. TEMPESTAS. VORTEX. TURBO. *Ventus*, le vent, comme terme générique ; *procella et tempestas*, vent violent : *procella*, bourrasque, coup de vent ; *tempestas*, tempête, orage complet, accompagné d'éclairs, de tonnerre, de pluie ou de grêle. *Vortex et turbo*, tourbillon : *vortex*, tourbillon faible qui ne soulève que la poussière ; *turbo*, tourbillon impétueux qui cause des dégâts.

VENUNDARE, v. *Vendere.* VENUSTUS, v. *Formosus.*
VEPRES, v. *Dumi.*

VERBERARE. ICERE. FERIRE. CÆDERE. PULSARE. MULCARE. PAVIRE. CUDERE. 1. *Verberare*, *ferire* et *icere*, frapper en général, de loin, de près, de toute manière. Le *verberans* porte un coup qui rebondit ; l'*iciens* et le *feriens*, un coup qui pénètre, blesse ou brise : l'*iciens* lance son coup, par exemple, *fulmine ictus* ; le *feriens* pousse et heurte, par exemple, *murum ariete ferire*. *Cædere*, *pulsare* et *mulcare* sont des termes plus particuliers et signifient battre avec un instrument fait exprès : *cædere*, avec un instrument tranchant qui fait une blessure, hache, sabre, fouet, verges, étrivières ; *pulsare* et *mulcare*, avec un instrument contondant, un bâton ou le poing. *Pulsare* prend, comme battre, un complément quelconque ; *mulcare*, comme bâtonner, ne peut avoir pour complément que le nom d'un être sensible à la douleur, surtout l'homme.

2. Au sens restreint, *verberare* exprime un châtiment administré de sang-froid et qui consiste en coups de bâton, c'est une punition en forme infligée par l'autorité compétente; *pulsare* et *mulcare* signifient un mauvais traitement par coups ou bourrades, exercé par des personnes qui n'y sont point autorisées, c'est une vengeance. *Pulsare* s'entend d'un traitement grossier; on frappe avec la main ou avec une canne, on n'en veut guère qu'à l'honneur et à la dignité des gens; *mulcare* marque un traitement brutal; on se sert pour frapper des poings ou d'un gourdin; on a surtout en vue de causer des douleurs physiques, on rosse.

3. *Pavire,* battre, pour solidifier à force de coups une masse molle; *cudere,* pour aplatir et élargir une masse dure. *Fulgere, battuere* et *cajare* sont des termes vieillis ou communs pour battre.

Verbosus, v. *Garrire.*

Verbum. Vocabulum. Vox. Dictum. Dicterium. **1.** *Verbum,* le mot considéré comme une partie de la phrase; *vocabulum,* comme un élément de la langue. Les mots, *verba,* sont du ressort de l'usage; les termes, *vocabula,* sont du ressort du dictionnaire.

2. *Verba,* les mots par rapport à leur signification; *voces,* par rapport à leur forme et à leur son.

3. Comme terme technique de grammaire, *vox* comprend toutes les huit parties du discours; *vocabulum,* tous les mots proprement dits, à l'exception des interjections ou sons naturels; *nomen,* seulement les noms appellatifs, adjectifs, substantifs et pronoms; et *verbum,* seulement les verbes.

4. Au sens collectif, *verbum* s'entend d'une pensée générale, comme sentence; *vox, dictum* et *dicterium,* d'une saillie qui appartient à telle ou telle personne : *vox* est l'expression du sentiment ou de la passion, c'est une exclamation ; *dictum* est un trait d'esprit et d'intelligence, comme un bon mot. Tac. H. III, 39. Audita est *sævissima* Vitellii *vox*, qua se pavisse oculos spectata inimici morte jactavit. Vitellius eut une exclamation cruelle ; on l'entendit qui se vantait crûment d'avoir rassasié ses yeux au spectacle de la mort d'un de ses ennemis particuliers. Comparez avec Ann. VI, 20. Scitum Passieni *dictum* percrebuit, neque meliorem unquam servum, neque deteriorem dominum fuisse. Un trait spirituel de l'orateur Passiénus et qui courut partout, c'est qu'il n'y avait jamais eu ni de meilleur esclave ni de plus mauvais maître.

5. *Dictum*, terme général et populaire pour toute parole piquante ; *dicterium*, terme savant d'une époque postérieure pour une parole piquante par excellence qui est le fruit de l'esprit naturel développé par l'étude des lettres et le commerce de la bonne société.

Verecundia, v. *Castus.*

Vereri. Timere. Metuere. Spes. Fiducia. Timor. Timiditas. Ignavia. Formido. Horror. 1. *Vereri* exprime, comme αἰδεῖσθαι, un effet qui a sa raison d'être dans une dignité qui nous impose ; *metuere* et *timere* expriment, comme δεῖσαι et φοβεῖσθαι, un effet qui résulte du caractère dangereux et menaçant d'un objet. Le *timens* et le *metuens* craignent de courir un danger ; le *verens* craint d'être couvert de honte et de confusion. Cic. Phil. XII, 12. Quid? veteranos non *veremur*? nam *timeri* ne ipsi quidem volunt. Eh quoi ! est-ce que nous ne révérons point les vétérans ? car, pour aller jusqu'à la peur, c'est ce qu'ils ne veulent point eux-mêmes. Sen. II, 37. *Metuebant* eum servi, *verebantur* liberi, carum omnes habebant. Ses esclaves le craignaient, ses enfants le révéraient, tout le monde le chérissait. Lɪv. XXXIX, 37. *Veremur* quidem vos, Romani, et si ita vultis etiam *timemus.* Nous vous révérons, ô Romains, et nous avons même peur de vous, si c'est là ce que vous voulez. Afran. ap. Gᴇʟʟ. XV, 13. Ubi malunt *metui* quam *vereri* se ab suis. Dès qu'ils aiment mieux être craints que révérés par les leurs. Sᴇɴ. Ir. III, 32. Quibusdam *timeamus* irasci, quibusdam *vereamur.* Ne nous fâchons point contre certains personnages, contre ceux-là par peur, contre ceux-ci par une crainte respectueuse.

2. *Metus,* la crainte prise comme l'attente d'un mal qu'on a en perspective, auquel on songe, l'inquiétude par prévoyance et prudence, comme δέος, synonyme de *cautio; timor,* la peur par lâcheté et faiblesse. En d'autres termes, la crainte, *metus,* est une affaire d'intelligence, elle occupe la pensée; la peur, *timor,* est une affaire de sentiment, elle saisit le cœur. *Metus* s'oppose à *spes; timor,* à *fiducia, animus.* Cɪᴄ. Tusc. IV, 31. *Confidere* decet, *timere* non decet. Il s'agit d'avoir pleine confiance, il ne s'agit point d'avoir peur.

3. Même différence entre *spes,* l'espérance, et *fiducia,* la confiance. Sᴇɴ. Ep. 16. Jam de te *spem* habeo, nondum *fiduciam.* Tu me donnes déjà des espérances, tu ne m'inspires pas encore de confiance. Tᴀᴄ. Agr. 3. Nec *spem* modo ac votum securitas publica, sed ipsius voti *fiduciam* ac robur assumpserit. On ne se borne plus à espérer et à appeler de ses vœux la sécurité publique, mais on en jouit avec un sentiment de confiance et de stabilité. Sᴜᴇᴛ. Cl. 10. Aliquanto minore *spe* quam *fiducia.* Il y avait un peu moins d'espérance que de confiance.

4. *Timor* présente la peur comme un état passager; *timiditas* présente la timidité comme une qualité habituelle qui se comporte, par rapport à l'*ignavia,* comme

le terme précis par rapport au terme général. LACTANT.
III, 17. Epicurus... *ignavum* prohibet accedere ad rem pu-
blicam, pigrum exercere, *timidum militare.* Épicure ôte
aux gens incapables l'accès des affaires, aux gens paresseux leur maniement, aux gens timides la guerre. L'*ignavia* est l'incapacité de faire aucune action noble et particulièrement aucun exploit courageux; la *timiditas* est
excusable dans certaines circonstances; l'*ignavia* est toujours condamnable.

5. La crainte, *metus*, et la peur, *timor*, naissent de la
réflexion qui distingue nettement l'objet et la cause de
l'inquiétude. L'effroi, *horror*, et l'épouvante, *formido*,
naissent d'une émotion vive et subite qui accable l'esprit
en lui présentant des images pénibles, des visions affreuses
et qui le rend incapable de se raisonner : mais *formido*,
l'épouvante, exprime directement un état de l'âme,
ὀῤῥωδία; *horror*, l'effroi, n'exprime que la manifestation de
cet état lorsqu'il se révèle par des cheveux qui se dressent,
par des yeux égarés, etc., comme φρίκη. TAC. H. IV, 46.
Metus per omnes ac præcipua Germanici militis *formido.*
La crainte partout, l'épouvante au plus haut chez les troupes de Germanie.

VERERI. REVERERI. VENERARI. COLERE. OBSERVARE. ADO-
RARE. ADMIRARI. SUSPICERE. 1. *Vereri* et *revereri*, avoir
du respect; *venerari*, témoigner du respect. TAC. Ann. XIV,
13. *Venerationem sui*, les respects qu'on lui rendrait;
comparez avec *matris reverentia*, le respect que lui ins-
pirait sa mère.

2. *Vereri* marque la considération poussée jusqu'à la
crainte et à la timidité; *revereri*, la crainte et la timidité
inspirées par la considération. Dans *vereri*, c'est la crainte;
dans *revereri*, la considération qui est l'idée principale.
Verecundia signifie la peur de se mettre dans son tort

vis-à-vis d'une personne que l'on considère; *reverentia*, la conviction intime que le mérite de la personne justifie cette peur.

3. *Venerari* ne s'emploie (du moins dans Cicéron) qu'en parlant des honneurs qu'on rend aux dieux ou à des êtres supérieurs; *observare* se dit de ceux qu'on rend aux hommes; *colere,* des deux. Cic. Rep. I, 12. Ut... Africanum ut *deum coleret* Lælius, domi vicissim Lælium *observaret* in parentis loco Scipio. Lélius honorerait comme un dieu Scipion l'Africain; à Rome, Scipion à son tour aurait pour Lélius toutes les attentions qu'on a pour un père. Le *venerans* ne vise qu'à exprimer le respect qu'il doit, et à détourner de lui par son humilité la colère des dieux; le *colens* vise par des complaisances, des services et des égards de toute sorte, à gagner la faveur de quelqu'un et à en retirer des fruits comme d'un champ cultivé. La *veneratio* se marque surtout par la prière, le *cultus* par le sacrifice; la *veneratio* est un acte isolé, passager, le *cultus*, une manifestation permanente de respect. Tac. H. I, 10. Vespasianus... Titum filium ad *venerationem cultumque* (Galbæ) miserat, c'est-à-dire que Titus devait présenter au nouvel empereur l'hommage de Vespasien et rester à la cour.

4. *Observare* comparé à *colere* donne à la pensée un tour indirect et se dit des égards auxquels on ne manque pas, par opposition à la négligence; mais il ne suit point de là que l'un des deux termes soit plus fort et l'autre plus faible. *Colere* s'entend de démonstrations palpables, *operam;* *observare*, d'attentions délicates, *pietatem*, et c'est tantôt aux unes, tantôt aux autres qu'on attache le plus de prix.

5. *Adorare*, terme général pour toute espèce de culte rendu aux dieux; la *veneratio* tend à se restreindre aux gestes, la *precatio* aux formules.

6. *Reveremur* validas auctoritates; *admiramur* raras virtutes; *suspicimus* excellentia dignitate. Nous respectons l'autorité, nous admirons la vertu, nous levons les yeux vers les grandeurs. Je me représente d'ailleurs le *reverens* dans un état de crainte silencieuse; l'*admirans*, dans un enthousiasme bruyant ou du moins visible; le *suspiciens*, sous les traits d'une personne étonnée qui sent humblement sa propre infériorité. *Revereri* se rapporte particulièrement à une supériorité morale; *admirari*, à une supériorité intellectuelle et morale; *suspicere*, à une supériorité quelconque, même de hasard.

VERNALIS. VERNILIS. *Vernaliter* contient un éloge : avec l'adresse et la prestesse d'un serviteur bien appris et zélé; il est synonyme de *sedulo*. *Verniliter* contient un blâme : d'une manière ignoble et commune qui sent l'esclavage; il est synonyme de *serviliter;* mais *verniliter* se rapporte à la grossièreté des façons, comme rustiquement ; *serviliter*, à la bassesse des sentiments, comme servilement.

VERRES, v. *Sus.* VERSICOLOR, v. *Varius.*
VERSUTUS, v. *Astutus.*

VERTERE. TORQUERE. CONVERTERE. INVERTERE. PERVERTERE. 1. *Vertere*, tourner ou retourner, c'est-à-dire remuer un objet pour lui donner une autre position ou une autre place, τρέπειν; *torquere*, tourner dans le sens de mouvoir autour d'un point fixe ou d'un axe, στρέφειν.

2. *Convertere* signifie 1° avec un sujet au pluriel : tourner tous à la fois, par exemple Cæs. B. C. I, 80. Ut pæne terga *convertant*, peu s'en faut qu'ils ne tournent le dos tous à la fois; 2° par rapport à l'achèvement de l'action : tourner tout à fait. *Invertere* veut dire seulement tourner à moitié, en sorte que l'objet prenne la position inverse et montre l'envers; enfin, *pervertere*, tourner en sorte

que l'objet prenne une fausse position, soit hors d'usage, ou perdu, mettre sens dessus dessous.

VERUTUM, v. *Missile*.   VESANUS, v. *Amens*.

VESTIS. VESTITUS. VESTIMENTUM. AMICTUS. AMICULUM. CULTUS. HABITUS. 1. *Vestis*, terme général qui signifie tantôt l'habillement entier, *vestitus*, tantôt une pièce de l'habillement, *vestimentum*. *Vestem mutare* veut dire prendre le deuil ; *vestimenta mutare*, changer d'habits.

2. *Vestis* et *vestimentum*, vêtement qui couvre le corps par raison de nécessité ou de décence ; *amictus* et *amiculum*, vêtement qu'on met par-dessus les autres pour avoir plus chaud ou pour se parer : *amictus*, tout l'habillement de dessus ; *amiculum*, pièce détachée, surtout. TAC. G. 17. Feminæ sæpius lineis *amictibus* velantur, partemque *vestitus* superioris in manicas non extendunt. Les femmes portent plus souvent que les hommes des vêtements de dessus en lin, et il n'y a point de manches dans le haut de leur habillement.

3. *Cultus* et *habitus* expriment des idées plus complexes que *vestis* : *cultus* comprend tout ce qui se rattache à la mise, ceinture, chapeau, parures, armes ; *habitus*, tout ce qui touche de près ou de loin à la toilette, propreté, coiffure, tenue. SUET. Cæs. 44. Dicam ea quæ ad formam et *habitum* et *cultum* et mores pertineant. Je vais esquisser son portrait et dire un mot de sa toilette, de sa mise, de ses mœurs. Cal. 52. *Vestitu* calceatuque cæteroque *habitu*. Dans son habillement, dans sa chaussure, dans toute sa toilette.

VETARE. INTERDICERE. *Vetare*, défendre au nom de la loi par opposition à *jubere* ; *interdicere*, interdire en vertu des pouvoirs qu'on tient de sa charge par opposition à *addicere, permittere*.

VETERNUS, v. *Antiquus*.   VETULA, v. *Anus*.

VETUS. SENEX. GRANDÆVUS. LONGÆVUS. SENECTA. SE-NECTUS. SENIUM. 1. *Vetus homo*, l'homme vieux à partir de la cinquantaine, par opposition à *juvenis*, l'homme jeune, comme γέρων; *senex*, le vieillard à partir de la soixantième année avec une idée accessoire de dignité, comme πρεσβυτής; enfin *grandævus* et *longævus*, vieillard chargé de jours qui a dépassé la durée ordinaire de la vie, c'est-à-dire à partir à peu près de la quatre-vingtième année.

2. *Senecta*, la vieillesse au sens indifférent, comme degré de la vie; *senectus*, la vieillesse vénérable et expérimentée qui impose du respect et des égards; *senium*, le grand âge qui affaiblit, accable et qu'on peut regarder comme une infirmité.

VETUS, VETUSTUS, v. *Antiquus*
  et *Puer*.
VIA, v. *Iter*.   VIBRARE, v. *Librare*.

VICINUS. FINITIMUS. CONFINIS. *Vicini*, voisins, d'une maison, d'une cour à l'autre; *finitimi* et *confines*, d'un pays à l'autre : *finitimi*, au sens simple et incomplexe, nos voisins, ceux qui habitent à notre frontière, c'est un simple terme géographique; *confines*, exprime une relation réciproque, il s'agit de peuples mutuellement voisins qui ont une frontière en commun, avec une idée morale accessoire, celle d'une amitié qui se joint au voisinage. Les *finitimi* sont séparés par une démarcation, *finibus diremti;* les *confines* ou *confinio conjuncti* ont des points de contact.

VICISSIM. INVICEM. MUTUO. *Vicissim* marque comme alternativement et vice versâ que deux personnes ou deux objets font ou éprouvent successivement quelque chose:

invicem et *mutuo*, qu'ils le font ou l'éprouvent en même temps : *invicem* a plus de rapport à des actions; *mutuo*, à des situations réciproques. Ils répondent à réciproquement et mutuellement.

VICTUS, v. *Vita.*

VIDERE. CERNERE. SPECTARE. INTUERI. CONSPICERE. ADSPICERE. ADSPECTUS. CONSPECTUS. OBTUTUS. 1. *Videre* et *cernere*, voir, prendre connaissance par l'organe de la vue : *videre*, prendre connaissance en gros, comme ὁρᾶν, par opposition à ne pas voir à cause de quelque obstacle qui boucherait la vue; *cernere*, prendre une connaissance précise et claire, par opposition à une vue incertaine et troublée. *Spectare, intueri, tueri* et *contueri*, regarder, arrêter les yeux sur un objet : *spectare*, regarder tranquillement un objet qui intéresse l'esprit et s'y arrêter comme à un spectacle, considérer, θεᾶσθαι; *intueri*, fixer son regard sur un objet qui attire l'imagination ou le cœur, contempler, θεωρεῖν. CIC. Famm. VII, 1. Neque nos qui hæc *spectavimus*, quidquam novi *vidimus.* Et nous-mêmes qui avions les yeux ouverts sur cela, nous n'avons rien vu de nouveau.

2. *Intueri* signifie simplement contempler avec attention, mais *contueri*, contempler avec fixité, avec pénétration et avec de grands yeux.

3. *Conspicere*, apercevoir, c'est-à-dire avoir la vue frappée d'un objet et le plus souvent sans s'y attendre; *adspicere*, regarder, c'est-à-dire jeter les yeux sur un objet, qu'on ait ou non conscience de la sensation.

4. *Adspectus* a le sens actif, c'est le sujet qui regarde; *conspectus* a le sens passif, c'est le sujet qui est vu, qui fait tableau, c'est encore et souvent le cercle que la vue embrasse. *Obtutus*, le regard, a le sens neutre. SUET.

Tib. 43. Ut *adspectu* deficientes libidines excitaret. Pour rallumer par cette vue ses feux épuisés. Comparez avec Cal. 9. Tumultuantes *conspectu* suo flexit. Sa vue fit reculer les soldats soulevés. Et avec Cic. Orat. III, 5. Qui vultum ejus quum ei dicendum esset, *obtutumque oculorum* in cogitando probe nosset. Lui qui connaissait parfaitement l'air qu'il prenait au moment de parler et le regard qu'il avait quand il réfléchissait.

Viere, v. *Ligare.*

Vigens. Vegetus. Vividus. Vivus. Animans. Vitalis. Vivax. 1. *Vigens* se dit d'un homme frais et vigoureux de corps et d'esprit; *vegetus*, d'un homme éveillé et vif sous le rapport de l'esprit; *vividus*, d'un homme plein de vie et d'énergie au moral. Liv. VI, 22. Exactæ jam ætatis Camillus erat... sed *vegetum* ingenium in *vivido* pectore vigebat, virebatque integris sensibus. Camille conservait dans un âge avancé un esprit vif et frais, un cœur énergique, une constitution intacte et florissante.

2. *Vivus*, vivant par opposition à mort; *animans*, animé par opposition à inanimé.

3. *Vitalis*, qui a la vie longue; *vivax*, qui a la vie dure.

Vigil. Insomnis. Exsomnis. *Vigil* présente l'état de veille par le côté positif : on sait ce qu'on fait, on veut le faire, on y applique ses forces, on est éveillé et agissant, c'est le grec ἄγρυπνος. *Insomnis* et *exsomnis* ne présentent ce même état que par le côté négatif, comme une privation de sommeil, ἄυπνος; mais l'*insomnis* ne peut pas, l'*exsomnis*, ne veut pas dormir. Tac. Ann. I, 65. Cum oberrarent tentoriis *insomnes* magis quam *pervigiles.* Ils erraient le long des tentes faute de pouvoir dormir plutôt que par un surcroît de vigilance. Vell. Pat. II, 88. Mæ-

cenas ubi res *vigiliam* exigeret, sane *exsomnis*. Quand les
affaires exigeaient de la vigilance, Mécène se privait tout à
fait de sommeil. HOR. Od. III, 7, 6. Noctes non sine multis
insomniis lacrimis agit. Il passe ses nuits dans les pleurs
sans sommeil. Comparez avec 25, 7. Non secus in jugis
exsomnis stupet Evias. Comme une bacchante qui court
la montagne et qui lutte contre le sommeil reste stupé-
faite à la vue de l'Hèbre.

VILLA. FUNDUS. PRÆDIUM. AGER. CAMPUS. RUS. ARVUM.
1. *Villa*, maison de campagne ordinairement avec une
pièce de terre ; *fundus*, pièce de terre ordinairement avec
une maison de campagne ; *prœdium*, tantôt la maison,
tantôt la pièce, comme bien de campagne. *Villa* est
d'ailleurs un terme d'architecture ; *fundus*, un terme économique ; *prœdium*, un terme de droit. CAT. R. R. 3. Ita
ædifices, ne *villa fundum* quærat, neve *fundus villam*.
Bâtissez dans de justes proportions en sorte que la maison n'ait pas l'air de courir après le domaine, ni le domaine après la maison.

2. *Villa*, *fundus* et *prœdium* supposent un propriétaire,
comme *portio* ; *ager*, *arvum*, *rus* et *campus* se conçoivent
sans aucun rapport à un propriétaire, comme *pars*.

3. *Ager* et *campus*, la campagne, cultivée ou non : *ager*,
le sol par opposition au terrain occupé par des constructions ou des plantations d'arbres, à *urbs*, *oppidum*, *vicus*,
hortus, *silva*, comme ἀγρός ; *campus*, les basses terres et
les plaines, comme πεδίον, par opposition aux hauteurs,
à *mons* et *collis*.

4. *Rus* et *arvum*, le champ, la terre à blé : *rus*, par
opposition au village ou à la ville, comme ἄρουρα ; *arvum*,
par opposition aux pâturages et aux plantations d'arbres,
à *pabulum*, *pascuum*, *pratum*, *olivetum*, comme ἄροτος. CIC.
Fr. ap. Quintil. IV, 2, 131. *Fundum* habet in *agro* Thu-

rino Tullius paternum. Tullius possède un bien patrimo-
nial dans la banlieue de Thurium. Orat. III, 33. De *fundo*
emendo, de *agro* colendo. Un domaine à acheter, un sol
à cultiver. TAC. G. 26. *Arva* per annos mutant, et superest
ager. Ils changent tous les ans de champs de blé, et ce
n'est pas le sol qui leur manque.

VINCERE. SUPERARE. OPPRIMERE. 1. *Vincere*, chasser
l'adversaire de sa position, comme vaincre, νικᾶν; *superare*, prendre le dessus sur son adversaire, comme ὑπερ-
βάλλεσθαι. Le *vincens* est aux prises avec des ennemis, le
superans avec des obstacles. TAC. Ann. II, 25. *Invictos* et
nullis casibus *superabiles* Romanos. Les Romains sont in-
vincibles et supérieurs à tous les événements.[1]

2. *Evincere* marque en particulier l'acharnement et la
durée du combat; *devincere*, le succès du combat et la
plénitude de la victoire.

3. *Vincere*, vaincre à la suite d'un combat; *opprimere*,
sans combat, en paraissant, par surprise ou par une supériorité de forces décisive. CIC. Mil. II. Vi *victa* vis vel
potius *oppressa* virtute audacia est. La force a vaincu la
force, ou pour mieux dire, le vrai courage a d'abord accablé l'audace. Et de même Muren. 45. Mithridatem
L. Murena *repressum* magna ex parte, non *oppressum* reli-
quit. Au départ de L. Muréna, Mithridate était fort empêché, mais point accablé.

VINCIRE, v. *Ligare.*

VINCULA. CATENÆ. COMPEDES. PEDICÆ. MANICÆ. *Vincula*,
toute sorte de liens, terme générique par rapport à *catenæ*,
comme δεσμοί; *catenæ*, chaînes, soit pour enchaîner, soit

---

[1] Traduction Panckoucke.

pour d'autres usages, comme ἁλύσεις; *compedes*, fers en général pour les mains ou les pieds : *pedicæ*, pour enchaîner les pieds; *manicæ*, pour enchaîner les mains, menottes. TAC. Ann. VI, 14. Celsus in *vinclis* laxatam *catenam* et circumdatam in diversum tendens suam ipse cervicem perfregit. Celsus était lié; à force de tirer sur une chaîne lâche qui faisait le tour du cou il réussit à se casser le cou.

VINDICTA. ULTIO. TALIO. PŒNA. MULCTA. CASTIGATIO. PUNIRI. 1. *Vindicta*, acte de justice comme la punition; *ultio*, acte de colère comme la vengeance; *talio*, acte de représailles.

2. *Ultio*, *vindicta* et *talio*, actes d'autorité privée ; *punitio*, *mulctatio* et *castigatio*, actes d'autorité publique : *pœna*, peine afflictive qu'exige la loi violée et offensée; *mulcta*, satisfaction que réclament la justice et l'équité en compensation d'un dommage et qui consiste de préférence en une amende; *castigatio*, correction qui s'adresse à un individu, surtout par voie de réprimande. La *pœna* profite au public, la *mulcta* à la partie adverse, la *castigatio* au coupable.

3. *Punire*, punir suivant les principes de la justice; *puniri*, dans Cicéron, exercer une vengeance personnelle.

VINOLENTUS, v. *Ebrietas*.

VINUM. TEMETUM. *Vinum*, nom général et usuel; *temetum*, nom archaïque et poétique du vin.

VIOLARE, v. *Lædere*.   VIR, v. *Homo* et *Puer*.
VIRGA, VIRGULTUM, v. *Rami*.

VIRGO. PUELLA. VIRAGO. *Virgo*, fille qui n'est point mariée, jeune ou vieille, par opposition à *mulier*, παρθένος; *puella*, jeune femme mariée ou non, par exemple l'épouse de Néron, Octavie, à l'âge de vingt ans, dans TAC.

Ann. XIV, 64, κόρη; *virago*, jeune fille forte comme un homme, héroïque, par exemple les *amazones*, ἀντιάνειραι.

VIRTUS. INNOCENTIA. HONESTAS. *Virtus*, la vertu qui se manifeste par des actions solides et méritoires; *innocentia*, par une conduite irréprochable et surtout désintéressée; *honestas*, par des sentiments vertueux et nobles.

VIRTUS, v. *Ferocia.*   VIS, v. *Potentia.*
VISCERA, v. *Caro.*

VITA. SALUS. VICTUS. 1. *Vita*, la vie dans sa durée, par opposition à *mors; salus*, la vie sauve, par opposition à *interitus, exitium.*

2. *Vita*, la vie publique, *victus*, la vie privée d'un homme. NEP. Alc. 1. Splendidus non minus in *vita* quam in *victu*. Aussi magnifique dans la vie publique que dans la vie privée.

VITALIS, v. *Vigens.*

VITIUM. MENDA. MENDUM. LABES. MACULA. *Vitium*, défaut quelconque; *menda*, défaut naturel, surtout corporel, infirmité, βλάβη; *mendum*, faute qu'on a commise, surtout dans des écrits, bévue, ἁμάρτημα; *labes*, faute infamante, souillure, λύμη; *macula*, défaut qui défigure, tache, κηλίς.

VITUPERARE, v. *Reprehendere.*   VIVAX, VIVIDUS, v. *Vigens.*
VIRUS, v. *Toxicum.*   VIVUS, v. *Vigens.*

VIX. ÆGRE. *Vix*, à peine, se rapporte exclusivement, comme σχολῇ, à la chose qui pour un rien manquerait, par opposition à *omnino non; ægre*, avec peine et à grand' peine, μόλις et μόγις, se rapporte au sujet qui agit et qui est inquiet de savoir s'il réussira complétement ou s'il échouera, par opposition à *facile.*

VOCABULUM, v. *Verbum.*   VOCARE, v. *Nominare.*
VOCIFERARI, v. *Clangere.*

VOLUCRES. AVES. ALITES. *Volucres*, tout ce qui vole, y
compris les insectes ailés, les volatiles, comme πτηνός; *aves*
et *alites*, les oiseaux seulement : *avis*, terme général d'histoire naturelle pour tous les oiseaux, comme ὄρνις; *ales*,
terme choisi pour les grands oiseaux seulement, comme
οἰωνὸς, en particulier l'aigle; et *alites*, comme terme
technique de la langue des augures, les oiseaux dont on
observait et interprétait le vol, par opposition à *oscines*
ou aux oiseaux dont on interprétait le chant et les cris.
OVID. Art. am. III, 410. Jovis in multas devolat *ales aves*.
L'oiseau de Jupiter fond sur la gent emplumée.

VOLUNTATE, v. *Sponte.*   VOLUPTAS, v. *Cupido.*

VORAGO. VORTEX. GURGES. *Vorago* et *barathrum*, qui est
étranger et poétique, eau sans fond, abîme qui peut
exister dans un marais, un étang, un lac; *vortex* et *gurges*,
supposent une eau agitée : le *vortex* se meut dans le sens
horizontal, l'eau tourne simplement en cercle, empêchant
les objets qui surnagent d'aller plus loin, comme le tourbillon; le *gurges* se meut dans le sens vertical, il entraîne
au fond ce qui tombe dans son domaine, comme le gouf-
fre. LIV. XXVIII, 30. Navis retro *vortice* intorta. Vaisseau
ramené en arrière par le tourbillon. Comparez avec XXII,
6. Deficientibus animis hauriebantur *gurgitibus*. Le cœur
leur manquait et ils étaient engloutis dans les gouffres.

VOX, v. *Verbum.*

VULNUS. PLAGA. ULCUS. CICATRIX. SAUCIUS. 1. *Vulnus*
et *plaga*, lésion qui provient d'une cause extérieure : *vulnus*, d'une arme ou d'un instrument tranchant, blessure;

plaga, d'un instrument quelconque, contusion ; *ulcus*, plaie ouverte ou ulcère, abcès crevés, etc. ; et *cicatrix*, cicatrice qui remplace la blessure après la guérison. Suet. Vit. 10. Verbera et *plagas*, sæpe *vulnera*, nonnunquam necem repræsentantes adversantibus. La moindre résistance valait aux gens des coups et des contusions, souvent des blessures, quelquefois la mort.

2. *Vulneratus*, blessé en général ; *saucius*, mis hors de combat par une blessure, c'est le terme propre pour les blessés à la bataille. Cic. Verr. I, 27. Servi nonnulli *vulnerantur*, ipse Rubrius *sauciatur*. Plusieurs esclaves sont blessés, Rubrius est mis hors de combat.

Vultus, v. *Facies*.

INDEX

DES SYNONYMES GRECS.

A

	Voyez
Ἀγαθὴ τύχη	Casus
Ἀγαθός	Bonus
Ἄγαλμα	Imago
Ἀγάπη	Diligere
Ἄγειν καὶ φέρειν	Vastare
Ἀγέλη	Pecus
Ἀγροῖκος	Rus
Ἀγρός	Villa
Ἄγρυπνος	Vigil
Ἀγχιστεῖς	Necessarius
Ἀδολεσχία	Garrire
Ἀείδειν	Canere
Ἄζη	Lutum
Ἆθλον	Præmium
Αἰανός	Pridem
Αἰγιαλός	Ripa
Αἰδεῖσθαι	Vereri
Ἀΐδιον	Continuus
Αἴθειν	Ardere
Αἷμα	Sanguis

	Voyez
Αἰνός	Atrox
Αἴολον	Varius
Αἱρεῖν	Sumere
Αἰσχρός	Teter
Αἰτῶν	Rogare
Αἰχμή	Acies
Αἰώνιον	Continuus
Ἀκεῖσθαι	Mederi
Ἀκέραιος	Purus
Ἀκήρατος	Purus
Ἀκολουθεῖν	Comitari
Ἄκος	Mederi
Ἀκούειν	Audire
Ἀκρίβεια	Opera
Ἀκροᾶσθαι	Audire
Ἄκρος	Summus
Ἀκτή	Ripa
Ἄκων	Missile
Ἀλᾶσθαι	Errare
Ἄλγος	Dolor et Cura
Ἁλία	Concilium
Ἅλις	Satis

	Voyez		Voyez
Ἄλλοι (οἱ)	Cæteri	Ἀπορία	Paupertas
Ἅλς	Mare	Ἀπὸ τύχης	Casu
Ἄλσος, ἄλτις	Silva	Ἀποφάναι	Negare
Ἁλύσεις	Vincula	Ἀργός	Albus
Ἅμα	Una	Ἀρεσκεύειν	Assentiri
Ἁμάρτημα	Vitium	Ἄρθρον	Membrum
Ἀμέριμνος	Tutus	Ἀριστερός	Sinister
Ἄμφω	Uterque	Ἀρνεῖσθαι	Negare
Ἀνάγκη ἐστίν	Necesse est	Ἄροτος, ἄρουρα	Villa
Ἀναδέχεσθαι	Polliceri	Ἁρπακτήρ	Præda
Ἀναιρεῖν	Interficere	Ἄρσην	Homo
Ἀναίσθητος	Stupidus	Ἀρχαῖος	Antiquus
Ἀναμιμνήσκεσθαι	Meminisse	Ἄρχειν	Jubere
Ἀνανεύω	Negare	Ἀσιτία	Fames
Ἀνάπτειν	Accendere	Ἀσκεῖν	Comere
Ἀναρίθμητος	Innumerus	Ἀσκηθής	Salvus
Ἀναφανδόν	Aperire	Ἄσμενος	Sponte
Ἀναφλογίζειν	Accendere	Ἀσπίς	Scutum
Ἀνδράποδον	Servus	Ἀστραπή	Fulgur
Ἀνδριάς	Imago	Ἄστρον	Stella
Ἀνδροφόνος	Homicida	Ἀσφαλής	Tutus
Ἀνευρεῖν	Invenire	Ἀτιμία	Ignominia
Ἀνήρ	Puer et Homo	Ἀτραπός	Iter
Ἀνήριθμος	Innumerus	Αὖθις et αὖθις ἐξ	
Ἀνθρωπείως et		ὑπαρχῆς	Iterum
ἀνθρωπίνως	Humaniter	Αὗος	Aridus
Ἄνθρωπος	Homo	Ἄϋπνος	Vigil
Ἀνία	Cura	Αὔρα	Anima
Ἀντιστατής	Adversarius	Αὐτόμολος	Perfuga
Ἀντιχαρίζεσθαι	Gratias agere	Αὐτομάτως	Sponte
Ἅπαντες	Quisque	Αὐχμός	Lutum
Ἀπατᾶν	Fallere	Ἀφθόνως	Satis
Ἀπεμπολᾶν	Vendere	Ἀφνειός	Divitiæ
Ἄπλετος	Magnus	Ἄφρων	Amens
Ἀποβαλεῖν	Amittere	Ἀχαιοί	Achivi
Ἀποβάλλειν	Spernere	Ἀχανής	Magnus
Ἀποδόσθαι	Vendere	Ἄχθος	Moles
Ἄποθεν	Procul	Ἀχλύς	Obscurum
Ἀποκρύπτειν	Celare	Ἄψος	Membrum
Ἀπονεύω	Negare		

B

	Voyez
Βάδην	Paulatim
Βαδίζειν	Ire
Βάναυσοι	Faber
Βάρος	Moles
Βαστάζειν	Ferre
Βαΰζειν	Latrare
Βέβαιος	Validus
Βέλος	Missile
Βλαβερός	Culpa
Βλάβη	Vitium
Βλάξ	Stupidus
Βλέπων (τόρον ou ταυρηδὸν)	Atrox
Βλοσυρός	Teter
Βόρβορος	Lutum
Βούλεσθαι	Velle
Βραδύνειν	Manere
Βραδύς	Stupidus
Βρότος	Sanguis

Γ

Γαῖα	Tellus
Γελᾷν	Ridere
Γένος	Gens
Γεραιός	Antiquus
Γέρας	Donum
Γέρας	Præmium
Γερούσιος	Antiquus
Γέρων	Antiquus, Puer, Vetus
Γῆ	Tellus
Γλυκύς	Suavis
Γνώμη	Sententia
Γράμμα	Littera

Δ

Δαίμων	Numen
Δακρύειν	Lacrimare

	Voyez
Δάνος	Fœnus
Δασύς	Augustus
Δέειν	Ligare
Δεῖ	Necesse est
Δεινόν τι	Delictum
Δεινός	Atrox
Δεῖξαι	Ostendere
Δεῖσαι	Vereri
Δεόμενος	Rogare
Δέος	Vereri
Δέρμα	Tergus
Δεσμεύειν	Ligare
Δεσμοί	Vincula
Δεύτερον	Iterum
Δέχεσθαι	Sumere
Δῆλον	Aperire
Δηλῶσαι	Ostendere
Δῆμος	Gens
Διατρίβειν	Manere
Δίδυμος	Duplex
Διολέσαι	Amittere
Διπλοῦς	Duplex
Δμώς	Servus
Δόμοι	Ædificium
Δόξα	Gloria et sententia
Δορά	Tergus
Δόρυ	Missile
Δοῦλος	Servus
Δοῦπος	Fragor
Δραπέτης	Perfuga
Δύναμις	Potentia
Δύνασθαι	Posse
Δυναστεία	Potentia
Δυσειδής	Teter
Δυσμένεια, δύσνοια	Odium
Δυσφημία	Ignominia
Δώματα	Ædificia
Δῶρον	Donum

E

	Voyez
Ἐγγελᾷν	Ridere
Ἐγγυᾷν	Polliceri
Ἐγγύς	Æquus
Ἔγκαρπος	Fœcundus
Ἕδος, ἕδρα	Sedes
Ἔθειρα	Crinis
Ἐθελοντής	Sponte
Ἔθνος	Gens
Ἔθος	Consuetudo
Εἶδος	Figura
Εἴδωλον, εἰκών	Imago
Εἱμαρμένη	Casus
Εἰς κενόν	Frustra
Εἰωθέναι	Solere
Ἕκαστοι	Quisque
Ἑκάτερος	Uterque
Ἐκδημεῖν	Proficisci
Ἐκηλία	Quies
Ἐκθανεῖν	Mors
Ἐκκλησία	Concilium
Ἑκούσιος	Sponte
Ἐκφορά	Funus
Ἑκών	Sponte
Ἐλεεῖν	Misereri
Ἕλος	Lacuna
Ἐμβαίνειν	Ire
Ἐμπολᾷν	Emere
Ἐμφανίσαι	Ostendere
Ἐνδαίειν	Accendere
Ἔνδεια	Paupertas
Ἐνίοτε	Nonnunquam
Ἐντελής	Finire
Ἐντέλλεσθαι	Jubere
Ἐνύπνιον	Somnus
Ἐξαπίνης	Repente
Ἔξεστι	Concessum est
Ἐξουσία	Potentia
Ἔοικεν (ὡς)	Censere

	Voyez
Ἐπαγγέλλεσθαι	Polliceri
Ἐπιεικῶς	Humanitus
Ἐπιθυμῶν	Velle
Ἐπικαμπής	Curvus
Ἐπιτήδειος	Idoneus
Ἐπῳδαί	Canere
Ἐπωμίς	Armus
Ἐρᾷν, ἐρᾶσθαι	Diligere
Ἐργασία	Opera
Ἔργον	Agere
Ἔριφος	Caper
Ἑρπετόν	Repere
Ἐρρωμένος	Confisus
Ἔρρωσο	Ave
Ἔρως	Diligere
Ἔσθ' ὅτε	Nonnunquam
Ἔσχατος	Extremus
Ἔται	Necessarius
Ἑταῖροι	Socius
Εὐθηνής	Fœcundus
Εὐθύς	Repente
Εὐκαιρία	Occasio
Εὐνή	Cubile
Εὔπορος	Divitiæ
Εὔσκιος	Obscurum
Εὔτοχος	Fœcundus
Εὔτροπος	Bonus
Εὐτυχής	Felix
Εὔφορος	Fœcundus
Εὐχαριστεῖν	Gratias agere
Εὔχεσθαι	Rogare
Ἐφεῖναι	Concedere
Ἐφίεσθαι	Jubere
Ἔχθρα	Odium
Ἐχθρός	Adversarius
Ἔχιδνα, ἔχις	Repere

Z

Ζόφος	Obscurum
Ζῶον	Animal

Π

	Voyez
Ἥδεσθαι	Gaudere
Ἡδύς	Suavis
Ἦθος	Consuetudo
Ἠιών	Ripa
Ἡμίθεος	Numen
Ἤν, ἤνι, ἠνίδε	En
Ἡνίον	Frenum
Ἤπιος	Mitis
Ἦρι	Mane
Ἡσυχία	Quies
Ἠχή	Fragor

Θ

Θάλασσα	Mare
Θαλλοί	Rami
Θαμά	Sæpe
Θαμειός	Angustus
Θάνατος, θανεῖν (πανδίκως)	Mors
Θάρσος	Fides
Θεᾶσθαι	Videre
Θέλειν	Velle
Θέμις ἐστί	Concessum est
Θεός	Numen
Θεωρεῖν	Videre
Θημών	Acervus
Θήρ, θηρίον	Animal
Θής	Incolere
Θησαυροί	Divitiæ
Θράσος	Fides
Θρηνεῖν	Lacrimare
Θριγκός	Murus
Θρίξ	Crinis
Θρόνος	Sedes
Θυμός	Anima
Θύρα, θυρίδες	Ostium
Θῶος	Culpa
Θωπεύειν	Assentiri

	Voyez
Ἰᾶσθαι	Mederi
Ἴδιος	Privus
Ἰδού	En
Ἰέναι	Ire
Ἱερόν	Templum
Ἱερός	Sacer
Ἱκανός	Idoneus.
Ἱκανῶς	Satis
Ἱκετεύειν	Rogare
Ἰλύς	Lutum
Ἴσα, ἴσως	Æquus
Ἰσχύειν	Posse
Ἰσχυρός	Validus
Ἴσως	Casu

Κ

Καγχάζειν	Ridere
Καθαρός	Purus
Καινός	Novus
Καιρός	Dies et Occasio
Κακηγορία	Maledictum
Κακίων	Deterior
Καρηκομόωντες	Crinis
Καταγελᾶν	Ridere
Κατάγων	Comitari
Κατακαίειν	Accendere
Κατακρύπτειν	Celare
Καταφρονεῖν	Spernere
Καταψῆν	Mulcere
Κατέχειν	Manere
Κελεύειν	Jubere
Κέλευθος	Iter
Κενόν (εἰς)	Frustra
Κεραυνός	Fulgur
Κερδαλέος	Astutus
Κέρδος	Lucrum
Κεύθειν	Celare
Κηδεστής	Necessarius

13

	Voyez		Voyez
Κηλίς	Vitium	Λέκτρον	Cubile
Κλάγγειν	Clangere	Λευχός	Albus
Κλάδος	Rami	Λῃστής	Præda
Κλαίειν	Lacrimare	Λίθος	Saxum
Κλέος	Gloria	Λίμνη	Lacuna
Κλῆμα	Rami	Λίμος	Fames
Κλίμα	Locus	Λιπαρῶν	Rogare
Κλιτός	Collis	Λόγχη	Missile
Κλών	Rami	Λοιδορία	Maledictum
Κνέφας	Obscurum	Λοιποί (οἱ)	Cæteri
Κνυζᾶσθαι	Latrare	Αοῖσθος	Extremus
Κοίτη	Cubile	Λυκόφως	Mane
Κολαχεύειν	Assentiri	Λύμη	Vitium
Κολοφών	Culmen	Λύσσα	Amens
Κολωνός	Collis	Λύχνος	Candela
Κόμη	Crinis		
Κομμοῦν	Comere	**M**	
Κομψός	Purus		
Κόπρος	Lutum	Μακάριος	Felix
Κόση	Virgo.	Μαλλός	Tergus
Κορυφή, χορυφοῦν	Acervus	Μανιχός	Amens
Κορυφή	Culmen	Μαντεύεσθα	Divinare et Hariolari
Κοσμεῖν	Comere	Μασχάλη	Armus
Κραιπάλη	Ebrius	Μάτην	Frustra
Κράτος	Potentia	Μάχη	Pugna
Κρότος, κροῦσις	Fragor	Μέγας	Magnus
Κρυμός, κρύος	Frigere	Μέθη	Ebrius
Κρύπτειν	Celare	Μεθιέναι	Ignoscere
Κρύσταλλος	Frigere	Μείλιχος	Mitis
Κτείνειν	Interficere	Μειράχιον	Puer
Κτύπος	Fragor	Μέλλειν	Cunctari
Κωχύειν	Lacrimare	Μέλος	Membrum
Κῶλον	Membrum	Μέλπειν	Canere
		Μεμνῆσθαι	Meminisse
Λ		Μέμψις	Reprehensio
		Μέριμνα	Cura
Λαβεῖν	Sumere	Μετάρσιον	Anima
Λαλεῖν	Dicere et Garrire	Μεταφρένον	Dorsum
Λαμπάς	Candela	Μετέωρον	Anima
Λάμπω	Lucere	Μετέωρος	Altus
Λέγειν	Dicere		

	Voyez		Voyez
Μέτοικος	Incolere	Οἰκτείρειν, οἰκτί-ζειν	Misereri
Μέτοχος	Socius	Οἶμαι	Censere
Μέτριον, μηδὲν ἄγαν	Modus	Οἶμος	Iter
Μιαίνειν	Contaminare	Οἴνωσις	Ebrius
Μιαρός	Teter	Οἷόν τ' εἶναι	Posse
Μικρός	Parvus	Οἶτος	Mors
Μισθός	Præmium	Οἰωνός	Volucres
Μῖσος	Odium	Ὀκνεῖν	Cunctari
Μόγις, μόλις	Vix	Ὀλιγωρεῖν	Spernere
Μορύσσειν	Contaminare	Ὀλίγωρος	Tutus
Μοῖρα	Casus	Ὀλισθεῖν	Labi
Μορφή	Figura	Ὀλολύζειν	Lacrimare
Μυδαλέος	Udus	Ὅλος	Quisque
Μυκτῆρες	Nasus	Ὅλως	Plane
Μωρός	Stupidus	Ὁμήγυρις	Concilium

N

		Ὅμοιος, ὁμοίως	Æquus
		Ὁμοῦ	Una
Ναός	Templum	Ὅμως	Æquus
Νάπη	Silva	Ὄναρ	Somnus
Νεανίας	Puer	Ὄνειδος	Maledictum
Νέατος	Extremus	Ὀξύς	Acer et Acerbus
Νέοθεν	Iterum	Ὅπως δήποτε	Plane
Νέος	Novus et Puer	Ὁρᾶν	Videre
Νεωστι	Nuper	Ὀρέγεσθαι	Velle
Νήπιος	Puer	Ὄρθρῳ	Mane
Νικᾶν	Vincere	Ὄρνις	Volucres
Νῶτον	Dorsum	Ὄρος	Finis et Mons

Ξ

		Ὀρρωδία	Vereri
Ξηρός	Aridus	Ὀρσός	Rami
Ξυνεγγύς	Æquus	Ὅσιόν ἐστι	Concessum est

O

		Ὅσιος	Sacer
		Ὀσμή	Olere
Ὄγκος	Moles	Ὁστισοῦν	Quisque
Ὁδοιπορεῖν	Proficisci	Ὄσφρησις	Olere
Ὁδός	Iter	Οὐ φάναι	Negare
Οἰδᾶν	Turgere	Ὀφείλειν	Necesse est
Οἰκεῖος	Privus	Ὄφις	Repere
Οἰκέτης	Servus	Ὄχθη	Ripa
Οἰκοδόμημα, οἶκος	Ædificium	Ὄχθος	Collis

Π

	Voyez
Παιδίον, παῖς	Puer
Παλαιός	Antiquus
Πάλιν	Iterum
Πανήγυρις	Concilium
Πανοῦργος	Astutus
Πάντες	Quisque
Πάντως	Plane
Παραυτίκα	Repente
Παράφρων	Amens
Παραχρῆμα	Repente
Παρθένος	Virgo
Πᾶς τις	Quisque
Πάτριος	Paternus
Πατρῷος	Paternus
Πεδίον	Villa
Πέδον	Tellus
Πέλαγος, πελαγί- ζειν	Mare
Πελώριος	Magnus
Πένθος	Dolor
Πενία	Paupertas
Πεποιθώς	Confisus
Πέρα, πέραν	Trans
Πέρθειν	Vastari
Περίβολος	Murus
Περιεῖναι	Abundare
Περισσεύειν	Abundare
Πεσεῖν	Labi
Πέτραι	Saxum
Πηλός	Lutum
Πικρός	Acerbus
Πιμπράναι	Accendere
Πίνειν	Bibere
Πίνος	Lutum
Πιπράσκειν	Vendere
Πίστις, πιστότης	Fides
Πλανᾶσθαι	Errare
Πλούσιος, πλοῦτος	Divitiæ

	Voyez
Πνεῦμα	Anima
Ποθεῖν	Velle
Ποιήματα	Canere
Ποικίλον	Varius
Ποίμνη	Pecus
Πολέμιος	Adversarius
Πόλις	Gens
Πολλάκις	Sæpe
Πόνος	Labor et Opera
Πόντος, ποντίζειν	Mare
Πορεύεσθαι	Proficisci
Πορθεῖν	Vastare
Πόρρωθεν	Procul
Ποταμός	Fluvius
Ποτέ	Nonnunquam
Πράξεις	Agere
Πρᾶος	Mitis
Πρεσβύτη	Vetus et Puer
Πρίασθαι	Emere
Πρόκα	Repente
Προπέμπων	Comitari
Προσέτι	Præterea
Προσήκοντες	Necessarius
Πρὸς τούτοις	Præterea
Πρότερος	Antiquus
Προφητεία	Divinare
Πτερόν	Ala
Πτηνός	Volucres
Πτίλον	Ala
Πτωχεία	Paupertas
Πυχνός	Angustus
Πωλεῖν	Vendére
Πῶυ	Pecus

P

	Voyez
Ῥεῦμα	Fluvius
Ῥηγμίν	Ripa
Ῥίν	Nasus
Ῥινηλατεῖν	Olere
Ῥόο	Fluvius

	Voyez		Voyez
Ῥύπος	Lutum	Σφοδρός	Acer
Ῥωμαλέος	Validus	Σφριγᾶν	Turger
		Σχῆμα	Figura
Σ		Σχοῖνος	Laqueus
		Σχολῇ	Vix
Σάκος	Scutum	Σωρός	Acervus
Σθεναρός	Validus	Σῶς	Salvus
Σθένειν	Posse	Σωτήριος	Salus
Σιγᾶν	Silere		
Σίνις	Præda	**Τ**	
Σιωπᾶν	Silere		
Σκαιός	Sinister	Ταλαιπωρία	Labor
Σκιόεις	Obscurum	Ταυρηδὸν βλέπων	Atrox
Σκληρός	Aridus	Τάχ' ἄν	Casu
Σκόπελοι	Saxum	Τείρεα	Stella
Σκότος	Obscurum	Τεῖχος	Murus
Σπᾶν	Bibere	Τέλειος	Finire
Σπαργᾶν	Turgere	Τέλος	Finis
Σπάρτη	Laqueus	Τέναγος	Lacuna
Στενός, στενωπός	Angustus	Τέρας	Stella
Στίλβω	Lucere	Τέρμα	Finis
Στοιχεῖον	Littera	Τεχνῖται	Faber
Στοργή	Diligere	Τῆλε, τηλόθεν	Procul
Στρέφειν	Vertere	Τοῖχος	Murus
Στροφαῖος	Astutus	Τόκος	Fœnus
Συγγενής	Necessarius	Τόλμα	Fides
Συγγιγνώσκειν	Ignoscere	Τολμῶν	Ferre
Συγχωρῆσαι	Concedere	Τόπος	Locus
Σύλλογος	Concilium	Τορὸν βλέπων	Atrox
Συμβεβηκότως	Casu	Τράγος	Caper
Συμβολή	Pugna	Τραχύς	Atrox
Σύμπαντες	Quisque	Τρέπειν	Vertere
Συμφορά	Casus	Τρίβειν	Lævis
Σύναιμος	Necessarius	Τυτθός	Parvus
Συνέδριον	Concilium	Τύχη	Casus
Συνέχεια	Opera	Τύχης (ἀπὸ), τυχόν	Casu
Σύνοικος	Incolere	Τυχών (ὁ)	Quisque
Σύνοδος	Concilium		
Σύχνος	Angustus	**Υ**	
Σφάξαι	Interficere	Ὑγιεινός	Salus
Σφάλλειν	Fallere	Ὑγρόν	Udus
		Ὑετός	Pluvia

	Voyez
Ὑλακτεῖν	Latrare
Ὕλη	Silva
Ὕπατος	Summus
Ὑπερβάλλεσθαι	Vincere
Ὑπισχνεῖσθαι	Polliceri
Ὑποδέχεσθαι	Sumere
Ὑποψία	Invidia
Ὗς	Sus
Ὕστατος	Extremus
Ὑψηλός	Altus

Φ

Φαίνω	Lucere
Φάναι (οὐ)	Negare
Φανερῶς	Aperire
Φάος	Lumen
Φάρμακον	Mederi
Φέγγος	Lumen
Φέγγω	Lucere
Φέρειν et ἄγειν καὶ φέρειν	Ferre
Φημί	Dicere
Φῆναι	Ostendere
Φιλανθρώπως	Humanitus
Φιλεῖν	Diligere et Solere
Φιλονεικία	Odium
Φίλος	Amicus
Φλέγεσθαι	Ardere
Φλέγω	Lucere
Φοβεῖσθαι	Vereri
Φονεύειν	Interficere
Φονεύς	Homicida
Φορεῖν	Ferre
Φόρτος	Moles
Φρίκη	Vereri
Φροντίς	Cura

	Voyez
Φυγάς	Perfuga
Φῦλον	Gens

X

Χαῖρε	Ave
Χαλεπότης	Labor
Χαλινός	Frenum
Χάριν εἰδέναι, φέρειν	Gratias agere
Χείρων	Deterior
Χειρώνακτες	Faber
Χοῖρος	Sus
Χρή	Necesse est
Χρήζων	Velle
Χρηματισμός	Lucrum
Χρησμολογεῖν	Hariolari
Χρηστός	Bonus
Χρόνιος	Pridem
Χρόνος	Dies
Χρώς	Tergus
Χῶμα	Collis
Χωρεῖν	Ire
Χῶρος	Locus

Ψ

Ψάλλειν	Canere
Ψηλαφᾶν	Mulcere
Ψῆφος	Sententia
Ψήχειν	Lævis
Ψόγος	Reprehensio
Ψυχή	Anima

Ω

Ὠδαί	Canere
Ὦμος	Armus
Ὦνος	Præmium
Ὡς ἔοικεν	Censere
Ὠφέλημα	Lucrum

FIN

CORDEIL, typ. et stér. de CRÉTÉ.

www.ingramcontent.com/pod-product-compliance
Lightning Source LLC
LaVergne TN
LVHW020058060726
842526LV00004B/935